hänssler

Charles R. Swindoll

Das Geheimnis vom Leben, Lieben und Lachen

Ängste abbauen
Sorgen abgeben
Inneren Frieden finden

Charles Swindoll ist ein bekannter kalifornischer Pastor und Autor zahlreicher Bücher.

In Dankbarkeit für ihren selbstlosen Einsatz im Zusammenhang mit den Rundfunk-Gottesdiensten der Sendung »Insight for Living« ist dieses Buch

Al und Margaret Sanders
sowie
Jon und Peggy Campell

herzlich gewidmet.

Es war die Idee der Sanders', diese Sendungen überhaupt zu starten. Dazu kam der Einsatz der Campells, die die Sache im Entwicklungs-Stadium unterstützten. Ihre unermüdliche Tätigkeit und ihre Einschätzung dieses Dienstes hat mich ermutigt und angeregt. Und die Atmosphäre überwältigender Freude, die sie verbreiteten, setzte unserer gemeinsamen Zeit helle Lichter auf und schenkte uns manches Mal ein fröhliches Lachen.

2. Auflage 1998
EDITION C — Allgemeine Themen C 391
Bestell-Nr. 58.091
ISBN 3-7751-1979-5

Umschlaggestaltung: Sven Kaun
Satz: AbSatz Ewert-Mohr, Klein Nordende
Druck und Verarbeitung: Ebner Ulm
Printed in Germany

Inhalt

Danksagung

Ein Mann gewinnt am meisten Verständnis für den Vorgang der Geburt eines Kindes, wenn er ein Buch schreibt. Einen Nierenstein verlieren ist eine ähnliche Sache. Ich hatte vier davon, aber das steht auf einem anderen Blatt. Der gesamte Prozeß der Entstehung dieses Buches war ungewöhnlich erfreulich und ging relativ schmerzfrei vor sich. Vielleicht weiß ich nach meinen diversen literarischen Kindern allmählich, wie man es macht. Die dabei als »Hebammen« gedient haben, gehören zu den besten in diesem Metier. Byron Williamson, Kip Jordon, Ernie Owen und David Moberg von »World Publishing« freuten sich nicht nur mit mir über das Werden des »Kindes«, sondern sie halfen auch, den Namen auszusuchen, und besorgten ein farbiges »Jäckchen« für sein Äußeres. Die gesamte Atmosphäre, die sie mit ins »Entbindungsheim« brachten, war so erfreulich, daß ich fast vergaß, daß ich einen schweren Prozeß vor mir hatte.

Und noch einmal möchte ich meine Dankbarkeit gegenüber Helen Peters zum Ausdruck bringen, die das »Baby« nach der Geburt »reinigte und glättete«. »Danke« auch an Judith Markham und Ed Curtis, die mir kluge redaktionelle Ratschläge gaben und dazu hilfreiche Ideen hatten, das »Neugeborene« gesund und durchsetzungsfähig zu erhalten. Als dann meine unmittelbaren Familienangehörigen auftauchten, um mich zu besuchen, oder als sie anriefen, um zu hören, wie ich mich fühlte, als sich der Tag der »Entbindung« näherte, wurde mein Lebensmut wieder ganz frisch. Und nicht zuletzt gebührt der Dank meiner Frau Cynthia – wie immer wirkte sie ganz besonders aufmunternd auf mich. Sie wußte ja, wie besorgt ich darum war, daß es »ein glückliches Kind« werden würde, ohne unnötige Komplikationen. Ihre unterstützende Gegenwart erwies sich als entscheidende Hilfe.

Schließlich möchte ich meinem »großen Arzt« noch danken, der mir erlaubte, ihn regelmäßig ohne vorherige Vereinbarung aufzusuchen, der mir hervorragende Test-Möglichkeiten zur Verfügung stellte, einfühlende Fürsorge erzeigte und mir bei der »Geburt« mit Güte und Freundlichkeit zur Seite stand. Ich wußte, daß alles gut verlief, weil unmittelbar nach der »Geburt«

etwas ganz Ungewöhnliches passierte: Anders als bei den anderen »Kindern«, die ich bisher bekommen hatte, habe ich, als dieses endlich da war – *gelacht*.

Ich bin auch dankbar für Sie, meine Leser. Wenn Sie dieses »Kind« aufnehmen und sich seiner Gesellschaft erfreuen, wünsche ich, daß seine »glückliche Disposition« Ihnen Stunden der Freude bringt. Alles, um was ich Sie bitte, ist: Wenn dies »Kind« Sie anlacht, lächeln Sie zurück. Und dann werden Sie bald feststellen, daß ein Band zwischen Ihnen geknüpft wird, das Ihre Lasten erleichtert und Ihnen zur Entspannung verhilft. Es ist eine lustige Sache mit »Babys« – wenn sie sich in unseren Armen dehnen und recken und so zu einem Teil unseres Lebens werden. Um so mehr Zeit verbringen wir dann mit ihnen. Wer weiß? In einem unbeobachteten Augenblick, in dem Sie beide allein sind und niemand Sie sieht, kann es sein, daß Sie alle Hemmungen verlieren und wieder lachen, sich frei fühlen. Als stolzer Vater wüßte ich nicht, was mir mehr gefallen würde.

Wo kein Glaube in der Seele ist, da passiert auch nicht viel ... Entweder denkt einer ernsthaft über Erlösung nach oder nicht. Und man kann gut erkennen, daß ein Höchstmaß an Ernsthaftigkeit auch Raum hat für ein Höchstmaß an Heiterkeit. Nur wenn wir in unseren Glaubensüberzeugungen sicher sind, können wir auch die komische Seite des Universums sehen.

Flannery O'Connor

Einführung

Dies ist ein Buch über die Freude.

Es geht darum, sich zu lockern, Spannung abzubauen, und darum, daß wir uns weigern, die Umstände über uns herrschen zu lassen.

Es geht darum, das Leben aus einer anderen Perspektive anzusehen, als sie der heutige Verkehrsbericht bietet oder die abendlichen Nachrichten.

Es geht darum, dem Kind in uns zu erlauben, das Leben mit seinen Augen zu sehen und wieder zu lachen.

Können Sie sich daran erinnern, wann Ihr Leben noch fröhlich war? Ich kann es. Ohne Wissen um den Dow Jones oder das Absinken des Bruttosozialproduktes oder die ansteigende Kriminalität in den fünfundzwanzig größten Städten Amerikas oder die herabgeschraubten Krankenversicherungsleistungen unserer Gesellschaft — damals war ich glücklich und gelassen. Ich erwartete nicht viel und brauchte auch nicht viel. Das Leben war dazu da, daß man sich daran freute, nicht daran litt. Und deshalb entdeckte ich auch jeden Tag etwas — irgend etwas —, über das ich lachen konnte.

Mit meinen kindlichen Augen gesehen waren die Menschen lustig. (Wann hörte das auf?) Wenn die Ferien begannen und jene trägen, dunstigen Sommermonate mir gehörten — einfach nur so zum Freuen —, gab es gewöhnlich genug Wasser, um irgendwo zum Schwimmen zu gehen, oder die Möglichkeit zu einem Basketball-Spiel, zum Reifenschlagen oder ein Paar alte Rollschuhe, um einen Kinderroller daraus zu machen — oder auch einen verrückten Scherz, um darüber zu lachen. (Wann war bloß alles so ernst geworden?)

Unsere fünfköpfige Familie hatte keine Reichtümer zur Verfügung. Mein Vater war Maschinenschlosser, der oft mehr als einen Job ausübte, um über die Runden zu kommen. Meine Mutter blieb zu Hause und machte all das, was Mütter mit drei willensstarken sehr normalen Kindern tun. Da auf beiden Seiten unseres Landes der Krieg tobte, hatten wir massenhaft Gründe, nicht zu lachen . . . doch davon merkte ich damals nichts. Ich war ein Kind und tat, was alle Kinder taten. Wir musizierten in unserer Familie — auch ein entspannender Zeitvertreib. Manchmal war es mehr schaurig-schöne Musik, aber wir lachten dann nur darüber. Und warum auch nicht? Es war ja nicht so, als ob wir für eine Aufführung in der Stadthalle geübt oder gehofft hätten, ein Stipendium für eine Musikschule zu bekommen. Wir hatten nur unsere Freude daran ... und Musik war eine schöpferische Möglichkeit, die wir uns ausgesucht hatten, um fröhlich zu sein. Was haben wir nicht alles unternommen damals! (Warum machen die Menschen heute in den Familien keine Hausmusik mehr?)

Als ich im Herbst 1990 von Deutschland in die Staaten zurückflog, traf ich einen sehr netten Mann mit einem ansteckenden Lachen. Es war faszinierend, sich mit ihm zu unterhalten. Im Laufe unseres Gespräches erfuhr ich, daß er rund um die Welt zu Menschen spricht und ihnen Freude vermittelt – vielen tausenden, von Gefangenen bis zu Präsidenten. Sie können sich vielleicht vorstellen, daß er damals eine interessante Story nach der anderen darbot. Meist waren es wahre Begebenheiten, und jede von ihnen hatte einen fröhlichen Akzent. Unser vielstündiger Flug verging im Handumdrehen.

Eine der schönsten Geschichten von damals entlockt mir noch jedesmal ein Lächeln, wenn ich sie irgendwo erzähle. Auch dieser Vorfall hat sich tatsächlich ereignet, und zwar im Leben einer Frau, die sie meinem Mitpassagier selbst berichtet hat:

Großmutter und Enkelin – die letztere ein sehr altkluges, zehnjähriges Mädchen – verbrachten einen Abend zusammen, als die Kleine plötzlich aufschaute und fragte: »Wie alt bist du eigentlich, Oma?«

Die Frau war zunächst etwas stutzig geworden bei der Frage; da sie aber wußte, welch beweglicher Verstand in diesem kleinen Köpfchen wohnte, überraschte sie dessen Wißbegier nicht allzusehr.

»Liebling, wenn du in meinem Alter bist, sagst du niemand mehr, wieviel Jahre du hinter dir hast.«

»Ach, geh ... Oma ... mir kannst du doch vertrauen.«

»Nein, mein Schatz, ich sage es niemand.«

Dann wandte sich die Großmutter den Vorbereitungen fürs Abendessen zu. Plötzlich wurde ihr bewußt, daß die Kleine schon etwa zwanzig Minuten verschwunden war – das war ungewöhnlich lange! Sie ging die Treppe hinauf in ihr Schlafzimmer und fand die Enkelin auf ihrem Bett sitzend vor. Das Kind hatte Omas Brieftasche gesucht und gefunden und ihren Inhalt auf dem Bett ausgeleert. Es saß nun mitten zwischen Papieren und Geldscheinen u. a. und hielt triumphierend Großmutters Führerschein hoch.

Als sich ihre Blicke trafen, erklärte das Kind:»Oma, du bist sechsundsiebzig.«

»Wieso – ja, das stimmt. Woher weißt du das?«

»Ich fand das Datum deines Geburtstages hier in deinem Führerschein und habe von heute an zurückgerechnet ... so mußt du sechsundsiebzig sein!«

»Das stimmt, Liebling. Deine Großmutter ist sechsundsiebzig.«

Das kleine Mädchen betrachtete weiterhin intensiv den Führerschein und fügte hinzu:»Du warst aber auch ein sehr attraktives Mädchen damals, Oma.«

Irgendwann zwischen der Unschuld dieser Kinderjahre und dem Heute ist das Leben zu einem schrecklichen Dauerzustand von Stirnrunzeln geworden – einem Zeichen für den emotionalen Abwärtstrend vieler Erwachsener. Ich vermute, manche würden sich damit rechtfertigen, daß sie sagten:»Wenn man erwachsen wird, muß man halt Verantwortung übernehmen.« Dem kann ich nur zustimmen. Ich habe es mir in meinen Kopf regelrecht eingehämmert. Die gleichen Leute würden sagen:»Verantwortlich sein bedeutet, in einer Welt der Realität zu leben; und in der realen Welt ist nicht alles lustig. Manche Dinge sind extrem schwierig.« Wieder würde ich entgegnen:»Mit dieser Aussage rennen Sie bei mir nur offene Türen ein. Ich bin mehr als dreißig Jahre meines Erwachsenenlebens in sehr reale Verantwortlichkeiten eingespannt gewesen. Es ist mir schmerzlich bewußt, daß diese alte Erde nicht eine riesige Schüssel voll reifer Kirschen ist.« Und dann wird mir von den anderen entgegengehalten:»Da also das Erwachsensein Verantwortlichkeit bedeutet, und da die Realität ganz sicher Schwierigkeiten einschließt, haben wir keinen Grund, zu lachen und uns des Lebens zu freuen.« An dieser Stelle macht mich ihre Logik stutzig. Ich kann es einfach nicht akzeptieren, daß verantwortungsbewußte Menschen in einer sehr realen Welt ständig mit todernstem Gesicht herumlaufen und die Haltung eines Leichenbitters annehmen müssen.

Ich frage mich: Wann wurde ein gesunder Sinn für Humor auf dem Altar des Erwachsenseins geopfert? Wer sagt, daß ein verantwortliches Erwachsenendasein ein langes Gesicht und eine immer tiefernste Einstellung gegenüber dem Leben bedeuten?

Mein Beruf gehört zu den ernsthaftesten, die es gibt. Als Verkündiger des Evangeliums und als Erster Pastor einer Kirche begegnen mir viele Dinge, die Bedeutung für die Ewigkeit haben. Es vergeht keine Woche, ohne daß ich höre oder miterlebe, wie rauh das Leben ist. Ehen zerbrechen, Familien werden auseinandergerissen, Menschen verletzen und werden verletzt, Arbeitsplätze gehen verloren, Süchte aller Art greifen um sich. Die Nöte wachsen ins Ungeheure, Endlose und sind herzzerreißend.

Das Natürlichste auf der Welt wäre, wenn ich all diesen Umständen erlauben würde, meine Freude zu zerstören und mich aus einem Menschen, der im Leben immer einen Sinn für Humor hatte — der auch gerne oft und laut lachte — zu einem düsteren Geistlichen zu machen, der sich nur noch mit störrischem Gleichmut nach außen abzuschirmen versucht. Nein, danke! Tatsache ist, daß das vor Jahren einmal meine vordringlichste Befürchtung war. Wenn ich daran dachte, daß ich fünfundzwanzig Jahre lang mit düsterem, todernstem Gesicht herumlaufen sollte, dann hat mich das einige Jahre davon abgehalten, einen Ruf als Geistlicher anzunehmen. Die meisten Männer, die dieses Gewand trugen, sahen allerdings wirklich so aus wie der Nachtdienst einer Leichenhalle. Ich entsinne mich sehr genau daran, daß ich mit dem Herrn darüber stritt, bis er mich k. o. schlug und mir dabei eine Verheißung ins Ohr flüsterte, die mich dazu brachte, mich ihm auszuliefern: »Du kannst mir aufrichtig dienen, und du darfst dabei doch du selbst bleiben. Wenn du mein Diener bist, mußt du deshalb nicht aufhören zu lachen.« Damit war die Frage entschieden. Diese Aussage hatte mich gewonnen. Ich kam zu dem Ergebnis, ich könnte Gottes Sprachrohr sein und mich trotzdem meines Lebens freuen.

Vor nicht allzulanger Zeit, als ich mit den Rundfunksendungen »Insight for Living« begann, erinnerte ich mich an jenen ersten Ruf. Ich beschloß erneut, ich selbst zu bleiben, einerlei, was daraus wurde. Ob die Sendungen Erfolg hatten oder ausgepfiffen werden würden — ich hatte keine Lust, als superfrommer religiöser Fanatiker aufzutreten, der allem nur todernst begegnete. Wenn mir etwas lustig vorkam, würde ich lachen.

Eine meiner Zuhörerinnen schrieb an den Funk und erklärte: »Ich schätze Ihr Programm. Ihre Ausführungen sind sehr hilfreich ... doch ich habe eine große Bitte an Sie: Hören Sie nie auf zu lachen! Sie können aufhören, die Leute zu belehren, und Sie können an Ihren Sendungen verändern, was Sie wollen, aber hören Sie bloß nicht auf zu lachen!« Und dann fügte sie hinzu: »*Ihr* Lachen ist das einzige, das man bei uns im Haus hören kann.« Ihre abschließenden Worte klangen jahrelang in meinen Ohren nach.

Welch ein trauriger Kommentar über unsere Zeit! In vielen Wohnungen — darf ich sagen, in den meisten? — ist das Lachen verschwunden. Freude — einst ein lebenswichtiger Bestandteil des Familienlebens — gibt es nicht mehr. Sie ließ Herzen zurück, die selten singen, Lippen, die kaum noch lächeln, Augen, in denen keine Lichter mehr tanzen, und Gesichter, auf denen nur noch ein »Nein« geschrieben steht. Tragischerweise gilt das ebenso für christliche Häuser wie für solche außerhalb allen christlichen Einflusses — vielleicht sogar in den ersteren noch mehr.

Es ist meine feste Überzeugung, daß ein Wandel an *der* Stelle dringend notwendig ist — und das ist genau der Grund, warum ich zur Feder gegriffen habe. Vor einigen Jahren warnte ich vor »Dieben der Gnade« und bat meine Leser, Mut zu haben, als sie sich der Bewegung für geistliche Erneuerung anschließen wollten. Viele haben es getan. Später machte mir die komplizierte Betriebsamkeit, die bei den meisten zum Leben aus dem Glauben dazukam, Sorge. Deshalb stellte ich die Dinge heraus, die dem Glauben schadeten und empfahl einen einfachen geistlichen Lebensstil. Auch darin folgten mir viele. Vielleicht gehören Sie zu ihnen. Jetzt, in den letzten Monaten, fühle ich mich sehr gedrängt, die Freuden-Diebe aufs Korn zu nehmen, die sich ungeheuer vermehrt haben, besonders seit wir in einer Zeit wirtschaftlicher Rezession leben. Schlechte Nachrichten sind fast das einzige, was man zu hören bekommt.

Wir haben harte Zeiten durchzustehen, das ist keine Frage. Die Probleme, die wir vor uns sehen, sind ernst und real. Aber sind sie wirklich so bedeutsam, so überaus wichtig, so schwerwiegend und alles überwuchernd, daß jeder Ausdruck von Freude deshalb verdunkelt werden müßte? Bedaure, da kann ich nicht mit.

Dieses Buch wird Ihnen sagen, warum. Ich hoffe, daß Sie, wenn Sie mit mir durch seine Seiten wandern, eine neue Perspektive gewinnen, wie Sie diesen rauhen Zeiten entgegensehen können. Vor allem wird vieles von den Fähigkeiten Ihrer Kinderzeit wieder auftauchen und Ihre Anspannung ein wenig lockern. Ihre Haltung wird sich ändern. Und Sie werden entdecken, daß auch Sie selbst sich wandeln. Woran Sie das erkennen? Es gibt ein ganz sicheres Kennzeichen dafür: Sie werden wieder lachen.

Charles R. Swindoll
Fullerton, Kalifornien

Dein Lächeln erhöht deinen Charme

Ich kenne in der heutigen Zeit kein größeres Bedürfnis als den Hunger nach Freude. Spontane, ansteckende Freude – überwältigende Freude ist es, wonach die Menschen sich sehnen. Wenn diese Art von Freude in unser Leben hineinkommt, hat das einige positive Konsequenzen: Lebensmut erfüllt uns, Entschlossenheit, mit unserem Leben etwas anzufangen, und ein starker Wunsch, auch anderen etwas davon zu vermitteln. Diese Kräfte machen unser Leben erträglich, wenn wir uns sozusagen auf »offener See« befinden und die Wogen von Problemen und Belastungen über uns hinweggehen, wenn wir in Gefahr kommen, uns von ihnen zermürben und lähmen zu lassen. Es gibt nichts Besseres als ein fröhliches Herz, wenn wir den Herausforderungen des Lebens begegnen müssen.

Jemand fragte einmal Mutter Teresa nach der Job-Beschreibung für einen Menschen, der gerne mit ihr zusammen in den schmutzigen Straßen und engen Gäßchen Kalkuttas arbeiten würde. Ohne jedes Zögern nannte sie nur zwei Dinge als Voraussetzung: Die Bereitschaft zu harter Arbeit und ein fröhliches Herz. Meiner Beobachtung nach sind beide Eigenschaften äußerst selten anzutreffen. Doch ist die zweite noch seltener als die erste. Fleiß und Ausdauer mögen manchmal schwer zu finden sein, aber im Vergleich mit einer Haltung echter Lebensfreude sind sie beinahe Allgemeingut.

Leider scheint unser Land den Geist der Freude und das Lachen verloren zu haben. Kürzlich hatte ich ein Gespräch mit einem Brasilianer, der an einer Universität hier in der Nähe studiert. Er berichtete ein wenig von den Eindrücken, die die Amerikaner auf ihn machten, und meinte: »Am meisten überrascht mich, daß sie offenbar gar nicht lachen können.« Ich sah mich außerstande, seine Kritik zu widerlegen.

Sehen wir uns doch nur um: Schlechte Nachrichten, lange Gesichter und schwere Herzen überall – selbst in gottesdienstlichen Räumen (besonders dort!). Ein großer Teil der modernen Pop-Musik – die manche für einen Spiegel des gesellschaftlichen Bewußtseins halten – wecken Empfindungen des Elends, der Sorgen und der Verzweiflung. Falls nicht Sex und Gewalt die Themen zu neuen Filmen liefern, dann ist es bestimmt irgendeine unglückliche Situation. Die Zeitungen strotzen geradezu von Tragödien und schlimmen Umständen, verlorenen Arbeitsplätzen und schrecklichen Unfällen. Das gleiche gilt fürs Fernsehen. Selbst der Wetterbericht widmet seine größte Aufmerksamkeit den Gewittern, Dürreperioden und Schneestürmen.

Die Meldungen für den nächsten Tag lauten gewöhnlich etwa: »Teilweise wolkig mit möglichen Regenfällen« statt »überwiegend klar mit der Aussicht auf Sonnenschein für den größten Teil des Tages.« Wenn man tatsächlich mal ein Lachen im Radio zu hören bekommt, dann ist es ein auf Band aufgenommenes Lachen zu irgendeiner Bill-Cosby-Szene oder es stammt aus einer drittrangigen Komödie, wo schmutzige Witze erzählt werden.

Diese Erscheinung der langen Gesichter und schweren Herzen hat inzwischen auch unter den Christen Einzug gehalten. Besuchen wir doch einmal gottesdienstliche Veranstaltungen oder Gemeindeversammlungen und schauen uns die Mienen an. Wer da die Zeichen von Glück und Zufriedenheit und ein fröhliches Lachen erwartet, wird häufig enttäuscht wieder fortgehen. Die Freude, »das überwältigende Geheimnis des Christen«, glänzt durch Abwesenheit. Das finde ich einfach unentschuldbar. Der einzige Platz auf der Erde, wo die Lasten des Lebens leichter werden sollten, wo die Gesichter etwas von echter Begeisterung widerspiegeln und wo die Menschen einander ermutigend und positiv begegnen sollten, da trifft das am wenigsten zu.

Als ich noch ein Teenager war, konnte man unter Stellenangeboten häufig lesen: »Wir suchen einen Mann, der gerne liest.« So sehr ich selbst das Lesen schätze und weiß, welche Überlegenheit es verleiht, wenn man sich intensiv mit guter Literatur beschäftigt, so denke ich doch, daß es bei vielen Stellenangeboten heute eher heißen müßte: »Wir suchen einen Menschen mit positiver Lebenseinstellung, mit einem Herzen voller Freude, mit einem Gesicht, auf dem das ›Ja‹ zum Leben abgelesen werden kann!«

Kritiker meiner Überzeugung werden sofort darauf hinweisen, daß unsere heutige Zeit nicht dazu angetan ist, eine solche leichtherzige Philosophie zu befolgen. Sie fragen z. B.: »Wie soll ich unter diesen Umständen anders sein als bitter und unglücklich?« Ich antworte dann meist: »Was tun Sie überhaupt ›unter‹ diesen Umständen?« Bitte korrigieren Sie mich, wenn ich da falsch liege, aber sollte das Leben eines Christen nicht »über« den Umständen gelebt werden?

Ein guter Schuß Humor regt unsere Fähigkeit zur Einsicht an und bewahrt uns davor, alles, was uns begegnet, allzu ernst zu nehmen. Wenn unser Herz fröhlich bleibt und wir die Belastungen und Spannungen, unter denen wir stehen, nicht über uns Herr werden lassen, bleibt auch unser Urteil objektiver. Ogden Nash war so sehr von dieser Tatsache überzeugt, daß er behauptete, daß die Deutschen sich nicht so von Hitler hätten täuschen lassen, wenn sie einen Sinn für Humor gehabt hätten. Sie hätten sich statt dessen eher vor Lachen gebogen beim ersten Anblick von Kameraden, die im Paradeschritt mit steif erhobenem Arm vorbeimarschierten und »Heil Hitler« brüllten.

Menschen, die »über« ihren Umständen leben, besitzen gewöhnlich einen gut entwickelten Sinn für Humor, weil das letzten Endes das ist, was ihnen weiterhilft. Ich traf einen solchen Menschen, eine Dame, vor einigen Jahren auf einer Konferenz in Chicago. Im Verlauf einer Sitzung, bei der ich gesprochen hatte, gab es mehrmals Anlässe zum Lachen. Später schrieb sie mir noch einmal. Sie bedankte sich dafür, daß ich die übermäßig ernste Atmosphäre ein wenig aufgelockert hätte mit meiner Fröhlichkeit. (Warum sind eigentlich die meisten christlichen Konferenzen in ihrem Stil so steif und todernst?) Ihr entzückender, lebendiger Briefstil ließ einen Menschen erkennen, der gelernt hatte, die dunklen Seiten des Lebens mit dem Glanz eines hellen Lachens auszugleichen. Unter anderem schrieb sie:

»Der Humor hat mir in meinem geistlichen Leben ein ganzes Stück weitergeholfen. Wie hätte ich zwölf Kinder großziehen können – als ich damit begann, war ich 32 Jahre –, wenn ich keinen Humor gehabt hätte?

Nach Ihrer Ansprache gestern abend genoß ich noch ein paar ruhige Augenblicke mit Freunden, die ich hier antraf. Ich habe ihnen erzählt, daß ich erst mit 31 Jahren geheiratet habe. Dabei hatte ich mir jedoch keine Sorgen über diesen Punkt gemacht. Ich hatte meine Zukunft Gott in die Hände gelegt. Aber ich muß dazu sagen, daß ich jeden Abend eine Männerhose an meinem Bett aufhing, dann niederkniete und betete:
›Vater im Himmel, hör meine Bitte
und gewähre sie, wenn es geht!

Sieh dir doch diese Hose an
und füll' sie mit einem Mann!‹«

Am nächsten Sonntag hatte ich diesen lustigen Brief unserer Gemeinde vorgelesen: Die Zuhörer hatten einen riesigen Spaß. Zufällig bemerkte ich bei einem Vater und seinem Sohn im Teenageralter eine unterschiedliche Reaktion darauf. Der Vater lachte laut auf, doch der Sohn schien nachdenklich geworden zu sein. Gerade an diesem Sonntag war die Mutter der Familie mit ihrer kranken Tochter zu Hause geblieben. Offenbar hatten weder Vater noch Sohn die Story später zu Hause erzählt, denn nach ein paar Wochen erhielt ich einen Brief von der Mutter:

»Lieber Chuck: Ich bin im Zweifel, ob ich mir über eine bestimmte Sache Sorgen machen muß. Es hängt mit unserem Sohn zusammen. In den letzten beiden Wochen habe ich bemerkt, daß unser Sohn beim Zubettgehen, bevor er das Licht ausmacht, einen Bikini über das Fußende seines Bettes hängt... Ist das ein Grund, beunruhigt zu sein?«

Ich versicherte ihr, daß es keinen Anlaß zur Sorge gebe. Und darüber hinaus kann ich heute bekanntgeben, daß der junge Mann vor kurzem geheiratet hat! Möglicherweise hat die Idee mit dem Badeanzug ja doch ihre Wirkung gehabt.

Vielleicht entdecken Sie sich selbst aber auch in der »Wenn doch nur...!«-Gruppe. Sie sagen, Sie würden ja gerne lachen... wenn Sie nur etwas mehr Geld hätten... wenn Sie nur etwas begabter oder hübscher wären... wenn Sie nur einen befriedigenderen Job finden würden. Solche Entschuldigungen sind nicht stichhaltig. Wie mehr Geld einen Menschen niemals großzügig macht und hohe Begabung niemanden dankbar werden läßt, so gibt es überhaupt nichts, von dem ein »Mehr« einen Menschen fröhlich werden ließe.

»Die glücklichsten Leute sind selten die reichsten oder schönsten oder begabtesten Menschen. Glückliche Leute sind nicht abhängig von Anregungen oder Freuden, die durch äußere Dinge angeboten werden. Sie freuen sich vielmehr an den fundamentalen, oft ganz einfachen Dingen des Lebens. Sie vergeuden keine Zeit mit dem Gedanken, ›andere Weiden könnten grüner sein‹. Sie hängen nicht am Gestern fest und greifen nicht auf das Morgen vor. Sie kosten den Augenblick aus und freuen sich darüber, lebendig zu sein und einen Job und eine Familie zu haben, und über all die guten Dinge um sie herum. Sie sind anpassungsfähig, sie können sich mit dem Wind drehen und sich auf veränderte Zeiten einstellen, sich über die Herausforderungen des Lebens freuen und sich mit der Welt in Harmonie fühlen. Ihre Augen sind auf ihre Umgebung gerichtet, sie sind hellwach, mitfühlend. Sie haben die Fähigkeit zu lieben.«

Ausnahmslos ist es so, daß Menschen, die viel lachen, es nicht in erster Linie tun *wegen* irgendwelcher Umstände, sondern *trotz* dieser Umstände. Sie sind auf der Suche nach Scherz und Spaß und warten nicht darauf, daß diese im Lauf des Tages an ihre Türe anklopfen. Solche ansteckend fröhlichen Christen haben keine Mühe damit, andere in ihrer Umgebung davon zu überzeugen, daß der christliche Glaube etwas sehr Reales ist und daß Christus ein Leben verwandeln kann. Freude ist die Fahne, die über der Burg ihrer Herzen weht, eine Fahne, die ankündigt, daß der König sich in seiner Residenz befindet.

Schauen Sie sich einen Mann an, der trotzdem lacht ...

Es gab einmal einen Mann, der als Erwachsener Christ wurde und dann die Sicherheit und das Ansehen seines früheren Berufes als führende Persönlichkeit des offiziellen religiösen Lebens aufgab und ein Nachfolger Jesu wurde. Die Verfolgungen, die danach in den weiteren Jahren seines Lebens seine ständigen Begleiter waren, bildeten nur den Anfang seiner Leiden. Obwohl man ihn mißverstand, seine Worte verdrehte und ihn verleumdete, ging er seinen Weg fröhlich weiter. Zu alledem litt er noch an einer körperlichen Krankheit, die ihn so sehr plagte, daß er sie als »einen Pfahl im Fleisch« bezeichnete — möglicherweise eine Form von schwerer Migräne, die ihn regelmäßig heimsuchte.

Inzwischen ist Ihnen klar, daß ich von Saulus von Tarsus spreche, der dann im griechischen Sprachbereich Paulus genannt wurde. Dieser Apostel war sicher kein Mensch, der an seinen eigenen Nöten und Schwierigkeiten hängen blieb, aber im zweiten Brief an die Korinthergemeinde führt er doch einen Teil davon an. Er vergleicht sich mit seinen Zeitgenossen aus dem ersten Jahrhundert und schreibt:

> ». . . ich bin öfter gefangen gewesen, ich habe mehr Schläge erlitten, ich bin oft in Todesnöten gewesen.
> Von den Juden habe ich fünfmal erhalten vierzig Geißelhiebe weniger einen; ich bin dreimal mit Stöcken geschlagen, einmal

gesteinigt worden; dreimal habe ich Schiffbruch erlitten, einen Tag und eine Nacht trieb ich auf dem tiefen Meer. Ich bin oft gereist, ich bin in Gefahr gewesen durch Flüsse, in Gefahr unter Räubern, in Gefahr unter den Juden, in Gefahr unter Heiden, in Gefahr in Städten, in Gefahr in Wüsten, in Gefahr auf dem Meer, in Gefahr unter falschen Brüdern; in Mühe und Arbeit, in viel Wachen, in Hunger und Durst, in viel Fasten, in Frost und Blöße; und außer all dem noch das, was täglich auf mich einstürmt, und die Sorge für alle Gemeinden.«

2. Kor 11,23-28

All dies war weit mehr, als sich normalerweise im Leben eines einzelnen Menschen findet, doch die Wege des Paulus wurden im Laufe der Jahre *noch* schwerer und härter. Schließlich wurde er verhaftet und der Bewachung durch römische Soldaten unterstellt, an die er gefesselt war. Es wurde ihm zwar erlaubt, in seiner eigenen Wohnung zu bleiben während dieser zwei Jahre (Apg 28,30), aber die Beschränkungen müssen doch sehr lästig gewesen sein für einen Mann, der das Reisen und die Freiheit, sich seinen eigenen Tagesplan aufzustellen, so sehr gewöhnt war. Doch wir lesen nirgendwo etwas davon, daß Paulus die Geduld verloren oder sich furchtbar darüber aufgeregt hätte. Im Gegenteil, er sah diese Umstände als Gelegenheit an, ein Zeugnis für Christus zu sein, indem er das Beste aus seiner Situation machte.

Ein Brief mit einem überraschenden Thema

Interessanterweise schrieb Paulus während dieser Jahre, in denen er sich in Hausarrest befand, verschiedene Briefe. Einer von ihnen war an eine Gruppe von Christen gerichtet, die in Philippi lebte. Es ist ein erstaunlicher Brief, vor allem bemerkenswert durch das Thema, das ihn immer wiederkehrend durchzieht — Freude. Denken wir doch einmal darüber nach! Der Brief stammt von einem Mann, der quälende Nöte und Schmerzen hinter sich hatte und der im Augenblick, an einen römischen Soldaten gefesselt, unter erheblichen Einschränkungen leben mußte — und dann hallt der Brief an die Philipper wider von Tönen der Freude! Die Atmosphäre der Freude und Zufriedenheit ist in den »Teppich« dieser 104 Verse eingewoben wie Silberfäden. Paulus vertiefte sich nicht in Selbstmitleid und wandte sich auch nicht an seine Freunde, daß sie ihm zur Flucht verhelfen oder doch wenigstens eine Erleichterung seiner Lage ermöglichen sollten, sondern statt dessen schickte er diesen überraschend fröhlichen Brief auf die Reise. Und über allem bittet er die Philipper – und alle seine Leser – immer wieder darum, doch Menschen der Freude zu sein.

Ich möchte einmal darlegen, wie das gleiche Thema in allen vier Kapiteln immer wieder von neuem auftaucht.

Als Paulus für die Philipper betete, lag offensichtlich ein Lächeln auf seinem Gesicht:

>»Ich danke meinem Gott, sooft ich euer gedenke – was ich allzeit tue in allen meinen Gebeten für euch alle, und ich tue das Gebet mit Freuden ...«
> Phil 1,3-4

Als Paulus ein weiteres Verbleiben auf dieser Erde damit verglich, daß andrerseits sein Leben bald zu Ende sein könnte und er zu Jesus gehen würde, erfüllte ihn das mit Freude:

>»Christus ist mein Leben, und Sterben ist mein Gewinn. Wenn ich aber weiterleben soll im Fleisch, so dient mir das dazu, mehr Frucht zu schaffen; und so weiß ich nicht, was ich wählen soll. Denn es setzt mir beides hart zu: ich habe Lust, aus der Welt zu scheiden und bei Christus zu sein, was auch viel besser wäre; aber es ist nötiger, im Fleisch zu bleiben um euretwillen. Und in solcher Zuversicht weiß ich, daß ich bleiben und bei euch allen sein werde, euch zur Förderung und Freude im Glauben ...«
> Phil 1,21-25

Als Paulus die Philipper ermutigte, in Frieden und Harmonie zusammenzuarbeiten, wuchs seine eigene Freude in der Vorausschau auf die Erfüllung seines Wunsches ins Überwältigende:

>»Ist nun bei euch Ermahnung in Christus, ist Trost der Liebe, ist Gemeinschaft des Geistes, ist herzliche Liebe und Barmherzigkeit, so macht meine Freude dadurch vollkommen, daß ihr eines Sinnes seid, gleiche Liebe habt, einmütig und einträchtig seid.«
> Phil 2,1-2

Als Paulus den Philippern ankündigt, daß er einen Freund zu ihnen schicken werde, bittet er sie ausdrücklich darum, ihn mit Freuden aufzunehmen:

>»Ich habe es aber für nötig angesehen, den Bruder Epaphroditus zu euch zu senden, der mein Mitarbeiter und Mitstreiter ist und euer Abgesandter und Helfer in meiner Not; denn er hatte nach

20

euch allen Verlangen und war tief bekümmert, weil ihr gehört hattet, daß er krank geworden war. Und er war auch todkrank, aber Gott hat sich über ihn erbarmt; nicht allein aber über ihn, sondern auch über mich, damit ich nicht eine Traurigkeit zu der anderen hätte.
Ich habe ihn nun um so eiliger gesandt, damit ihr ihn seht und wieder fröhlich werdet und auch ich weniger Traurigkeit habe. So nehmt ihn nun auf in dem Herrn mit aller Freude und haltet solche Menschen in Ehren.«
Phil 2,25-29

Als Paulus ihnen mitteilte, was das zentrale Anliegen seiner Botschaft an sie war und immer sein würde, war sein Herz voller Freude:

»Weiter, liebe Brüder: Freut euch in dem Herrn! Daß ich euch immer dasselbe schreibe, verdrießt mich nicht und macht euch um so gewisser.«
Phil 3,1

Am Schluß seines Briefes kommt er noch einmal auf die Botschaft der Freude zurück:

»Freuet euch in dem Herrn allewege, und abermals sage ich euch: Freuet euch!«
Phil 4,4

Als Paulus schließlich ihre Fürsorge für ihn noch einmal in Erinnerung bringt, scheint mir die Freude, von der er schreibt, zu den optimistischen Stellen der gesamten Heiligen Schrift zu gehören:

»Ich bin aber hocherfreut in dem Herrn, daß ihr wieder eifrig geworden seid, für mich zu sorgen; ihr wart zwar immer darauf bedacht, aber die Zeit hat's nicht zugelassen. Ich sage das nicht, weil ich Mangel leide; denn ich habe gelernt, mir genügen zu lassen, wie's mir auch geht.
Ich kann niedrig sein und kann hoch sein; mir ist alles und jedes vertraut: beides, satt sein und hungern, beides: Überfluß haben und Mangel leiden, ich vermag alles durch den, der mich mächtig macht.
Doch ihr habt wohl daran getan, daß ihr euch meiner Bedrängnis angenommen habt. Denn ihr Philipper wißt, daß am Anfang meiner Predigt des Evangeliums, als ich auszog aus Mazedonien, keine Gemeinde mit mir Gemeinschaft gehabt hat im Geben und Nehmen als ihr allein.
Denn auch nach Thessalonich habt ihr etwas gesandt für meinen

Bedarf, einmal und danach noch einmal. Nicht, daß ich das Geschenk suche, sondern ich suche die Frucht, damit sie euch reichlich angerechnet wird.
Ich habe aber alles erhalten und habe Überfluß. Ich habe in Fülle, nachdem ich durch Epaphroditus empfangen habe, was von euch gekommen ist: ein lieblicher Geruch, ein angenehmes Opfer, Gott gefällig. Mein Gott aber wird all eurem Mangel abhelfen nach seinem Reichtum in Herrlichkeit in Christus Jesus.«
Phil 4,10-19

Nichts ist so notwendig wie eine Transfusion von Freude

Ich bin fest davon überzeugt, daß die Freude der Philipper nach dem Erhalt dieses fröhlichen Briefes von Paulus eine immense Steigerung erfuhr. Ihnen war sozusagen eine Transfusion von Freude zuteil geworden, und das von jemandem, der ihnen sehr ans Herz gewachsen war. Dieses Erleben mußte für sie um so mehr ins Gewicht fallen, als sie die Lebensumstände des Paulus nun vor sich sahen. Wenn er in dieser belastenden, ihn so sehr einengenden Situation so positiv denken konnte und so voller Ermutigung und Bejahung seines Schicksals war, dann mußte ein solches Leben *in Freiheit* erst recht eine fröhliche Angelegenheit sein.

Diebe der Freude gibt es in unserem Leben viele. Wir müssen sie unbedingt loswerden, wenn wir diese Art von Glück und Zufriedenheit erfahren wollen, die Paulus in den angeführten Versen beschreibt. Andernfalls werden alle Versuche, eine »Transfusion« der Freude zu empfangen (oder auch zu geben), fehlschlagen. Rädelsführer dieser Mächte, mit denen wir den Kampf sobald als möglich aufnehmen müssen, sind Versagenserlebnisse aus der Vergangenheit. Sie schleichen sich wie ein Dieb in unsere Gedanken und Erinnerungen — auch dann, wenn diese Dinge längst vorbei und erledigt und vergeben sind. Andere beschwören Ängste im Hinblick auf die Zukunft herauf, obwohl viele der Befürchtungen vielleicht niemals zutreffen werden. Fröhliche Menschen halten sich an die Gegenwart — an das Hier und Jetzt — und kleben nicht am »Damals« und »Niemals«.

Helen Mallicoat formulierte das einmal so:

»Ich bedauerte die Vergangenheit
und fürchtete die Zukunft ...
Doch plötzlich sprach mein Herr zu mir:

Mein Name heißt ›Ich bin!‹
Er schwieg — ich wartete —, dann fuhr er fort:
Lebst du in der Vergangenheit
mit ihren Fehlern, dem Bedauern und Versagen,
dann ist das Leben hart. Dort bin ich nicht.
Ich heiße nicht: ›Ich war!‹

Und wenn du in der Zukunft lebst
mit Möglichkeiten, Ängsten und Problemen,
auch dann ist's hart. Ich bin nicht dort.
Ich heiße nicht: ›Ich werde sein!‹

Wenn du zufrieden bist mit jedem Augenblick,
ist's nicht mehr schwer, denn ich bin da.
Mein Name heißt: ›Ich bin!‹

Wenn Gott Gott ist ... dann gehört das Lachen zum Leben

Als ich mich mit den Aussagen des Paulus näher befaßte, um einen Hauptnenner dafür zu finden, einen geheimen Schlüssel zu seiner Freude, kam ich zu dem Ergebnis, daß sie mit seinem Gottvertrauen zusammenhängen mußte. Für Paulus war Gott der absolute Herr über alle Dinge. Aller Dinge! Wenn Belastungen kamen, hatte Gott sie erlaubt. Wenn Kummer und Schmerz seinen Weg kreuzten, hatte Gott sie zugelassen. Wenn er verhaftet wurde und im Gefängnis saß, blieb Gott immer noch der souveräne Herr seines Lebens. Wenn es keinen Ausweg mehr zu geben schien, wußte Gott, unter welchem Druck er stand. Wenn sich dann aber eine Tür öffnete und der Druck verschwand, dann war wieder Gott der Verantwortliche.

Das Ergebnis lautete für mich: Gott ist keine ferne, übersinnliche Macht, sondern eine unveränderliche Realität, eine sehr gegenwärtige Hilfe, welche Not uns auch immer treffen mag. Also? Lassen Sie uns auch danach leben. Und darum wollen wir der Freude Raum geben. Paulus tat es. Während seines ganzen Lebens zog er jeden nur möglichen Freudentropfen aus jedem Tag seines Lebens. Woher ich das weiß? Dieser kurze Brief an die Philipper erzählt es mir — wir werden es in den folgenden Kapiteln noch besser erkennen.

Im *ersten Kapitel* des Philipperbriefes erfahren wir, daß die Freude zum Leben gehört — ob wir nun die Erfüllung unserer

Wünsche erleben oder nicht, ob wir in schwierigen Umständen leben oder nicht und sogar dann, wenn es echte Konflikte gibt.

Im *zweiten Kapitel* erfahren wir, daß Freude auch im Dienen liegt. Das beginnt mit der richtigen Haltung — nämlich der Demut. Diese Freude wird bewahrt durch die richtige Theologie — Gott ist Gott —, und diese Freude wird verstärkt durch Vorbilder und Berater (Freunde wie Timotheus und Epaphroditus).

Im *dritten Kapitel* erfahren wir, daß auch im Weitergeben und Mitteilen Freude beschlossen liegt. Paulus gab drei Dinge an andere weiter: sein Zeugnis von Christus, sein Lebensziel und die Ursache seines Mutes.

Im *vierten Kapitel* schließlich hören wir, daß auch Ruhen Freude bedeuten kann. Das dürfte zum Schönsten gehören, was über das Prinzip persönlicher Zufriedenheit je geschrieben wurde.

Welch ein Schatzhaus der Freude hat sich uns da geöffnet! Offen gesagt: ich bin begeistert — und ich bin davon überzeugt, daß es Ihnen auch so gehen wird, wenn Sie sich noch mehr damit beschäftigen. Sie werden sehr bald erkennen, daß Freude eine Sache der freien Wahl ist. Sie werden entdecken, daß jeder Mensch — ob Mann oder Frau — sich bewußt für die Freude entscheiden muß, wenn er ein fröhliches Leben führen will.

Jesus konfrontierte uns mit seiner Wahrheit, damit seine Freude in uns bleiben sollte. Und wenn das geschieht, ist unsere Freude vollkommen (Joh 15,11). Das Tragische ist, daß so wenig Menschen sich zu diesem Leben in Freude entschließen.

Wollen Sie es? Wenn ja, dann kann ich Ihnen ein Versprechen geben: Heiterkeit und Begeisterung werden Ihren Entschluß begleiten.

In einem von Tim Hansels Büchern stieß ich auf eine Stelle, die das auf eine unvergeßliche Weise beschreibt. Es ist der authentische Bericht aus dem Leben eines zweiundachtzigjährigen Mannes, der mehr als fünfzig Jahre lang als Pastor gewirkt hatte. In den späteren Jahren litt er an Hautkrebs. Es wurde so schlimm, daß er bereits fünfzehn Hautoperationen über sich hatte ergehen lassen müssen. Tim schreibt:

»Abgesehen von den Schmerzen war dieser Mann so bedrückt darüber, wie der Krebs sein äußeres Erscheinungsbild verändert hatte, daß er sich überhaupt nicht mehr draußen sehen lassen wollte. Eines Tages bekam er mein Buch »Du sollst wieder tanzen« in die Hände. Darin hatte ich von meinem langen Kampf mit den Folgen eines beinahe tödlichen Kletterunfalls berichtet. Chronische, schlimme Schmerzen waren seitdem meine Begleiter. In diesem Buch habe ich von dem Tag erzählt, an dem mir klar wurde, daß ich diese Schmerzen nie mehr los werden würde. In diesem Augenblick traf ich eine Grundsatzentscheidung. Ich wußte, daß es an mir lag, wie ich auf meine Situation reagieren würde. Ich wählte die Freude ...

Nachdem der ältere Pastor eine Weile in dem Buch gelesen hatte, legte er es weg mit dem Gedanken: ›Der ist verrückt. Ich kann die Freude nicht *wählen!*‹

Damit war die Sache für ihn abgetan. Später las er dann in Joh 15,11, daß die Freude eine Gabe ist. Jesus sagt: ›Das sage ich euch, damit meine Freude in euch bleibe und eure Freude vollkommen werde.‹

Eine Gabe! dachte er. Er wußte nicht, was er tun sollte. Er kniete nieder, ohne recht zu wissen, was er tun sollte. Schließlich kamen die einfachen Worte über seine Lippen: ›Nun denn, Herr, gib sie mir.‹

Und plötzlich, so beschreibt er es, kam eine Flut von Freude über ihn.

›Ich war überwältigt‹, so schrieb er. ›Es war wie die Freude, die im Petrusbrief beschrieben ist: eine unaussprechliche und herrliche Freude. Ich wußte nicht mehr, was ich sagen sollte, schließlich brachte ich die Worte heraus: ›Herr, laß die Freude offenbar werden!‹ Und bevor er es recht wußte, tanzte er um sein Haus herum. Er war so froh, daß er sich tatsächlich wie neugeboren vorkam — wiedergeboren. Und diese erstaunliche Veränderung geschah im Alter von 82 Jahren.

Er mußte einfach auf die Straße hinaus. Soviel Freude konnte nicht eingesperrt bleiben. Er ging zu einer Schnell-Imbiß-Stube und ließ sich eine Frikadelle geben. Eine Dame beobachtete ihn, sah, wie glücklich er war und fragte:

›Wie geht es Ihnen?‹

›Danke, sehr gut!‹ war seine Antwort.

›Haben Sie heute Geburtstag?‹ fragte die Dame weiter.

›Nein, meine Beste, etwas viel Besseres!‹

›Namenstag?‹

›Noch besser!‹

›Na, was ist denn los?‹ fragte sie mit steigendem Interesse.

›Es ist die Freude, die Jesus schenkt. Wissen Sie, wovon ich rede?‹ Die Dame zuckte die Achseln und meinte: ›Nein, ich muß sonntags arbeiten.‹«

Jedesmal, wenn ich Tims Geschichte wieder lese, muß ich mit dem Kopf schütteln. Was für eine lächerliche Antwort war das doch. Aber keine ungewöhnliche. Im wesentlichen gibt es zwei Arten von Menschen: Solche, die sich für die Freude entscheiden, und solche, die es nicht tun. Menschen, die sich für die Freude entscheiden, denken nicht daran, welchen Wochentag sie gerade erleben oder wie alt sie sind, oder wie stark die Schmerzen im Augenblick sind. Sie haben sich bewußt dazu entschlossen, die Not nicht über sich Herr werden zu lassen, weil sie von der Gabe der Freude wissen. Menschen, die diese Entscheidung nicht treffen, kommen auch nicht in den Genuß der Erleichterung, die ein Lächeln ihnen bringen kann. Weil sie es nicht *tun,* *können* sie auch nicht mehr lachen, und weil sie es nicht *können,* *wollen* sie es auch gar nicht mehr. Zu welcher Sorte von Menschen gehören Sie?

Kurs: Freude

In diesem Jahr bin ich achtundfünfzig Jahre alt geworden. Ich war der Meinung, daß das ruhig jeder wissen konnte. Wenn Sie in mein Alter kommen, entdecken Sie, daß Ihre engsten Freunde oft die unbarmherzigsten sind. Zum Beispiel bei der Auswahl von Glückwunschkarten. Im vergangenen Jahr, als ich siebenundfünfzig wurde, traf mich eine Stichelei nach der anderen! Da hieß es z. B.: »Bring deine Feinde in Verwirrung! Setz deine Freunde in Erstaunen! Blas *alle* deine Kerzen aus!« (57 Stück!)

Auf einer anderen Karte stand vorne drauf: »Ich wünschte, ich könnte dabei sein und dir helfen, deine Geburtstagskerzen anzuzünden ...« Innen stand dann zu lesen: »Statt dessen werde ich das Abendrot am Himmel beobachten und an dich denken.«

Diese letzte war von Helen Peters, meiner langjährigen Sekretärin, die jedes Buchmanuskript getippt hat, das ich geschrieben habe. Von ihr würden Sie vermutlich erwarten, daß sie mitleidig und fürsorglich mit einem »alten Kumpel« umgehen würde, nicht wahr? Doch weit gefehlt.

Noch einige andere erwähnten die Torte und die Kerzen. Einer warnte mich vor zwei möglichen Gefahren: Die vielen Kerzen würden die Glasur innerhalb von 15 Sekunden zum Schmelzen bringen, deshalb sollte man sie so schnell wie möglich ausblasen. Wenn ich es so schnell schaffen sollte, gäbe das aber wahrscheinlich eine solche Rauchentwicklung, daß der Feuermelder sich einschalten würde.

Auf einer anderen dieser Glückwunschkarten erscheint Garfield, der widerspenstige Kater. Er liegt auf dem Boden (natürlich) und denkt (mit einem offenen Auge): »Daran merkst du, daß du älter wirst, wenn du morgens mit einem schrecklichen Kater aufwachst und dabei am Abend vorher gar nichts unternommen hast!«

Wenn Sie in diesem Alter sind — in Wirklichkeit gilt das für jedes Alter —, ist es ganz wichtig, ein bißchen Humor aufzubringen. Ich hörte einmal einen großartigen Vortrag eines pensionierten Missionars zu dem Thema: »Was ich in meinen Koffer packen würde, wenn ich aufs Missionsfeld zurückginge.« Das erste, was er anführte, war: eine Portion Humor. Und einer meiner Freunde, der ebenfalls dem Herrn viele Jahre im fremden Land diente, sagte etwas Ähnliches: »Es gibt zwei Voraussetzungen, wenn man in Übersee auf Gottes Arbeitsfeld glücklich sein will: Man braucht ein gut Teil Humor und einen fehlenden Geruchssinn!«

Ich habe festgestellt, daß eine fröhliche Gemütsverfassung nichts mit dem Alter oder dem Arbeitsplatz (oder seinem Fehlen), dem Aussehen oder irgendwelchen Umständen eines Menschen zu tun hat. Wie ich schon früher betonte – und ich werde nicht aufhören damit bis zum Ende des Buches –, Freude ist eine Sache der eigenen Entscheidung. Es ist eine Frage der Haltung, die im Vertrauen zu Gott begründet ist: daß Gott der Handelnde ist, daß er die absolute Kontrolle über das hat, was geschieht, daß er mitten in dem ist, was geschehen ist, was gerade abläuft und was noch geschehen wird. Entweder machen wir unser Denken an diesem Punkt fest und entscheiden uns damit, wieder lachen zu können, oder wir klagen und jammern uns durchs Leben, bedauernd, daß wir nie eine faire Chance bekamen. Wir sind diejenigen, die bewußt darüber bestimmen, welchen Weg wir gehen werden.

Um ein Gedicht abzuwandeln:

> »Ein Schiff segelt ostwärts,
> ein Schiff segelt westwärts.
> Einerlei wie der Wind auch bläst:
> Das Setzen der Segel und nicht der Sturm
> bestimmt den Kurs, den du fährst.«

Seinen Weg durchs Leben heiter zu gehen, hängt nicht von Äußerlichkeiten ab. Wie sehr uns widerwärtige Winde auch ins Gesicht blasen mögen – wir wollen unsere Segel auf Freude ausrichten.

Ein sehr schönes Beispiel dafür fand ich vor einigen Monaten. Da ich Mitglied des Aufsichtsrates eines Seminars in Dallas bin, habe ich das Recht, neue Mitglieder der Fakultät zu interviewen. Zu dieser Zeit trafen wir uns mit vier der neuesten Mitglieder, von denen eins eine Frau war. Es war nicht irgendeine Frau, sondern die erste, die jemals aufgefordert wurde, sich der erlauchten Belegschaft des Theologischen Seminars in Dallas anzuschließen.

Lucy Mabery war ihr Name, und einige vom Komitee erinnerten sich plötzlich an sie, als sie von ihrem Lebensweg berichtete. Wir hatten sie seit Jahren gekannt.

Diese fröhliche, intelligente Frau besaß eine Familie, lehrte in Bibelklassen, war stark engagiert in einer Reihe von anderen verantwortlichen Tätigkeiten und dazu glücklich verheiratet mit Dr. Trevor Mabery, einem erfolgreichen Arzt, der sich auf dem Höhepunkt seiner Karriere befand. Dann brach die ganze Welt dieser Frau zusammen.

Trevor flog mit drei anderen Männern von einer Klausurtagung in Montana zurück. Sie hatten sich dort mit Dr. James Dobson getroffen und über Dinge beraten und gebetet, die das Familienministerium betrafen. Ihr Flugzeug stürzte ab, und alle vier Männer kamen bei dem Unfall ums Leben.

Die Einwohner von Dallas waren regelrecht betäubt vom Schock dieses Ereignisses. Alle vier Männer waren Persönlichkeiten des öffentlichen Lebens und hoch geachtet gewesen. Den vier Witwen blieb es nun überlassen, die Trümmer ihres Lebens zu sammeln und wieder von vorn zu beginnen.

Lucy beschloß, das mit Freude zu tun. Ohne die geringste Vorwarnung war ihr geliebter Gatte von ihr gegangen. Der Kummer, einer der schlimmsten Freudendiebe, war mit voller Wucht in das Leben der Mabery-Familie eingebrochen — wie ein Tornado. Doch Lucy war entschlossen, sich nicht durch die Stricke fortwährenden Sich-Grämens fesseln zu lassen. Sie behielt ihre positive Haltung, ihren klaren Verstand und ihre Freude am Leben.

Als wir an jenem Tag mit Lucy ein Interview hatten, sprühten ihre Augen von fröhlichem Humor. Ihr Lächeln war ansteckend.

Wir fragten sie, wie sie sich als erste Frau an dieser Fakultät fühle. Mit einem Lächeln antwortete sie: »Man ist mir von seiten der Fakultät mit Wärme und Akzeptanz entgegengekommen. Die Studentenschaft ist ein anderer Fall«, fügte sie noch hinzu. Wir fragten dann, wie sie mit den eher konservativen männlichen Studenten zurechtkäme, die nicht damit einverstanden gewesen waren, daß sie eine Lehrtätigkeit an diesem Seminar aufnehmen sollte. Sie antwortete darauf: »Oh, ich habe sie zum Lunch eingeladen, und wir haben uns über die Sache unterhalten. Ein bißchen nachgiebiger sind sie geworden.« Nach einer kurzen Pause fuhr sie fort: »Es war eine recht fröhliche Erfahrung. Und tatsächlich bekam ich doch neulich von der Studentenschaft einen Orden als bestangezogene Frau des Lehrkörpers!«

Wie kann ein Mensch in Lucys Situation auf den Trümmern seines Lebens weitermachen? Wie kann jemand über seinen Kummer hinauswachsen? Wie kann man nach einem solchen Schicksal noch lachen? Wie kann man als nun alleinerziehender Elternteil seine Arme um die Kinder legen und ihnen helfen, fröhlich in die Zukunft zu schauen? Diese Kraft kommt von tief innen heraus, weil Menschen wie Lucy Mabery sich zur Freude entschlossen haben, einerlei aus welcher Richtung »der Wind gerade bläst«.

Lucy besitzt eine ruhige Zuversicht. Diese beruht nicht auf dem langen Leben eines starken Ehegatten und nicht darauf, daß die äußeren Umstände immer angenehm, friedlich und leicht zu bewältigen sind. Sie beruht auf Gott, der das Gesetz des Handelns behält, der absoluter Herr der Situation bleibt, und der in der Lage ist, alle Dinge zu seiner Ehre zu gestalten. Wenn wir diese Fakten im Auge behalten, werden auch wir entdecken, daß wir wieder lachen können, selbst nach einem Flugzeugabsturz und dem Verlust unseres Ehepartners. Alle Dinge — das muß ich noch einmal wiederholen — werden bestimmt von unserer Grundentscheidung.

Ein kurzer, aber kraftvoller Brief

All diese Überlegungen führen uns auf ganz natürliche Weise zu dem großartigen, wenn auch kurzen Brief an die Philipper zurück. Obwohl er nur 104 Verse umfaßt, zaubert diese geistgewirkte Botschaft ein Lächeln auf die Gesichter derer, die die fröhlichen Passagen lesen. Warum? Um des einen willen, der sie schrieb. In der im ersten Jahrhundert üblichen Weise setzte er seinen Namen bevorzugt an den Anfang eines Schreibens statt ans Ende — Paulus. Welche Erinnerungen mußten bei seinen Freunden in Philippi aufgetaucht sein, als sie diesen Namen lasen. Zehn Jahre vorher war dieser Mann in ihrer Mitte gewesen, hatte ihre Gemeinde gegründet. Zehn Jahre vorher war er ins Gefängnis geworfen worden, obwohl er nichts Unrechtes getan hatte. Zehn Jahre vorher hatten sie beobachtet, wie Gott am Werk gewesen war und in dieser einzigartigen römischen Kolonie eine kleine Gruppe von jungen Christen zusammengerufen hatte.

Und nun, ein Jahrzehnt später, lasen sie diesen Namen aufs neue. Es muß sie gepackt haben, allein diesen Namenszug wieder auftauchen zu sehen. Wie kunstliebende Italiener erschüttert waren von den Werken eines Michelangelo, wie die deutschen Protestanten des sechzehnten Jahrhunderts von einem Redner wie Martin Luther inspiriert wurden, wie die schwarzen Amerikaner im neunzehnten Jahrhundert jedes Wort von Abraham Lincoln begierig aufgriffen oder die britischen Patrioten des zwanzigsten Jahrhunderts Winston Churchill brauchten, um durchzuhalten, so hoch achtete und brauchte die Gemeinde von Philippi den Paulus. Er war der Begründer der Gemeinde und ihr Freund. Er war ihr Lehrer, ihr begabter und bewunderter Führer. Aber Paulus schrieb nicht nur seinen eigenen Namen auf diesen Brief, sondern erwähnte auch Timotheus, dessen Name bedeutet:»Der Gott ehrt.« Timotheus ist neben Paulus erwähnt, nicht weil er den Brief schrieb, sondern weil er den Philippern ebenfalls bekannt war, sie liebte und sie demnächst besuchen sollte. Das war das dynamische Duo des ersten Jahrhunderts: Paulus und Timotheus! Ich könnte mir vorstellen, daß die Philipper kaum erwarten konnten, was Paulus ihnen zu sagen hatte.

»Diener« schreiben an »Heilige«

Statt sich selbst als »Paulus und Timotheus, gefeierte Berühmtheiten« oder als geistliche Führer oder als hochangesehene Persönlichkeiten vorzustellen, schreibt der Apostel einfach »Diener«. Gefällt Ihnen das nicht? Gerade das macht Paulus groß. Er tritt nicht wie ein Filmstar auf, der umjubelt werden möchte, oder als empfindsamer Held, der mit Glacéhandschuhen angefaßt werden muß. Er sah in sich selbst wirklich einen Diener.

Der griechische Ausdruck, der da steht, kann verschiedenes bedeuten: daß einer an einen anderen gebunden ist ... mit Strikken unbedingter Liebe ... daß es um eine so enge Beziehung geht, daß nur der Tod sie lösen kann ... eine Bindung, bei der der Wille des Betreffenden ganz in dem guten Willen Gottes aufgegangen ist ... eine Bindung, wo einer dem anderen dient wie Christus ... in vorbehaltloser Hingabe, ohne Rücksicht auf die eigenen Interessen. Diese Begriffe beschreiben Paulus und Timotheus in ihrer Haltung gegenüber den Philippern.

Und noch interessanter ist, daß dieser Brief von solchen »Dienern« an »Heilige« gerichtet ist. »Paulus und Timotheus ...an alle Heiligen in Christus Jesus in Philippi samt den Bischöfen und Diakonen« (Phil 1,1). Heute würden wir sagen: »Pastoren und Diakone« oder »Pastoren und Gemeindeälteste«.

»Heilige« ist ein sehr interessanter Ausdruck. Wenn man durch Europa reist, sieht man eine Menge von steinernen Heiligen innen und außen an den Wänden und Mauern riesiger Kathedralen. Falls man eine orthodoxe Kirche besucht, begegnet man ihnen dort in Gestalt der Ikonen, als Gips- oder Marmorstatuen.

Sie stellen Menschen dar, deren Leben berühmt geworden ist im Laufe der langen und vielfarbigen Geschichte der Kirche.

Mir fiel einmal ein interessanter Artikel in die Hände mit dem Titel »Wie Heilige entstehen«. Dabei ging es natürlich nicht um die Herstellung überlebensgroßer Statuen, sondern um den Prozeß, durch den Menschen unserer Tage zu Heiligen erklärt werden.

»Papst Johannes Paul der II. hat mehr Menschen — Männer und Frauen — heiliggesprochen als alle seine Vorgänger im zwanzigsten Jahrhundert zusammengenommen«, schreibt der Autor. Dann sagt er noch etwas zu dem langen Prozeß, durch den ein Mensch offiziell zum Heiligen erklärt wird. Man muß wissen, mit wem man deshalb Verbindung aufnehmen muß und welche Schritte zu unternehmen sind. Außerdem ist nicht zu verschweigen, daß ein gutes Stück Geld dazu gehört, wenn jemand heiliggesprochen werden soll.

Doch die Heiligen, an die Paulus hier schreibt, gehörten nicht zu dieser Kategorie von Menschen. Die Heiligen in Philippi waren ganz gewöhnliche Leute. Sie waren Alltagsmenschen wie Sie und ich. Selten bringen wir alltägliche Namen von Menschen, die wir kennen, in einen solchen Zusammenhang, aber wir dürften es ruhig tun. Der »heilige Hans«. Der »heilige Frank«. Die »heilige Iris«. Die »heilige Cynthia«. Die »heilige Margarete«. Der »heilige Bob«. Der »heilige Silvester«. Sie — ein Heiliger. Sie haben richtig gehört — Sie werden von Paulus als Heiliger angesprochen!

Das griechische Wort, das als »Heilige« übersetzt wurde, bedeutet: »Aussortiert und für die Ziele und Pläne Gottes bestimmt.« Ist das nicht ein großartiger Gedanke? Aus diesem Grund werden Christen als Heilige angesprochen. Wer durch den Glauben an Jesus Christus in die Familie Gottes hineingeboren worden ist, bekommt diesen Titel. Sie sind ausgewählt, um Gottes Zielsetzungen zu verwirklichen. Im tiefsten Sinn heißt das, Gott geweiht sein.

»Paulus und Timotheus, Diener des lebendigen Christus, schreiben an alle, die in der Stadt Philippi wohnen und Gott und seinen Absichten geweiht sind«, das ist die Vorstellung, die diesem Briefanfang zugrunde liegt.

Gnade und Frieden

Und was bietet Paulus diesen »Heiligen« an? »Gnade und Frieden.« (Ich liebe beides sehr.) Gnade ist etwas, das uns begegnet, ohne daß wir es verdient haben. Und Friede geschieht in uns, ohne daß äußere Umstände es beeinflussen. Mit Gnade von Gott und Frieden im Inneren – wer sollte da nicht Grund zur Freude haben?

In der ursprünglichen Form bedeutet Friede so etwas wie »zusammenbinden«, und im Laufe der Zeit schloß das Wort die Vorstellung ein, daß man an Dinge oder Menschen so eng gebunden war, daß ein Einklang daraus entstand. Wenn die richtige Frau mit dem richtigen Mann in Einklang in die Ehe eintritt, dann beginnt eine friedvolle Partnerschaft. Wenn ein Freund einem anderen mit Herz und Seele verbunden ist, dann ist das die Grundlage für eine friedliche Beziehung, in der Harmonie herrscht. Wo auf diese Weise Gnade und Friede die Situation bestimmen, ist die Freude nicht weit weg. Und genau das ist die Erklärung dafür, warum Paulus fröhlich bleiben konnte. Er hatte, äußerlich gesehen, allen Grund zum Gegenteil. Aber er entschied sich bewußt für die Freude. Er befand sich dabei auf dem gleichen Boden, den er seinen Freunden in Philippi anbot: Gnade und Frieden.

Fröhliches Danken

Was gab es an den Menschen in Philippi, das Paulus soviel Freude machte?

Zuerst einmal hatte er gute Erinnerungen an diese Menschen.

> »Ich danke meinem Gott, sooft ich euer gedenke – was ich allezeit tue in allen meinen Gebeten für euch alle, und ich tue das Gebet mit Freuden –, für eure Gemeinschaft am Evangelium vom ersten Tag an bis heute.«   Phil 1,3-5

Die Erinnerung an die Philipper zaubert ein Lächeln auf das Gesicht des Paulus. Was war der Grund? Was war der Inhalt seiner fröhlichen Gedanken? Da gab es nichts zu bedauern. Paulus hegte keine bitteren Gefühle. Er mußte sich nicht mit ungelösten Konflikten abquälen. Wenn er über ein volles Jahrzehnt zurückschaute und dabei an die Philipper dachte, blieb nur Freude übrig.

Ich möchte wissen, wieviele Pastoren das von einer früheren Gemeinde sagen können, der sie einmal gedient haben. Können Sie das im Hinblick auf frühere Freunde sagen? Oder von Arbeitsplätzen, an denen Sie einmal tätig waren? Haben Sie glückliche Erinnerungen an Vergangenes? Leider ist es doch oft so, daß die Gedanken an manche Leute uns eher aufwühlen und beunruhigen. Wenn sie in unserem Gedächtnis wieder auftauchen, ziehen traurige oder enttäuschende Bilder durch unser Herz. So etwas war Paulus von seinen Tagen in Philippi her fremd. Erstaunlicherweise konnte er sich an keinen einzigen Menschen erinnern, den er anklagen mußte oder gegenüber dem er schlimme Gefühle gehabt hätte. Selbst die Bilder derjenigen, die ihn ins Gefängnis geworfen hatten, oder jener, die ihn vor dem Gericht angeklagt hatten, wurden nicht mehr in ihm lebendig. Er bewahrte nur gute Erinnerungen an Philippi. Positive Gedanken machen das Leben um so vieles leichter.

Ein zweiter Grund zur Freude lag in seinem festen Gottvertrauen begründet.

> »... und ich bin darin guter Zuversicht, daß der in euch angefangen hat das gute Werk, der wird's auch vollenden bis an den Tag Christi Jesu.
> Wie es denn recht und billig ist, daß ich so von euch allen denke, weil ich euch in meinem Herzen habe, die ihr alle mit mir an der Gnade teilhabt in meiner Gefangenschaft und wenn ich das Evangelium verteidige und bekräftige.« Phil 1,6.7

Das Gottvertrauen des Paulus war unerschütterlich. Er wußte, daß Gott handelte und Herr der Lage blieb. Er war fest davon überzeugt, daß alles, was geschah, zur größeren Ehre Gottes dienen mußte. Wenn wir diese Art von Vertrauen haben, verfügen wir über eine solide innere Grundlage — eine Basis, auf der sich die Freude entfalten kann.

Werfen wir noch einen Blick auf das »anfangen« und »vollenden« aus dem Vers 6. Sie stellen gegensätzliche Positionen dar oder, wenn man so will, die Umrahmung des Lebens. Derjenige, der in Ihrem Leben ein gutes Werk angefangen hat, wird es auch vollenden.

> »Herr, dir in die Hände sei Anfang und Ende,
> sei alles gelegt ...«

Das ist es, was uns Vertrauen schenkt. Das ist es, was uns wieder lachen läßt.

Wenden wir uns dem Wort »vollenden« zu. Ich bezweifle, daß wir seine wahre Bedeutung begriffen haben. Gehen wir im Geist den Weg zum Kreuz Jesu zurück. Dort wird der Erlöser angeheftet, dort bezahlt er für unsere Verlorenheit, für die Sünden der ganzen Welt. Hören wir auf seine Worte. Sieben Aussagen machte er vom Kreuz aus noch. Im allgemeinen wird von ihnen als von den sieben letzten Worten Christi gesprochen. Eins davon, das unser Herr ausrief, war nur ein einziges Wort: »Tetelestai!« Übersetzt heißt es: »Es ist vollbracht!« »Telos« ist die Wurzel des griechischen Begriffs, und es ist gleichzeitig die Wurzel des Wortes, das mit »vollenden« übersetzt ist. Paulus wollte damit sagen: »Derjenige, der ein gutes Werk in euch begonnen hat, als ihr euch vor zehn Jahren bekehrt habt, ihr Philipper, der wird dieses Werk auch zum Abschluß bringen. Es wird vollendet werden! Jesus wird sich darum kümmern. Das erfüllt mich mit Freude.« Brauchen Sie an irgendeiner Stelle neuen Mut? Vielleicht haben Sie einen guten Freund, der nicht mehr so in der Nähe des Herrn lebt, wie das früher einmal der Fall war. Hier gibt es Grund zur Hoffnung. Wir dürfen Gott ganz fest vertrauen, daß er weder das Interesse an diesem Menschen verloren hat noch die Kontrolle über die Situation. Der Herr verharrt nicht irgendwo mit verschränkten Armen und schaut in eine andere Richtung. Vielleicht ist der Mensch, um den Sie sich sorgen, auch Ihr Sohn oder Ihre Tochter. Schöpfen Sie neuen Mut, indem Sie Ihr Vertrauen auf Gott setzen: Der Eine, der in Ihrem Sohn oder Ihrer Tochter ein gutes Werk angefangen hat, wird es zur Vollendung bringen. Er wird es nicht unfertig liegen lassen. Ich möchte es noch einmal wiederholen: Das feste Vertrauen, daß Gott sein Werk zu Ende führt, läßt unsere Freude zurückkehren.

Ein paarmal habe ich bereits »Freudendiebe« erwähnt. Vielleicht kann ich an dieser Stelle drei der heute am häufigsten auftretenden Räuber und Mörder dieser Art näher beschreiben. Allen dreien können wir aber Widerstand leisten durch das feste Gottvertrauen, von dem wir gerade gesprochen haben.

Der erste Freudekiller ist die Sorge. Der zweite ist der Streß. Und der dritte ist die Angst oder Furcht. Sie scheinen sich zu ähneln. Und doch gibt es da bestimmte Unterschiede.

Sorge ist eine ungewöhnliche Angst vor etwas, das uns bevorstehen könnte. Ich habe festgestellt, daß die Dinge, die man befürchtet, gewöhnlich nicht eintreten. Doch die Sorge verzehrt alle Freude wie eine langsam wirkende Säure, während wir darauf warten, wie eine Sache schließlich ausgeht. In Kapitel zwölf werde ich mich noch einmal mit diesem Räuber befassen.

Streß trifft uns noch schärfer als Sorge. Streß entsteht aus dem intensiven Sich-Mühen im Hinblick auf eine Situation, die wir nicht ändern oder beherrschen können. Es handelt sich um etwas außerhalb unserer Kontrolle. (Dabei ist es gelegentlich das Sicherste im Hinblick auf die Erledigung einer Angelegenheit, wenn sie unserer Kontrolle entzogen ist.) Statt diese Dinge dann Gott zu überlassen, lassen wir unsere Gedanken Karussell fahren, um eine Lösung zu finden. Dadurch wird aber der Streß nur noch größer. Meistens sind Sachen, die uns quälen, letztendlich nicht so schwerwiegend, wie sie uns erscheinen.

Angst oder Furcht ist noch einmal etwas anderes als Sorge und Streß. Es ist die schreckliche Unruhe angesichts von Gefahr, von drohendem Übel oder von Schmerz. Doch wie bei den beiden anderen Freudekillern ist es auch hier so, daß die Furcht gewöhnlich die Dinge schlimmer erscheinen läßt, als sie in Wirklichkeit sind.

Wie können wir mit Sorgen, Streß und Furcht leben? Wie können wir uns gegen diese Freudendiebe wehren? Wir wollen uns noch einmal die Worte des Apostels in Erinnerung rufen:

»...und ich bin darin guter Zuversicht, daß der in euch angefangen hat das gute Werk, der wird's auch vollenden bis an den Tag Christi Jesu.« Phil 1,6

Lassen Sie mich ganz praktisch werden und sagen, wie ich selbst mit diesen Problemen fertig werde. Vor allem mache ich mir jeden Tag, früh am Morgen und dann bei verschiedenen Gelegenheiten noch mehrmals während des Tages, bewußt: »Vater im Himmel, du handelst, und du bist Herr der Lage. Und, Herr, du weißt, was hier geschieht. Du warst von Anfang an da, und du wirst alles, was sich ereignet, zu einem Ende führen, das zu deiner größeren Verherrlichung dient.« Und was ist dann? Dann (und nur dann) kann ich mich entspannen. Von diesem Zeitpunkt an spielt es nicht mehr die ausschlaggebende Rolle, was nun im einzelnen geschieht. Es ist alles in Gottes Hand.

Ich denke an die Geschichte des Mannes, der sich fünfzehn Jahre lang in seiner Arbeit fast verzehrt hatte. Er hatte ein Unternehmen aus dem Nichts aufgebaut und zu einer beachtlichen Größe gebracht. Die Werksanlagen dehnten sich inzwischen über mehrere Hektar Boden aus. Mit dem Wachstum und dem Erfolg wuchsen aber auch die Anforderungen. Jeder neue Tag brachte eine neue Liste von Verantwortlichkeiten mit sich. Müde von den Sorgen, dem Streß und den Befürchtungen faßte der Mann eines Tages einen Entschluß: Er entschied sich dazu, alles, was ihn beschäftigte, Gott zu übergeben. Mit einem Lächeln ruhiger Zufriedenheit betete er nun:»Herr Gott, das Geschäft gehört jetzt dir. Alle Sorge, allen Streß und alle Ängste überlasse ich dir und deinem souveränen Willen. Von heute ab, Herr, bist du der Eigentümer des Unternehmens.« An diesem Abend ging er früher zu Bett als in all den Jahren, seitdem er das Geschäft aufgebaut hatte. Endlich ... Frieden.

Mitten in der Nacht schrillte das Telefon und weckte ihn auf. Der Anrufer befand sich offensichtlich in Panik und schrie in den Apparat:»Feuer! Das gesamte Gelände steht in Flammen!« Der Mann zog sich ohne Hast an, bestieg sein Auto und fuhr ins Werk. Mit den Händen in den Taschen stand er da und beobachtete, was vor sich ging. Auf seinem Gesicht lag ein leises Lächeln. Einer seiner Angestellten kam angerannt und fragte ihn:»Worüber in aller Welt lachen Sie noch? Wie können Sie so ruhig dabeistehen? Rundherum brennt doch alles!« Der Mann antwortete:»Gestern nachmittag habe ich dieses Unternehmen an Gott ausgeliefert. Ich habe ihm gesagt, daß er jetzt der Eigentümer sein soll. Wenn er entscheidet, daß es abbrennen soll, ist das seine Sache ...«

Das mag manch' einer lesen und denken:»Verrückt!« Aber ich meine, es ist die gesündeste Theologie, die man sich nur vorstellen kann. Festes Gottvertrauen bedeutet, daß alles in seiner Hand liegt. Er, der eine Sache angefangen hat, trägt die Verantwortung dafür und wird ein Ergebnis bewirken, das genau seinem Plan entspricht und zu seiner Ehre gereicht.»Wie soll eine geschäftliche Anlage, die bis auf den Grund abbrennt, zur Ehre Gottes dienen?« so mag mancher fragen. Ein bedeutender Verlust − vielleicht von etwas, woran wir sehr hängen, an das wir unter Umständen sogar gebunden sind − ist manchmal der einzige Weg, auf dem Gott unsere Aufmerksamkeit gewinnen und uns seelisch und geistlich heilen kann. Die glücklichsten Leute, die ich kenne, sind diejenigen, die es gelernt haben, sich an nichts zu hängen, und die die Einzelheiten ihres Lebens mit ihren Sorgen, dem Streß und den Bedrohungen, die ihnen auf ihrem Weg begegnen, in Gottes Obhut gegeben haben.

Wir sahen, daß Paulus fröhlich blieb, weil er gute Erinnerungen an die Philipper bewahrte und weil er sein Leben auf der Grundlage eines unerschütterlichen Gottvertrauens führte.

Außerdem fühlte Paulus eine warme Zuneigung zu seinen Glaubensgenossen.

»Wie es denn recht und billig ist, daß ich so von euch allen denke, weil ich euch in meinem Herzen habe, die ihr alle mit mir an der

Gnade teilhabt in meiner Gefangenschaft und wenn ich das Evangelium verteidige und bekräftige. Denn Gott ist mein Zeuge, wie mich nach euch allen verlangt von Herzensgrund in Christus Jesus.« Phil 1,7.8

Der Ausdruck, den Paulus für Zuneigung, für »mich verlangt von Herzensgrund« braucht, bedeutet wörtlich »Inneres«, »Eingeweide«, »Herz«. Im ersten Jahrhundert glaubte man, daß die Innereien, der Magen, die Leber, sogar die Lungen der Sitz der zärtlichsten menschlichen Gefühle seien. Das erklärt, warum dieser fröhliche Mann den Ausdruck »Inneres« im Zusammenhang mit seiner Zuneigung benutzt. Er sagt im Grunde: »Wie ich meine Gefühle mit euch teile, öffne ich mich mit meinem ganzen Wesen für euch und möchte euch sagen, daß meine Zuneigung wirklich tief und zärtlich ist.« Sehr viele Menschen leben in der unzutreffenden Vorstellung, daß Paulus eine kühle Natur war, die nicht allzuviel Gefühle an andere verschwendete. Das paßt absolut nicht zu dieser Aussage gegenüber den Philippern. In Wirklichkeit war das Gegenteil der Fall. Wenn Paulus mit Menschen zusammen war, die er liebte, konnte ein Gespräch sehr warmherzig sein und tiefe Zuneigung verraten.

In diesem Zusammenhang kann ich das Buch von John Powell »Warum fürchte ich zu sagen, wer ich bin« (Why Am I afraid to Tell You Who I Am) nur empfehlen. Es gibt in diesem Buch einen Abschnitt, der wirklich den Zeitaufwand für das Lesen und die Beachtung verdient. In diesem Kapitel stellt der Autor die fünf verschiedenen Ebenen der Kommunikation dar. Er bezeichnet sie als konzentrische Kreise – von der flachsten und oberflächlichsten Ebene (dem äußersten Kreis) angefangen bis zur tiefgehendsten und intimsten Ebene (dem kleinsten Kreis im Zentrum des Bildes).

Die *fünfte* Ebene (von innen nach außen gezählt), der äußerste Kreis oberflächlicher Beziehung, ist die Ebene, auf der er Redensarten und Phrasen ansiedelt.

> »Auf dieser Ebene tauschen wir Belanglosigkeiten und Redensarten aus, wie z. B. ›Wie geht es Ihnen? . . . Was macht Ihre Familie? . . . Wo waren Sie neulich? . . .‹ Wir sagen: ›Sie haben ein sehr hübsches Kleid an‹, oder ›Ich hoffe, wir sehen uns bald mal wieder‹, oder ›Schön, Sie wieder mal zu sehen!‹ (Was in Wirklichkeit vielleicht heißt: ›Möglicherweise vergeht ein Jahr, bis wir uns wieder mal treffen, und deswegen werde ich keine grauen Haare kriegen‹.) Wenn unser Gegenüber zu einer Antwort ansetzen würde und z. B. die Frage ›Wie geht es?‹ detailliert beantworten

würde, würde uns das allenfalls in Erstaunen versetzen. Glücklicherweise empfindet unser Gesprächs-›Partner‹ gewöhnlich das Oberflächliche und Förmliche unseres Interesses und unserer Frage und erwidert einfach mit der üblichen Formel: ›Danke, sehr gut!‹ Das nennt man ›Kommunikation mit Klischees‹. Leider ist das oft die tiefste Ebene, die manche Menschen in der Unterhaltung zu erreichen suchen.«

Die *vierte* Ebene ist die, auf der wir uns gegenseitig über Tatsachen informieren.

»Wir begnügen uns damit, anderen zu erzählen, was der und der oder die und die gesagt oder getan haben. Wir geben keinen persönlichen Kommentar dazu, der etwas über uns selbst offenbar werden lassen könnte, sondern berichten bloß von Fakten.«

Das ist der Bereich von Klatsch und »Kleingeldwechseln«, von unbedeutenden kleinen Stories über andere.
Die *dritte* Ebene führt uns in den Bereich von Vorstellungen und Beurteilungen. Auf dieser tieferen Ebene kommunizieren die Menschen relativ selten. Sie sind zwar in der Lage dazu, aber nicht bereit.

»Wenn ich meine Gedanken offen darlege, werde ich mein Gegenüber sorgfältig beobachten. Ich möchte ›die Temperatur des Wassers kennen, bevor ich hineinspringe‹. Ich möchte sicher sein, daß Sie mich mit meinen Vorstellungen, Beurteilungen und Entscheidungen akzeptieren. Wenn Sie die Augenbrauen hochziehen oder die Augen zu Schlitzen werden lassen, wenn Sie gähnen oder nach der Uhr schauen, werde ich mich vermutlich auf sicheren Boden zurückziehen. Ich werde den Mantel des Schweigens über alles breiten oder den Gegenstand des Gesprächs wechseln.«

Weil das bereits unter die Oberfläche des Eises zu gehen beginnt, finde ich die Menschen mutig, die sich vor der Tiefe von Gedanken und Beurteilungen nicht fürchten.
Die *zweite* Ebene dringt in den Bereich der Gefühle vor.

»Wenn ich wirklich möchte, daß Sie wissen, wer ich bin, muß ich Ihnen von dem erzählen, was sich unterhalb des Bereiches des Rationalen bei mir abspielt. Meine Gedanken, Beurteilungen und Entscheidungen sind irgendwie immer noch von Traditionen mitbestimmt. Wenn ich ein überzeugter Republikaner oder Demokrat bin, habe ich eine Menge Gesinnungsgenossen. Wenn ich für oder gegen die Weltraumforschung bin, werde ich immer Menschen finden, die mich in meiner Meinung bestärken. Doch die Gefühle, die auf einer Ebene unterhalb der Gedanken, Wertmaßstäbe und Überzeugungen liegen, sind ganz allein die meinigen ... Es geht um diese Gefühle, um diese Ebene der Kommunikation, die ich mit Ihnen teilen muß, wenn ich Ihnen sagen soll, wer ich wirklich bin.«

Ich vermute, daß weniger als zehn Prozent von uns allen jemals auf dieser Ebene kommunizieren. Zu meiner großen Enttäuschung habe ich entdeckt, daß auch Ehepartner viele Jahre unter dem gleichen Dach leben können, ohne diese Ebene jemals zu erreichen.

Die *erste* und innerste Ebene endlich ist der persönlichste Bereich eines Menschen. Eine Begegnung auf dieser Ebene ist die intimste Form aller Kommunikation.

»Alle tiefen und echten Freundschaften und vor allem die Begegnung von Ehepartnern müssen auf der Basis von absoluter Offenheit und Aufrichtigkeit bestehen ...
Unter engen Freunden oder zwischen Ehepartnern wird es von Zeit zu Zeit zu einer vollkommenen und persönlichen Kommunikation kommen ...«

Eine solch tiefe Kommunikation, wie sie Paulus für gewöhnlich praktiziert zu haben scheint, bringt eine Befriedigung mit sich – und auch Freude – wie nur wenige Dinge auf der Erde.
Wenn wir in der Lage sind, unsere Gefühle in dieser Tiefe zum Ausdruck zu bringen, haben wir kaum Schwierigkeiten, auch in einer bedeutsamen und bestimmten Weise zu beten. Und das ist genau das, was Paulus als nächstes erwähnt.

Konkretes Beten

Paulus nennt zwei Dinge, die dabei gleich wichtig sind: überfließende Liebe und scharfblickende Einsicht. In Vers 9 heißt es: »Ich bete darum, daß eure Liebe immer noch reicher werde.« Vers 10: »Ich bete darum, daß ihr prüfen könnt, was das Beste sei ...«
Beginnen wir mit der Liebe. Reiche, überfließende Liebe muß nur so strömen – so ähnlich wie ein Fluß. Und doch muß ein

Fluß innerhalb seiner Ufer gefaßt werden, oder er schwillt an und überflutet das Gelände rundum. Und das bedeutet eine Katastrophe. Wenn Sie jemals in einem Gebiet waren, das von einer Überschwemmung heimgesucht wurde, dann wissen Sie, was das an Problemen mit sich bringen kann.

Wenn Liebe wahllos und zügellos fließt, dann lieben wir schließlich alles, auch die schlechten Dinge. Paulus sagt das sehr deutlich. Es ist Wissen und Erkennen — *wirkliche* Erkenntnis — und Einsicht — *scharfe* Einsicht —, die die Liebe nicht über die Ufer treten lassen.

Paulus beschließt diesen einleitenden Abschnitt sehr optimistisch, wenn er schreibt:

> »... erfüllt mit Frucht der Gerechtigkeit durch Jesus Christus zur Ehre und zum Lobe Gottes.« Phil 1,11

Welch eine Bitte! Wenn ich diese Worte lese, wird mir so recht deutlich, wie sehr Paulus diese Menschen in Philippi liebte.

Wann haben Sie das letzte Mal jemandem geschrieben und dabei erwähnt, was Sie für ihn oder sie im Gebet erbaten? Sie und ich mögen häufig für einzelne Menschen beten, aber wir setzen uns wohl kaum hin und schreiben dem Betreffenden: »Lieber Hans« oder »Liebe Iris: Ich möchte, daß du weißt, daß ich für dich bete, und zwar um drei konkrete Dinge, erstens ... zweitens ... drittens ...« Das Modell des Paulus ist nachahmenswert. Sie kommen auf diese Weise sehr schnell über die fünfte äußerste Ebene hinaus, wenn Sie so mit anderen kommunizieren. Ich kann Ihnen nur wünschen, daß das für Sie zur Realität wird.

Praktische Anwendungen

Wir können wieder lachen, wenn wir unser ganzes Vertrauen auf Gott setzen. Genauer gesagt sieht es dann nach dem, was wir in Philipper 1 gelesen haben, so aus:

1. Vertrauen bringt Freude, wenn wir unsere Aufmerksamkeit auf Dinge richten, für die wir dankbar sind.
2. Vertrauen bringt Freude, wenn wir Gott Gott sein lassen.
3. Vertrauen bringt Freude, wenn wir unsere Liebe gezielt und besonnen verströmen.

Wir haben zwar gerade erst begonnen, uns mit unserem Thema zu befassen, haben aber doch schon eine Menge wichtiger Dinge entdeckt. Im Hinblick auf die praktische Seite all dieser Gedanken und Einsichten wird mir immer wieder von neuem deutlich, daß wir ein Recht auf Freude haben. Tatsächlich kann kein Mensch auf dieser Erde in diesen Bereich der Freude zerstörend eindringen und uns in eine andere Richtung drängen, solange wir es ihm nicht erlauben. Hudson Taylor sagt:

>Es spielt keine Rolle, wie groß der Druck ist. Es kommt nur darauf an, wo dieser Druck sich auswirkt. Achten Sie darauf, daß Belastungen niemals zwischen Ihnen und dem Herrn liegen – dann wird der Druck, je größer er ist, Sie desto mehr zu ihm hintreiben.«

Es kann sein, daß Sie unter enormem Druck zu leiden haben. Ein halbes Dutzend Freudekiller mögen schon vor Ihrer Haustür warten, um sich bei der ersten Gelegenheit auf Sie zu stürzen. Und doch kann nichts Sie daran hindern, an der Gnade festzuhalten. Nichts kann Ihren Anspruch auf Frieden hinfällig werden lassen oder Ihr Gottvertrauen zerstören, ohne daß Sie es ihm erlauben. Entscheiden Sie sich für die Freude! Lassen Sie niemals locker in Ihrem Anspruch darauf!

Ich habe inzwischen achtundfünfzig Jahre auf dieser alten Erde zugebracht. Und ich bin mehr denn je davon überzeugt, daß die einzige, äußerst wichtige Wahl, die ein Nachfolger Christi treffen kann, sich auf seine eigene Einstellung bezieht. Darüber kann jeder nur selbst entscheiden. Wählen Sie weise ... wählen Sie sorgfältig ... wählen Sie vertrauensvoll.

>Gottes sind Wogen und Wind.
Segel aber und Steuer,
daß ihr den Hafen gewinnt,
sind euer!«

Was ich Ihnen rate? Entscheiden Sie sich für die Freude! Sie werden es niemals bedauern.

Welch eine Möglichkeit zu leben!

Als Junge verbrachte ich meine Mußestunden am Abend meist mit dem Anhören von Radio-Sendungen. In jenen Tagen, als man noch kein Fernsehen kannte, waren Hörspiele voller Aktionen, geheimnisvolle Mordgeschichten und lustige Programme – all das wurde in den Abendstunden über Radio gesendet – die Eintrittskarte ins Reich der Abenteuer und der Fantasie.

Diese Sendungen hörte ich mir so oft an, daß ich die einführenden Worte des Ansagers noch im Ohr habe, der immer mit den Worten schloß:»Er ist der Verteidiger unseres Lebensrechtes, der Freiheit und des Strebens nach Glück.« Gewöhnlich lief ich danach noch eine Weile ums Haus herum und sprach mit Pathos diese Worte nach.

Damals wußte ich es noch nicht – aber dieser Teil der Rede des Ansagers war den unsterblichen Worten Thomas Jeffersons entlehnt, in denen er die Unabhängigkeitserklärung unserer Nation formulierte:

>»Folgende Wahrheiten halten wir für selbstverständlich: daß alle Menschen gleich geschaffen sind, daß ihnen vom Schöpfer gewisse unveräußerliche Rechte verliehen worden sind und daß dazu das Recht auf Leben, auf Freiheit und das Streben nach Glück gehören.«

Diese Schlußworte beeindrucken mich heute noch. Eins der unveräußerlichen Rechte ist das Streben nach Glück – das Recht, ein Leben der Freude zu suchen und friedvolle Erfüllung zu finden. Für manche Menschen ist das jedoch ein Ziel, das sie aufgegeben haben. Ein Traum, der gestorben ist.

Lange Zeit habe ich darüber nachgedacht, warum das so ist. Warum ist die Fröhlichkeit, das Glück aus so manchem Leben offensichtlich verschwunden? In den letzten Jahren ist mir an dieser Stelle etwas aufgegangen. Es kommt daher, daß die meisten denken, daß Glück etwas ist, das ihnen eben zufällt oder nicht, und daß es nicht zu den Dingen gehört, die sie bewußt und mit vollem Einsatz anstreben müssen. Die Umstände bringen selten von alleine Fröhlichkeit und Unbekümmertheit mit sich. Freude finden die, die entschlossen sind, trotz ihrer Umstände danach zu suchen.

Ein Beispiel dafür findet sich in der Kurzgeschichte von G. W. Target mit dem Titel »Das Fenster«. Sie berichtet von zwei Männern, die beide ernsthaft erkrankt waren und im Hospital ein kleines Zimmer teilten. Der eine Patient durfte jeden Nachmittag eine Stunde im Bett sitzen, um das Wasser in der Lunge leichter zum Abfließen zu bringen. Sein Bett stand unmittelbar neben dem einzigen Fenster des Raumes. Der andere mußte die ganze Zeit flach auf dem Rücken liegend verbringen.

Die Männer unterhielten sich oft stundenlang miteinander. Sie sprachen von ihren Frauen und Familien, von ihrem Zuhause, ihrem Arbeitsplatz, ihrer Militärzeit und wo sie ihren Urlaub verbracht hatten. Und jeden Nachmittag, wenn der Mann in dem Bett am Fenster aufsitzen durfte, verbrachte er die Zeit damit, seinem Zimmergenossen alles genau zu beschreiben, was er draußen sehen konnte. Der Patient im anderen Bett lebte allmählich den ganzen Tag auf diese eine Stunde hin, wo sich sein Gesichtskreis erweiterte und all das Geschehen und die farbige Welt da draußen ihn neu belebte und anregte.

Das Fenster ginge auf einen Park mit einem lieblichen See hinaus, so sagte der Mann. Enten und Schwäne vergnügten sich in dem Wasser, während Kinder ihre kleinen Schiffchen schwimmen ließen. Liebespaare wanderten Arm in Arm zwischen Blumen, die in allen Regenbogenfarben schimmerten. Große alte Bäume verschönten die Landschaft, und in der Ferne sehe man eine schöne Silhouette der Stadt. Während der Kranke am Fenster all diese wunderbaren Einzelheiten beschrieb, schloß der im anderen Bett die Augen und malte sich die Bilder in seiner Fantasie weiter aus.

An einem warmen Nachmittag sprach der Patient am Fenster von einer Parade, die da unten gerade vorüberzog. Obwohl der andere die Kapelle nicht hören konnte, sah er sie doch vor seinem geistigen Auge ganz deutlich vor sich, weil sein Nachbar sie ihm so gut beschrieb. Doch da schoß plötzlich ein ganz fremder Gedanke durch seinen Kopf: »Warum sollte der andere immer nur allein das Vergnügen haben, das alles anzuschauen, während er selbst nichts davon sah?« Es schien ihm nicht fair zu sein.

Als dieser Gedanke sich allmählich in ihm festzusetzen begann, empfand der Patient, der liegen mußte, zuerst Scham. Doch als die Zeit verging und er nichts Neues mehr »zu sehen« bekam, wuchsen seine Neidgefühle und erzeugten schließlich bitteren Groll. Er begann darüber zu brüten und konnte schließlich nicht mehr schlafen. Eigentlich hätte *er* dort am Fenster liegen müssen — dieser Gedanke beherrschte von da an sein Leben. Eines Abends spät lag er wieder einmal in seinem Bett und starrte an die Decke. Plötzlich begann sein Nachbar zu keuchen. Er rang nach Luft, weil das Wasser in seiner Lunge ihn zu erstikken drohte. Der andere Mann beobachtete in dem schwach beleuchteten Raum von seinem Bett aus, wie er nach der Klingel tastete, um die Schwester herbeizurufen. Doch er selbst rührte sich nicht. Mit seiner eigenen Klingel hätte er ohne weiteres Hilfe holen können. In weniger als fünf Minuten hörte das Keuchen und Würgen auf, ebenso jedes Atemgeräusch. Dann war da nur noch Stille — tödliche Stille.

Am nächsten Morgen trat die Tagesschwester ins Zimmer und wollte den beiden beim Waschen helfen. Als sie den leblosen Körper in dem Bett am Fenster entdeckte, erschrak sie und rief dann zwei Pfleger, die ihn wegbringen sollten — kein Wort weiter und kein Aufhebens. Sobald es ihm angemessen erschien, fragte nun der Zurückgebliebene, ob *er* jetzt in das Bett am Fenster verlegt werden könne. Die Schwester war froh, ihm den Gefallen tun zu können, und nachdem sie sich vergewissert hatte, daß es ihm gut ging, ließ sie ihn allein.

Langsam und unter großen Schmerzen stützte er sich auf seinen Ellenbogen, um einen ersten Blick aus dem Fenster zu werfen. Endlich war es soweit, daß er selbst hinaussehen konnte. Unter Anspannung aller Kräfte gelang es ihm. Und dann sah er … eine leere Wand!

Das Streben nach Glück ist eine Frage der Wahl … es geht um die positive Haltung, die wir selbst einnehmen wollen. Glück ist nicht ein Geschenk, das jeden Morgen an unserer Haustür abgeliefert wird, und es fliegt uns auch nicht durchs Fenster zu. Und es steht fest, daß unsere Lebensumstände nicht die Ursache unserer tiefsten Freude sind. Wenn wir darauf warten wollen, daß sie so sind, wie wir sie uns wünschen, werden wir nie wieder lachen können.

Eine positive Einstellung ist nötig

Da das Streben nach Glück eine innere Entscheidung ist, könnte es hilfreich sein zu erkennen, daß uns zwei Möglichkeiten zur Verfügung stehen. Wir wollen sie in zwei Spalten auflisten, um das anschaulich werden zu lassen.

Negative Einstellung	Positive Einstellung
Ich muß erst dies und das haben, bevor ich mich freuen kann.	Ich brauche im Grunde überhaupt nichts Konkretes, um fröhlich zu sein.
Nur eine starke Bindung an andere macht Freude möglich.	Die Anlässe zur Freude kann ich allein schaffen.
Freude ist etwas außerhalb von mir, sie liegt irgendwo in der Zukunft. Ich muß warten, daß etwas geschieht und mir das Glück bringt.	Ich entscheide mich jetzt für die Freude und strebe in der Gegenwart danach ... ich warte nicht darauf, daß irgend etwas stattfindet, oder darauf, daß ich »das große Los« gewinne.

Diese unsere Einstellungen zu den Dingen gleichen den Stahlfächern einer Bank, in denen wir unsere Wertpapiere aufheben. Wenn wir regelmäßig positive, ermutigende und anregende Gedanken aufbewahren, entspricht das dem, was uns zur Verfügung steht.

Eines Tages entdeckte ich auf dem Schreibtisch eines Freundes ein recht umfangreiches, kleines Buch, dessen Titel meine Aufmerksamkeit fesselte: »14 000 Dinge, über die man sich freuen kann.« Als ich das Inhaltsverzeichnis durchblätterte, sah ich, daß jedes dieser 14 000 Dinge in einem glücklichen Gedanken bestand, und jeder einzelne vermochte dem Leser etwas von Glück zu vermitteln. Und doch wird nicht ein einziger dieser 14 000 Gedanken ein Lächeln auf unserem Gesicht zustande bringen, wenn wir es nicht wollen. Das Geheimnis liegt in unserer Einstellung beschlossen — in den Dingen, auf die wir innerlich fixiert sind. Paulus schrieb an die Philipper:

> »Weiter, liebe Brüder: Was wahrhaftig ist, was ehrbar, was gerecht, was rein, was liebenswert, was einen guten Ruf hat, sei es eine Tugend, sei es ein Lob — darauf seid bedacht!« Phil 4,8

Paulus – ein klassisches Beispiel für christliche Lebensweise

Ich möchte noch einmal auf seine Vorgeschichte zurückkommen. Er ist der Mann, der als Prediger des Evangeliums nach Rom gehen wollte, um seinen Glauben auch vor dem Kaiser —

Nero — zu bezeugen. Statt dessen endete er als Gefangener in Rom. Er war römischer Bürger mit jedem Recht, sich auf den Kaiser zu berufen und eine Audienz bei ihm zu erwarten. Statt dessen wurde er in Jerusalem illegal verhaftet, völlig unkorrekt dem Gericht vorgestellt, irrtümlicherweise als ägyptischer Aufrührer bezeichnet, in den Bürokratismus einer politischen Maschinerie verwickelt, und schließlich durfte er eine Reise über das Mittelmeer machen, bei der ihn Sturm und Schiffbrüchigsein erwarteten. Als er schließlich in Rom ankam, wurde er eingekerkert und im Grunde genommen zwei Jahre lang vergessen. Wenn wir uns ansehen, was im Wörterbuch zu dem Begriff »ein Geopferter« gesagt ist, so scheint Paulus genau in dieses Bild hineinzupassen!

Und trotz allem ist er der Mann, der seinen Freunden den fröhlichsten Brief des ganzen Neuen Testamentes schrieb.

Vertrauen, auch als Opfer schlimmer Umstände

Lesen wir doch die Worte des Paulus einmal langsam durch, um zu sehen, ob sich da ein Hinweis für Bitterkeit oder sonstige negative Gefühle findet:

> »Ich lasse euch aber wissen, liebe Brüder: Wie es um mich steht, das ist nur mehr zur Förderung des Evangeliums geraten. Denn daß ich meine Fesseln für Christus trage, das ist im ganzen Prätorium und bei allen anderen offenbar geworden, und die meisten Brüder in dem Herrn haben durch meine Gefangenschaft Zuversicht gewonnen und sind um so kühner geworden, das Wort zu reden ohne Scheu.« Phil 1,12-14

Es klingt mir nicht so, als ob da ein hysterischer Mensch »seine Wunden leckt« oder in Selbstmitleid versinkt. Er erinnert mich vielmehr an jenen Mann, dessen Bett im Krankenhaus am Fenster stand. Er sah nur eine kahle, leere Wand. Doch er beschloß, auch die unsichtbaren Dinge vor seinem inneren Auge erscheinen zu lassen. Paulus saß in Rom, mit Handschelle und Kette an einem Arm an einen römischen Soldaten gefesselt. Und von dieser Situation schrieb er, daß sie der Förderung des Evangeliums diene.

Welch eine großartige, positive Aussage! Nach allem, was dieser Mann durchgemacht hatte, sah er das, was die meisten Menschen als Pech betrachtet hätten, als Wendung zum Guten an.

Der griechische Ausdruck, den Paulus hier benutzt, ist ein recht anschaulicher. In der Antike verwandte man ihn für die Arbeit von Holzfällern, die einer Armee vorangeschickt wurden, welche im Vorrücken begriffen war. Diese Leute mußten durch sonst undurchdringliche Wälder und durch Unterholz für die Soldaten einen Weg freischlagen. Paulus hielt seine Lage als Gefangener in Rom für solch eine vorbereitende Maßnahme zur Verbreitung des Evangeliums von Jesus Christus.

Statt den römischen Soldaten neben ihm, der ja nur seine Pflicht tat, als quälende Einschränkung für das Evangelium zu empfinden, war er für Paulus ein Zuhörer, der nicht einmal weglaufen konnte. Welch eine Gelegenheit, einem nach dem anderen von diesen Soldaten, die sich in seiner Bewachung ablösten, von Christus zu erzählen. Und sie würden diese Botschaft ja mit in die Unterkünfte nehmen. So würden viele Angehörige der kaiserlichen Garde mit dem Evangelium in Berührung kommen. Statt sich frustriert zu fühlen und als Opfer der Umstände, lachte Paulus »am offenen Fenster« über die vielen neuen Möglichkeiten. Seine Freude war überschwenglich.

Wie kann ein Mensch nur zu einer solchen Haltung kommen? Die Antwort fällt nicht schwer und ist auch nicht kompliziert. Alles hängt von unserer eigenen Einstellung zu den Dingen ab. Fragen wir uns mit negativem Unterton: »Warum mußte das ausgerechnet mir passieren?« Oder fragen wir statt dessen: »Wie könnte sich daraus etwas Positives ergeben, das mit den Zielen Gottes übereinstimmt?«

Viele Jahrhunderte früher sagte Joseph zu seinen Brüdern — die ihn doch fast umgebracht hätten: »Ihr gedachtet es böse mit mir zu machen, aber Gott gedachte es gut zu machen« (1. Mose 50,20). Mit der gleichen positiven Sicht der Dinge zählte Paulus lieber die Segnungen Gottes auf als seine eigenen Enttäuschungen. Indem er alles aus dieser Perspektive ansah, erkannte er, daß das, was wie ein Umweg oder wie sinnlose Verschwendung von Zeit und Kraft aussah, zu Gottes weisen Plänen und Absichten gehörte. Was als Hindernis erschienen war, hatte sich als von Gott vorbereitete Gelegenheit zur Verbreitung des Evangeliums erwiesen.

Fröhlich angesichts menschlicher Widerstände und unaufrichtiger Gesinnung

»Einige zwar predigen Christus aus Neid und Streitsucht, einige aber auch in guter Absicht: diese aus Liebe, denn sie wissen, daß ich zur Verteidigung des Evangeliums hier liege; jene aber verkündigen Christus aus Eigennutz und nicht lauter, denn sie möchten mir Trübsal bereiten in meiner Gefangenschaft. Was tut's aber? Wenn nur Christus verkündigt wird auf jede Weise, es geschehe zum Vorwand oder in Wahrheit, so freue ich mich darüber. Aber ich werde mich auch weiterhin freuen ...«

Phil 1,15-18

Selbst in jener Ära des ersten Jahrhunderts, in den frühesten, bewegendsten Tagen der Kirche und Gemeinde, war nicht jeder, der von Gott und Christus sprach, von sauberen Motiven erfüllt und somit ein Verkündiger des Evangeliums um der Botschaft willen. Manche versuchten ganz bewußt, Paulus Schwierigkeiten zu machen. Dieser steckte zwar voller geistlicher Triebkraft, aber er war auch nicht ständig über den Schmerz und die persönlichen Verletzungen erhaben. Ab und zu hatte er wohl auch ein paar böse Tage, wie wir übrigen Menschen auch. Deshalb schätze ich das sehr, was Stuart Briscoe über Paulus schreibt:

»Was wir auch immer von Paulus denken mögen, er war auf keinen Fall ein Säulenheiliger aus Alabaster oder Gips. Diese Statuen und Piedestale sind nur Produkte unseres eigenen Mangels an Realitätsbewußtsein. Der wirkliche Paulus besaß ein Temperament, das sich erhitzen konnte, und Gefühle, die durchaus verletzlich waren. Er war kein theologischer Computer, der göttlich inspirierte Schriften bei Bedarf über den Drucker auswarf, sondern ein warmherziger Mensch, der ebensoviel Liebe brauchte wie seine Nächsten.
Einen Computer kann man nicht in seinen Gefühlen verletzen, und ein theologisches Konzept kann man nicht beleidigen, aber einen Mann kann man kaputtmachen. Paulus war verletzlich, aber er war nicht kaputt. Doch das lag nicht daran, daß es keiner versucht hätte, ihn dahin zu bringen. Seine Sicht der Dinge machte es möglich, daß er sagen konnte, es mache ihm nichts aus, was mit ihm selber geschehe, solange die Ausbreitung des Evangeliums nicht verhindert werde. Nach seinem Verständnis ging es in erster Linie um die Botschaft und nicht um den Mann, der sie verkündigte.«

49

In einem Leben, das »diktiert ist von der Freude«, ist es sehr wichtig, einen breiten Buckel zu haben und den Dingen ihren Lauf lassen zu können … Raum für Unterschiede und Meinungsverschiedenheiten zu haben … gute Ergebnisse anzuerkennen, auch wenn der Weg dorthin nicht über unsere Methoden beschritten wurde. Es gehört viel Gnade dazu, nicht kleinlich zu sein, aber welche Wohltat entsteht daraus!

Ich will versuchen, das, was uns Paulus hier vermitteln will, mit eigenen Worten zu sagen:

> »Was macht es aus, wenn einige aus unlauteren Motiven predigen? Es kann sein, daß es da Leute gibt, die sich viel einbilden und mich auf unfaire Art anschießen. Was schadet das? Was allein ins Gewicht fällt, ist die Tatsache, daß Christus bekannt gemacht wird … und das allein ist es, was mich zutiefst froh macht. Alles andere überlasse ich Gott. Er kann damit machen, was er für richtig hält.«

Anders zu denken heißt an der Stelle meist, seinen Geist mit verurteilenden und überzogenen gesetzlichen Gedanken zu belasten, die dann doch nur Freudekiller sind. Sie rauben uns eine positive Haltung. Und was ist die Folge? Wir werden kleinliche, launische, starrsinnige Menschen, die erwarten, daß alle anderen sich nach ihnen richten, bevor sie sich entspannen können.

Es ist wichtig, daß wir unterscheiden können, was unsere leidenschaftliche Sorge wert ist und was nicht. Bei den meisten Dingen lohnt die Aufregung nicht. Bei anderen schon. Zum Beispiel schrieb Paulus an die Galater, daß er sehr beunruhigt sei über das, was dort vor sich ging. Er wies sie in diesem Brief an:

> »Aber auch wenn wir oder ein Engel vom Himmel euch ein Evangelium predigen würden, das anders ist, als wir es euch gepredigt haben, der sei verflucht.
> Wie wir eben gesagt haben, so sage ich abermals: Wenn jemand euch ein Evangelium predigt, anders als ihr es empfangen habt, der sei verflucht.«   Gal 1,8.9

Ich denke, daß es gar keinen Zweifel gibt … der Mann war heftig erregt! Im Philipperbrief schaut Paulus sich die Situation an und sagt nur: »Was macht's?« Der Unterschied besteht darin, daß in den galatischen Gemeinden das Evangelium verfälscht wurde — es gab Leute, die eine falsche Heilsbotschaft verkündigten. Doch in Philippi wurde die Wahrheit gelehrt, auch wenn Paulus persönlich angegriffen wurde. Wo die Botschaft verändert wird, müssen die Menschen getadelt, bloßgestellt und korrigiert werden. Wenn der Verkündiger verunglimpft wird, sollte man das übersehen. Das ist nichts Besonderes. Nicht einmal Paulus verlor seine Zeit damit oder verwandte viel Energie darauf, den Dingen noch weiter nachzugehen. Er war glücklich, daß die Frohe Botschaft verkündigt wurde. Ich habe im Laufe der Jahre gelernt, daß es nur wenige Dinge gibt, für die es sich lohnt, sich mit aller Energie einzusetzen. Und bei diesen Dingen dreht es sich immer um die klare Verkündigung des Evangeliums und um die Wahrheiten, die damit im Zusammenhang stehen. Es geht nicht darum, sich selbst zu verteidigen, oder darum, die Motive anderer Prediger zu untersuchen und zu korrigieren oder ihren Stil zu verändern. Die Gnade Gottes bewirkt, daß wir das auf sich beruhen lassen können. Wenn Paulus es abschütteln konnte und nur fragte:»Was macht's?« so können wir das erst recht. Wir werden eine größere Lebenserwartung dabei haben und offen sein für die Freude.

Voller Hoffnung, trotz vieler Unsicherheiten

»... denn ich weiß, daß mir dies zum Heil ausgehen wird durch euer Gebet und durch den Beistand des Geistes Jesu Christi, wie ich sehnlich warte und hoffe, daß ich in keinem Stück zuschanden werde, sondern daß frei und offen, wie allezeit so auch jetzt, Christus verherrlicht werde an meinem Leibe, es sei durch Leben oder durch Tod.« Phil 1,19-20

Das sind die Worte eines Mannes, der ein sicheres Auftreten besaß und dessen Ruf nicht geschützt, gefördert oder verteidigt werden mußte. Sein Geist konzentrierte sich auf Wesentliches, so daß anderes ihn nicht beunruhigte. Weder Leben noch Tod lenkte ihn von seiner Blickrichtung ab. Er beschäftigte sich nur mit Dingen, die wirklich zählten. Bei alldem wußte er, daß der Tod an der nächsten Ecke auf ihn warten konnte.
Allein dieser Gedanke wirkte wie ein Filter auf alles übrige Denken und läßt uns viel leichter das Wesentliche vom Unwesentlichen unterscheiden. Der alte Samuel Johnson faßte es einmal in folgende Worte:»Wenn ein Mann weiß, das er in vierzehn Tagen gehängt werden soll, dann erlebt er eine wunderbare Konzentration seines Denkens.«
Paulus war voller Hoffnung, ungeachtet der Unsicherheiten, denen er sich gegenüber fand. Sein ruhiges Vertrauen wird sicht-

bar in den Wendungen: »... daß mir dies zum Heil ausgehen wird« und »... wie ich sehnlich warte und hoffe ...« In anderen Worten, er erwartete nicht das Ende – die Dinge würden so ausgehen, wie Gott es bestimmen würde. Das verlieh diesem Mann einen Strom von beruhigendem Frieden. Und was ihm vorübergehend Schmerz und Unbehagen brachte, würde am Ende dazu dienen, daß »Christus verherrlicht werde an meinem Leibe ...« Das gab ihm Hoffnung.

Zwischen diesen beiden Aussagen war er entschlossen, sich nicht unsicher oder beschämt zu fühlen: »... ich hoffe, daß ich in keinem Stück zuschanden werde.« Das schenkte ihm Vertrauen.

Paulus lehnte es ab, sich von den Aussagen anderer Leute lähmen zu lassen. Er lehnte es ab, in Selbstmitleid zu versinken. Er lehnte es ab, sich von Kritik und Angriffen persönlich verletzen zu lassen, und blieb bei alldem dadurch stark, positiv denkend und sicher. Wie kam es, daß er so stark sein konnte? Es gibt keinen Zweifel über die Antwort auf diese Frage.

Paulus blieb zufrieden, weil Christus seine Mitte war

»Denn Christus ist mein Leben und Sterben ist mein Gewinn.«
Phil 1,21

Das ist eine in christlichen Kreisen sehr bekannte Aussage. Wir haben sie alle schon oft gehört und vielleicht auch selbst zitiert. Weil diese Worte so bekannt sind, hilft es uns vielleicht eher, sie in ihrem ganzen Gewicht zu erkennen, wenn wir sie neu formulieren und in einen anderen Zusammenhang bringen. Wir werden sehen, wie keine andere Kombination die Bedeutung der ursprünglichen Paulusworte erreicht.

Für mich bedeutet Leben Geld	... und Sterben, alles hier lassen zu müssen
Für mich bedeutet Leben Ehre und Ansehen	... und Sterben, sehr schnell vergessen zu sein
Für mich bedeutet Leben Macht und Einfluß	... und Sterben, beides zu verlieren
Für mich bedeutet Leben Besitz	... und Sterben, mit leeren Händen gehen zu müssen

Irgendwie steht man mit all diesen Ersatzlösungen am Ende vor einem gescheiterten Leben, nicht wahr? Wenn Geld unsere Lebensmitte ist, müssen wir ständig fürchten, es zu verlieren. Das aber macht uns mißtrauisch und läßt uns beinahe den Verstand verlieren. Wenn die Ehre das Hauptgewicht in unserem Leben hat, bringt uns das in einen dauernden Konkurrenzkampf mit Leuten, die über uns stehen, weil wir neidisch auf sie sind. Wenn Macht und Einflußstreben unsere Triebfedern sind, drehen wir uns nur um uns selbst, werden hartnäckig und im Endeffekt arrogant. Und wenn der Besitz unser Gott wird, werden wir zu Materialisten, kommen dahin, daß »genug« niemals genug ist, und werden schließlich gierig. All diese Bestrebungen weichen vor der Zufriedenheit ... und vor der Freude.

Christus ganz allein ist in der Lage, uns zufriedenzustellen, ob wir etwas besitzen oder nicht, ob wir bekannt sind oder nicht, ob wir leben oder sterben. Und die gute Botschaft, die uns geschenkt ist, ist die: Der Tod ist nicht das Ende, sondern der Anfang des Lebens, er erhöht in Wirklichkeit die Lebensqualität. Das allein ist Grund zur Freude.

Die »Living Bible« sagt in etwa: »Für mich bedeutet Leben Gelegenheiten, die Christus nutzen kann, und Sterben — nun, das ist noch besser!« Das Neue Testament in modernem Englisch von Phillips umschreibt es so: »Leben bedeutet für mich einfach ›Christus‹ — und wenn ich sterbe, werde ich nur noch mehr von ihm sehen und erfahren.« Die »Gute-Nachricht-Bibel« fragt: »Denn was ist Leben? Für mich bedeutet es Christus. Der Tod kann dann nur noch eine Steigerung bringen.«

Was ergibt sich aus all diesen Aussagen und Überlegungen? Das Geheimnis des Lebens ist das gleiche wie das Geheimnis der Freude: Beide drehen sich um die Achse, die Jesus Christus heißt. Mit anderen Worten: Das Streben nach Glück findet nur Erfüllung, wenn wir ein Leben führen, das Jesus Christus als Mittelpunkt hat und von ihm beherrscht und gesteuert wird.

Drei Dinge, an die man sich erinnern sollte

Wenn Christus zum Zentrum unseres Lebens wird — zur Grundlage unserer Existenz —, dann tritt Zufriedenheit an die Stelle unserer Sorge, unserer Ängste und Unsicherheiten. Und damit vertreibt sie drei der größten Freudekiller des Lebens.

1. Christus erweitert die Dimensionen unseres Lebens. Dadurch entsteht in uns neues Vertrauen. Ketten, die uns vorher banden und uns ärgerten, erscheinen auf einmal nicht mehr so belastend. Unsere Einschränkungen stellen nun eher Herausforderungen dar als eine harte Fron.

2. Christus befreit uns von der Abhängigkeit von anderen. Das macht uns zufriedener. Die Meinungen anderer, ihre Motive und ihre Kritik scheinen uns nicht mehr so wichtig. Welch eine wunderbare Befreiung ist das doch!

3. Christus nimmt uns die Angst um uns selbst und vor der Zukunft. Das bedeutet einen Strom neuer Hoffnung für jeden neuen Tag. Wenn die Furcht erst vertrieben ist, ist es erstaunlich, wie schnell Friede das Vakuum füllt. Und wenn wir diese drei Verwandlungen hintereinander erleben, dauert es nicht mehr lange, bis die Freude bei uns einzieht. Welch eine wunderbare Möglichkeit, so zu leben! Ich möchte Ihnen nahelegen, keins dieser Angebote zu versäumen.

Da es das unveräußerliche Recht eines jeden Menschen ist, nach Glück zu streben, empfehle ich, das alles für sich in Anspruch zu nehmen. Für manche ist das wie das Zerbrechen eines Banns, unter dem sie das halbe Leben, vielleicht noch länger gelitten haben. Vielleicht denken Sie, daß dazu ein besonderer Kraftaufwand gehört. Möglicherweise. Vielleicht sind Sie schon zu müde, um sich noch um irgend etwas zu bemühen ... zu müde, um noch nach irgend etwas zu streben? Vielleicht hilft Ihnen aber die folgende anonyme Aussage dazu, daß Sie Ihre Meinung an diesem Punkt noch einmal ändern.

Ich bin müde

»Ja, ich bin müde. Jahrelang habe ich es auf die midlife-crisis geschoben, auf Eisenmangel im Blut, auf Vitaminmangel, Luftverschmutzung, Wasserverschmutzung, Chemie in Lebensmitteln, zuviel Fett in der Nahrung, falsche Diäten und ein Dutzend anderer Übel, die einem Zweifel aufsteigen lassen, ob das Leben noch lebenswert ist.
Doch jetzt habe ich herausgefunden: Das ist es alles nicht. Ich bin müde, weil ich überarbeitet bin.
Die Vereinigten Staaten haben eine Bevölkerung von 200 Millio-

nen. 84 Millionen leben bereits im Rentenalter. Damit bleiben 116 Millionen für den Arbeitsprozeß. 75 Millionen besuchen noch eine Schule, dadurch bleiben in Wirklichkeit nur 41 Millionen für den Arbeitsprozeß. Davon sind dann noch 22 Millionen Angestellte der Regierung. Die restlichen 19 Millionen machen die gesamte Arbeit. 4 Millionen gehören der Armee an, d. h. daß nur 15 Millionen für den Arbeitsprozeß übrigbleiben. Davon sind nun noch die 14 800 000 abzuziehen, die in den Verwaltungen von Städten und Ländern beschäftigt sind, d. h. 200 000 bleiben für den Arbeitsprozeß. 188 000 arbeiten in Krankenhäusern, so daß nur noch 12 000 übrig sind. Nun befinden sich aber 11 998 Personen in Gefängnissen. Also bleiben nur zwei übrig: Sie und ich. Und Sie stehen irgendwo und lesen das. Kein Wunder, daß ich so schrecklich müde bin.«

Einem solchen Menschen möchte ich dringend raten: Lassen Sie das alles los! Trennen Sie sich von der Gewohnheit, immer nur das Negative zu sehen. Trennen Sie sich von dem Bedürfnis, das Unglück aller anderen Leute festzuhalten und zu beschreiben. Lösen Sie sich von dem Zwang des Vergleichs- und Konkurrenzdenkens. Lassen Sie Ihre erwachsenen Kinder los, besonders Ihre Versuche, deren Leben noch dirigieren zu wollen. (Ich las kürzlich irgendwo, daß Eltern niemals glücklicher wären als ihr unglücklichstes Kind. Welch ein Freudekiller!!) Lösen Sie sich von all Ihren Entschuldigungen. Und darf ich noch etwas hinzufügen? Lösen Sie sich von so manchen unnötigen Hemmungen, die Sie davon abhalten, das Leben zu feiern. Seien Sie nicht immer so überfürsorglich, so vorausschauend ... so übergenau.

Allzuviele Erwachsene sind so todernst, als ob sie ständig vor einer Herzattacke ständen. Sie leben mit geballten Fäusten, und sie sterben mit finsteren Blicken und gerunzelter Stirn. Sie können sich nicht mehr daran erinnern, wann sie das letzte Mal eine besondere Chance sahen und nutzten oder irgend etwas Neues riskierten. Das letzte Mal, wo sie wirklich eine eigene Idee mit Begeisterung verfolgten, war wohl im Alter von neun Jahren. Ich frage Sie: Wo ist die Freude in diesem Leben geblieben? Wir wollen uns nichts vormachen: Sie und ich werden älter — es ist höchste Zeit, daß wir mit dieser Art von Leben Schluß machen.

Schneller als wir denken, werden wir alle aus besagtem »Fenster« auf eine kalte, leere Wand schauen.

Freude – auch in den Dilemmas des Lebens

Das Leben wird immer komplizierter. Ich kann nicht für Sie sprechen, aber soweit es mich betrifft, so gehören Schwierigkeiten zu meinem Leben ganz selbstverständlich dazu. Manche Menschen – wenigstens wenn man von ihrem äußeren Auftreten her schließen kann – scheinen allerdings das Dasein nur auf einer Schwarz-Weiß-Basis zu erleben. Was ihnen begegnet, ist entweder richtig oder falsch. Für mich gilt das nicht. Viel häufiger finde ich mich in einer Grau-Zone wieder. Und vielleicht ist das auch Ihre Erfahrung.

Menschen wie wir können die Frustrationen Charlie Browns nachempfinden, wie sie auf den berühmten »Peanuts«-Cartoons festgehalten worden sind. Da ist Lucy wieder mal am Philosophieren und Charlie hört zu. Wie gewöhnlich hat Lucy das Wort und hält einen ihrer Vorträge.

»Charlie Brown«, beginnt sie, »das Leben ist oft wie ein Liegestuhl auf dem Deck eines Schiffes. Manche stellen ihn so, daß sie sehen können, wohin sie fahren. Andere wollen lieber zurückschauen. Und dann gibt es noch die, die gerne sehen möchten, wo sie sich im Augenblick befinden.«

Charlie seufzt: »Ich schaffe es noch nicht einmal, meinen auseinanderzuklappen!«

Viele von uns können sich vermutlich mit Charlie Brown identifizieren. Die Probleme des Lebens machen uns unsicher und lassen uns schwanken. Wir finden uns schließlich, um einer alten Redensart zu folgen, zwischen einem Felsmassiv und einer undurchdringlichen Wand.

Häufig auftretende Probleme

Solche Klemmen können die schlimmsten Freudekiller des Lebens sein. Wenn wir z. B. vor zwei möglichen Wegen stehen und für beide gibt es vernünftige Argumente, dann ist das oft eine schwere Entscheidung. Wir sind alle schon in solchen Lagen gewesen. Ich habe den Eindruck, daß solche Schwierigkeiten in mindestens drei Kategorien anzusiedeln sind.

Zwiespalt des Willens

Dazu kommt es, wenn wir zwei verschiedene Dinge zu gleicher Zeit tun wollen.

Junge Ehepaare, die zwei oder drei Jahre verheiratet sind – manchmal tritt die Frage auch schon früher an sie heran –, versuchen oft, dann noch irgendeine Ausbildung zu Ende zu führen, die sie einmal begonnen haben. Gleichzeitig fürchten sie sich, Kinder in die Welt zu setzen. Kinder würden eine zusätzliche finanzielle Belastung bedeuten, außerdem einen größeren Aufwand an Zeit und Energie. Wenn sie nun aber noch einige Jahre damit warten, sind sie vielleicht inzwischen schon über dreißig, und eigentlich möchten sie früher Kinder haben. Wie entscheiden sie sich schließlich?

Ein anderer willensmäßiger Zwiespalt könnte sich z. B. ergeben, wenn wir uns in unserer Kirche oder Gemeinde nicht wohlfühlen. Das Problem wird eventuell verschärft dadurch, daß wir viele Jahre dort Mitglieder gewesen sind und unsere engsten Freunde ebenfalls dort gefunden haben. Bleiben wir dort und versuchen zu helfen, die notwendigen Veränderungen herbeizuführen, was vielleicht nicht allzu viel Aussicht auf Erfolg verheißt und außerdem verletzte Gefühle mit sich bringen könnte, oder äußern wir nur von oben herunter unsere Kritik und verlassen die Gemeinde?

Zwiespältige Gefühle

Zwiespältige Gefühle sind noch schlimmer. Sie treten auf, wenn wir entgegengesetzte Gefühle im Hinblick auf das gleiche Geschehen hegen.

Vor wenigen Monaten entdeckte unser jüngerer Sohn Chuck, daß sein innigstgeliebter Hund an einer schrecklichen Hautkrankheit litt. Sascha war ein schöner, weißer Samoyede und gehörte Chuck schon einige Jahre. Die beiden waren unzertrennlich geworden. Was Chuck auch unternahm, um dem Hund zu helfen – und Sie können mir glauben, er ließ nichts unversucht –, es half nichts. Der Hund wurde immer elender. Das Dilemma läßt sich leicht erraten. Die einzige Möglichkeit, Sascha noch Erleichterung zu verschaffen, war, ihn einzuschläfern. Dieser Weg erschien Chuck aber so schrecklich, daß er kaum darüber sprechen konnte.

Wenn uns diese Situation schon schwierig vorkommt, was bedeutet es dann erst, wenn ein rebellischer, erwachsener Sohn oder eine Tochter da ist, die sich gegen uns stellen? Wenn sie das Zuhause verlassen und einen Lebensstil annehmen, der sich für sie selbstzerstörerisch auswirkt und für die Eltern eine herbe Enttäuschung bedeutet? Es liegt auf der Hand, daß sie eine finanzielle Unterstützung brauchen können. Tatsächlich bitten sie eines Tages darum. Helfen Sie oder sagen Sie »nein«? Das scheint auf dem Papier eine so sachliche Angelegenheit zu sein, so einfach zu lösen. Aber in Wirklichkeit gibt es kaum herzzerreißendere Dinge.

Geographische Probleme

In diesen Zwiespalt geraten wir, wenn wir zu gleicher Zeit an zwei verschiedenen Orten gleich gern sein möchten. Wir fühlen uns wohl, wo wir viele Jahre gelebt haben, doch ein Ortswechsel würde erhebliche finanzielle Vorteile mit sich bringen. Dazu käme die Möglichkeit, neue Freundschaften anzuknüpfen und manche notwendigen Veränderungen durchzuführen. Andererseits würde das Umziehen auch Probleme für die Kinder mit sich bringen (zwei von ihnen sind ältere Teenager). Die langjährigen Beziehungen in unserer Gemeinde, in der Nachbarschaft und vor allem unsere alten Freunde würden wir verlieren. Wir wägen beide Seiten gegeneinander ab. Keine Entscheidung wäre ideal, beide haben ihre Vorteile – ein klassisches Dilemma, das sich aus Ortswechsel oder Ortsgebundenheit ergibt.

Mir ist klar, daß sich bei den drei Kategorien schon einige Bereiche überschneiden. Aber wenn wir uns die Dinge dann im einzelnen ansehen, wird uns klar, daß jeder Punkt für sich an uns zerrt und zahlreiche tiefe Empfindungen von Druck und Belastungen weckt, die sehr schnell unseren Vorrat an Freude verzehren können. Ich möchte noch hinzufügen, daß wir nicht immun werden gegen solche Probleme, wenn wir älter und reifer werden. Manchmal geht es uns wie Charlie Brown, der zugab: Selbst abgehärtete, alte Kämpfer des Lebens können es noch schwierig finden, ihren »Stuhl auf dem Deck ihres Lebensschiffes« auch nur aufzustellen.

Das persönliche Dilemma des Paulus

All diese Überlegungen bringen uns nun zurück zu dem Mann, den wir näher kennenlernen wollten — Paulus, einen römischen Gefangenen in seiner eigenen Wohnung. Wir haben gesehen, daß er positiv auf seine Lebensumstände reagierte. Und wir haben ihm zugejubelt, als er für seine Freunde in Philippi solche Worte der Ermutigung fand. Jetzt sehen wir uns seinem persönlichen Dilemma gegenübergestellt, zu dem er sich in den bekannten Worten äußert:

»Denn Christus ist mein Leben, und Sterben ist mein Gewinn. Wenn ich aber weiterleben soll im Fleisch, so dient mir das dazu, mehr Frucht zu schaffen; und so weiß ich nicht, was ich wählen soll.

Denn es setzt mir beides hart zu: ich habe Lust, aus der Welt zu scheiden und bei Christus zu sein, was auch viel besser wäre; aber es ist nötiger, im Fleisch zu bleiben, um euretwillen.«

Phil 1,21-24

Da gibt es keinen Zweifel mehr: Der beste Freund des Paulus, seine engste Beziehung auf dieser Erde, war Christus. Niemand bedeutete mehr für ihn. Und darum brachte der Gedanke, bei ihm zu sein, für Paulus tatsächlich nur eine große Freude mit sich.

Seine Gefühle könnten in dem alten Evangeliumslied zum Ausdruck gekommen sein:

»Jesus meine Freude, Jesus meine Ruh',
Trost in allem Leide, bist allein nur du.
Du bist meine Wonne, meines Herzens Lust,
meines Lebens Sonne, Friede meiner Brust.«

Wenn jemand, der unsterblich ist und im Himmel, soviel für uns bedeutet, dann ergibt sich ein unausweichliches Dilemma: Man möchte bei ihm sein! Jetzt! Das erklärt, warum Paulus nicht zögert, zu schreiben: »Sterben ist mein Gewinn.« Doch sein Werk auf dieser Erde war noch nicht beendet. Gott wollte noch mehr durch diesen seinen Diener tun, der sich im Augenblick in Rom unter Hausarrest befand. Paulus wußte das, und deshalb kam er in diesen Zwiespalt. Er befand sich »zwischen einem Felsen und einer undurchdringlichen Wand«. Oder, wie er es ausdrückte: »...so weiß ich nicht, was ich wählen soll...« Es zog ihn in zwei Richtungen.

1. »Ich habe Lust, aus der Welt zu scheiden« (was er »viel besser« nennt) und
2. »... im Fleisch bleiben um euretwillen ...« (was er als nötiger bezeichnet).

Das möchte ich noch ein bißchen im einzelnen ausführen. Dazu müssen wir uns die Vorteile und Nachteile beider Seiten genauer ansehen.

Abscheiden

Das Gute daran? Er würde bei Christus sein. Er würde frei sein von allen irdischen Begrenzungen, von Schmerz und Frustrationen. Er würde sogleich völlig ungestörten Frieden und unendliche Freude in einer vollkommenen Welt erfahren.

Das Negative? Er würde getrennt sein von denen, die ihn brauchten. Ihr geistliches Wachstum würde dadurch gefährdet. Er würde nicht mehr in der Lage sein, für die römischen Soldaten, die ihn bewachten, ein Zeugnis oder für seine Besucher eine Ermutigung zu sein. Außerdem würde seine Missionstätigkeit unter denen, die noch nichts von Christus gehört hatten, mit einem Schlag zu Ende sein. Und alle, die er bisher als geistliche Autorität geführt und unterstützt hatte, verlören ihren Rückhalt und die Bestätigung durch ihn. So sehr ihm das Sterben als Befreiung erscheinen mochte, so brachte es doch auch viele Nachteile mit sich.

In Gedanken gehe ich in der Geschichte Amerikas zurück bis 1865, als das Land durch den Bürgerkrieg zerrissen war. Abraham Lincoln versuchte, die Kluft zu überbrücken, und war für viele eine Quelle der Kraft, als trauernde Familien unsicher wurden und hilflose Sklaven verzweifelten. Wir können nur ahnen, unter welchem Druck Lincoln stand. Fotografien von ihm aus der Zeit vor dem Krieg und während des Konfliktes zeigen im Vergleich das Bild des kampfesmüden Kriegers, der sich nach Ablösung sehnte. Und dann fiel im Ford-Theater der Schuß, der alles veränderte. Der zwölfte Präsident der Vereinigten Staaten erfuhr nun einen Frieden, wie er ihn noch nie erlebt hatte. Gab es Vorteile dabei? Auf jeden Fall. Für ihn waren sie unmittelbar vorhanden und von ewiger Dauer. Doch die Nachteile dürfen nicht verschwiegen werden: Politisches Chaos war die Folge. Es kam zu Machtkämpfen unter den rivalisierenden Kräften der Führungsschicht des Landes. Herzzerreißender Kummer belastete eine ohnehin leidende Nation zusätzlich. Und die Stimme des mächtigsten und beredsamsten Verteidigers des

Ausgleichs zwischen Schwarzen und Weißen war für immer verstummt.

Und wenn Paulus noch dablieb?

Wenn Paulus noch am Leben blieb und sein Amt weiter fortführte, lagen die Vorteile auf der Hand. Er würde das innere Wachstum mancher seiner geistlichen Kinder fördern können. Seine Rolle als geistlicher Ratgeber der Philipper und mancher anderer bliebe bestehen. Und seine Vision vom Erreichen einer Welt ohne Christus würde das Feuer des Evangeliums immer weiter um sich greifen lassen, wo er nur hinkam. Außerdem dürfen wir nicht vergessen, daß auch seine Schriften einen wichtigen Teil seines missionarischen Amtes darstellten. Wenn er am Leben blieb, würde noch manches geschriebene Wort in die Welt hinausgehen.
Die Nachteile? Er würde noch eine Weile fern von seiner himmlischen Heimat sein müssen. Die Fesseln seiner Gefangenschaft würden weiter drücken. Leid und Schmerz würden sich vermehren und seine Zukunft würde nur noch bedrohlicher aussehen. Und nach allem, was er schon erlebt hatte — wer wollte ihm noch mehr zumuten? Es war genug!
Es könnte nahe liegen, zu denken, daß Paulus genug an geistlicher Reife besaß, um diese Entscheidung ohne allzuviel Hin und Her in voller Klarheit zu treffen. Schließlich war er ein starker, treuer Kämpfer für den christlichen Glauben, ein weiser Ratgeber anderer, ein geistlich ausgerichteter Mann Gottes. Ganz sicher konnte er auch für sich selbst entscheiden. Doch nach seinen eigenen Worten gab er zu: »Ich weiß nicht, was ich wählen soll« (V. 22). Beides ließ sich mit logischen Argumenten belegen. Keine Entscheidung würde falsch sein ... eine Sache fürs Los. Der Herr mußte führen, das war keine Frage.

>   »Weiß ich den Weg auch nicht,
>   du weißt ihn wohl.
>   Das macht die Seele still
>   und friedevoll.
>   Ist's doch umsonst,
>   daß ich mich sorgend müh',
>   daß ängstlich schlägt mein Herz,
>   sei's spät, sei's früh.
>
>   Du weißt den Weg ja doch,
>   du weißt die Zeit,
>   dein Plan ist fertig schon

und liegt bereit.
Ich preise dich
für deiner Liebe Macht,
ich rühm die Gnade,
die mir Heil gebracht.

Du weißt, woher der Wind
so stürmisch weht,
und du gebietest ihm,
kommst nie zu spät;
drum wart' ich still,
dein Wort ist ohne Trug.
Du weißt den Weg für mich,
das ist genug.«

Doch nun ist es an der Zeit, zum eigentlichen Thema dieses Buches zurückzukehren: zur Freude. Wenn wir in unserem Leben in ein solches Dilemma, in solche Zwangslagen kommen und uns außerstande sehen, die richtige Entscheidung zu treffen, den besten Weg zu erkennen, können wir nur noch den Herrn bitten, unser Führer, unsre Kraft, unsere Weisheit — kurz gesagt: unser Alles zu sein. Anders können wir die Freude nicht bewahren. Diese Worte lesen sich vielleicht leicht, aber es ist nicht einfach, sich in der Praxis daran zu halten. Kommen wir aber an diesen Punkt, so ist es geradezu bemerkenswert, wie voller Frieden und wie glücklich wir bleiben können. Der Druck liegt dann auf den Schultern des Herrn, die Verantwortlichkeit liegt bei ihm, das Gesetz des Handelns befindet sich in seinen Händen, und eine unerklärliche Freude umhüllt uns. Selbst von außen mag diese überwältigende Freude erkennbar sein.

Es ist wahr, daß diese ungewöhnliche Methode, mit einem Dilemma fertig zu werden, ziemlich selten praktiziert wird. Es gibt nicht allzuviele Menschen, die bereit sind, die Zügel ihres Lebens Gott zu überlassen. Und ein solches Verhalten erfordert Demut — auch nicht gerade eine häufige Eigenschaft unter fähigen Leuten. Doch wenn man es wagt, diesen Weg zu gehen, wird man feststellen, daß er zu einem wunderbaren Ende führt. Unser Herr ist ein Meister im Stillen des Sturms, auch in unserem Inneren. Er findet in jedem Fall die beste Lösung für uns.

Petrus schrieb einmal:

»So demütigt euch nun unter die gewaltige Hand Gottes, damit er euch erhöhe zu seiner Zeit. Alle eure Sorge werft auf ihn; denn er sorgt für euch.«   1. Petr 5,6.7

Tun wir das, so gibt er uns seine Freude gegen unsere Angst. So ein Tausch! Wenn er dann die Dinge in die Hand nimmt und uns deutlich werden läßt, welchen Schritt wir als nächstes gehen sollen, dann können wir uns entspannen, kommen zur Ruhe, und die Freude herrscht wieder vor.

Für bestimmte Charaktere ist das besonders schwer. Je intelligenter ein Mensch ist, desto schwerer tut er sich im allgemeinen damit. Und für Menschen, die ein außergewöhnlich großes Verantwortungsgefühl besitzen, Menschen, die glauben, mit allem allein fertig werden zu können, und noch dazu ungeduldig und leidenschaftlich veranlagt sind, ist das Loslassen und Gott-alles-in-die-Hände-geben eine geradezu unglaubliche Herausforderung. Doch ich möchte Sie bitten, tun Sie es! Zwingen Sie sich selbst, einem andern zu vertrauen, der viel fähiger und intelligenter und verantwortungsbewußter ist, als Sie jemals sein können (... und tausend andere in Ihrer Situation). Und vor allem: Lassen Sie der Freude Raum!

Da ich selbst mich gewöhnlich unter Spannung befinde, mich durch vieles herausgefordert und umgetrieben fühle (am meisten durch mich selbst), suche ich oft auch nach Literatur, die mir helfen könnte, den Streß, der sich da ergibt, ein wenig zu mildern. Ein Mönch in einem Kloster schrieb einen kurzen Aufsatz über den Sinn oder Unsinn seines Lebens nieder. Er hat mehr dazu beigetragen, daß ich einen entspannteren Lebensstil annahm, als irgend etwas anderes und als der Autor jemals vermuten konnte. Ich hoffe, daß er auch meinen Lesern an der Stelle etwas weiterhilft.

»Wenn ich mein Leben nochmal von vorn beginnen könnte, würde ich mir das nächste Mal mehr Fehler zugestehen. Ich würde mich entspannen, elastisch sein. Ich würde unvernünftiger sein, als ich es in diesem Leben war.

Ich würde nicht mehr allzuviele Dinge ernst nehmen.

Ich würde mehr unternehmen und allein möglichen Einfällen nachgeben.

Ich würde auf mehr Berge klettern, durch mehr Flüsse schwimmen und mir öfters den Sonnenaufgang ansehen.

Ich würde mehr wandern und schauen.

Ich würde mehr Eiskrem und weniger Bohnen essen.

Ich würde mich auf tatsächliche Probleme einstellen und die eingebildeten beiseite lassen.

Sie sehen, ich bin ein Mensch, der sein Leben vorausschauend und vernünftig angeht — eine Stunde nach der anderen. Natürlich habe ich auch manche Augenblicke genossen — wenn ich dies Leben noch einmal leben sollte, würde ich das in noch größerem Maße tun. Tatsächlich würde ich versuchen, nur in Augenblicken zu leben, einen nach dem anderen, statt so viele Jahre jeden Tag im voraus zu leben. Ich gehöre zu den Leuten, die nirgendwo hingehen ohne Thermometer, ohne Wärmflasche, ohne ein Mittel zum Gurgeln, ohne Regenmantel, Aspirin und Fallschirm. Wenn ich es nochmal zu tun hätte, würde ich mich leichter bewegen, unbekümmerter handeln und mir die Welt ansehen. Ich würde schon im Frühjahr barfuß laufen und es bis in den Herbst fortsetzen. Ich würde öfter die Schule schwänzen. Ich würde nicht so gute Prüfungen machen, außer durch Zufall. Ich würde öfter Karussell fahren. Und ich würde mehr Gänseblümchen pflücken.«

Ich weiß — ich weiß. Allein die Vorstellung vom Fehlermachen und Schuleschwänzen und Zeit-haben-zum-Gänseblümchenpflücken ist für viele schon schwer nachvollziehbar. Und ich gebe zu, daß es Menschen gibt, die in dieser Hinsicht zu weit gegangen sind. Es ist *ein* Ding, etwas falsch zu machen, *aber wenn dann der Radiergummi schneller abgenutzt ist als der Bleistift, dann hat man es übertrieben.*

Manche Menschen müssen daran erinnert werden, daß das Leben mehr ist als harte Arbeit und schwere Entscheidungen und spannungsgeladene Erörterungen. Wie oft hat mich schon der Gedanke aus Ps 127,2 getröstet, wo es heißt, daß es der Herr den Seinen im Schlaf gibt. Wie leicht vergessen wir, daß Gott *für* uns ist (Röm 8,31) und uns alles reichlich darbietet, es zu genießen (1. Tim 6,17). Manche Menschen sollten das jeden Tag lesen, bis sie es glauben können.

Hat Paulus die Führung Gottes erfahren? Ist er aus seinem inneren Zwiespalt befreit worden? Hat er es geschafft, seinen Klappstuhl auf dem Deck seines Lebensschiffs aufzustellen? Das möchten Sie sicher jetzt wissen. Lesen Sie selbst:

> »... und in solcher Zuversicht weiß ich, daß ich bleiben und bei euch allein sein werde, euch zur Förderung und zur Freude im Glauben, damit euer Rühmen in Christus Jesus größer werde durch mich, wenn ich wieder zu euch komme.« Phil 1,25-26

Irgendwie hat der Herr es Paulus klargemacht, daß er noch auf dieser Erde bleiben und seine Arbeit fortsetzen sollte. Und wenn auch der andere Weg ihm sofort Befreiung und den Lohn für seine Arbeit gebracht hätte, so akzeptierte Paulus doch die Entscheidung Gottes und erfüllte seinen Auftrag weiter, ohne an sich selbst zu denken.

Eine geistliche Herausforderung

Die abschließenden Worte des ersten Kapitels des Briefes, den Paulus an seine Freunde in Philippi schrieb, sind Herausforderungen, die sowohl den Philippern als auch uns heute gelten.

»Wandelt nur würdig des Evangeliums Christi, damit – ob ich komme und euch sehe oder abwesend von euch höre – ihr in einem Geist steht und einmütig mit uns kämpft für den Glauben des Evangeliums und euch in keinem Stück erschrecken laßt von den Widersachern, was ihnen ein Anzeichen der Verdammnis ist, euch aber der Seligkeit, und das von Gott. Denn euch ist es gegeben um Christi willen, nicht allein an ihn zu glauben, sondern auch um seinetwillen zu leiden, habt ihr doch denselben Kampf, den ihr an mir gesehen habt und nun von mir hört.«

Phil 1,27-30

Was mir auffällt, ist die anfängliche Ermahnung des Paulus, daß nicht andere für unser Ergehen verantwortlich sind. Wir selbst sind es. »... ob ich komme und euch sehe oder abwesend von euch höre ...« – er erwartet zu hören, daß sie einmütig zusammenstehen im Kampf. Welch eine wichtige Mahnung!

So viele Menschen leben ihr Leben allerdings allzu abhängig von anderen. Solche sich »aneinanderklammernde Reben« glauben, ihre Kraft überwiegend – wenn nicht überhaupt – von anderen zu empfangen. Das aber ist nicht nur ungesund für den, der sich anklammert, sondern auch für den, an dem andere hängen. Dem letzteren entzieht es zuviel Kraft.

Paulus wünschte sich keins von beiden, und das sollten wir auch nicht tun. Ein Mensch reift nur dann, wenn er es lernt, auf eigenen Füßen zu stehen. Es mag Notfälle geben, in denen andere helfend eingreifen müssen und sollen. Doch das sollte die Ausnahme bleiben und nicht zur Regel werden. Voneinander abhängige Menschen sind keine fröhlichen Leute.

Das soll nicht heißen, daß das Bedürfnis nach engen und harmonischen Beziehungen nicht berechtigt wäre. Nachdem Paulus Mut gemacht hat zu einer gesunden Unabhänigigkeit, betont er die Kehrseite der Medaille und spricht vom Bedürfnis der Ergän-

zung.«... damit ihr in einem Geist steht und einmütig kämpft.«
Warum? Weil das Leben Prüfungen mit sich bringt, und weil einige dieser Prüfungen »Widersacher« auf den Plan rufen, die uns nicht erschrecken sollen. Der gemeinsame Kampf bewahrt uns vor Einschüchterungen und Furcht.

Es steckt viel Trost in der Erkenntnis, das wir keine Einzelkämpfer sind, die unabhängig voneinander immer wieder einsame Kämpfe ausfechten, sondern daß wir miteinander gegen einen gemeinsamen Feind angehen. Da entsteht ein Gefühl der Kameradschaft und Unterstützung, wenn wir erkennen, daß wir uns in den Reihen der Treuen befinden, einer »mächtigen Armee« derer, die von Christus gerufen sind, eine Macht, mit der der Feind rechnen muß.

Nachdem ich kürzlich in einer Kirche gesprochen hatte, bemerkte ich beim Verlassen des Parkplatzes ein interessantes Hinweisschild. Ich las: »Jetzt betreten Sie das Missionsfeld Gottes.«
Eine gute Mahnung. Und das Ermutigende dabei ist, daß wir es gemeinsam betreten. Daran sollten wir uns erinnern:

1. Wir sind nicht allein.
2. Der Sieg ist uns verheißen.
3. Wir sind (unter anderem) dazu berufen, zu leiden.
4. Wir befinden uns in guter Gesellschaft, wenn es zum Kampf kommt.

Paulus erinnert seine Freunde in Philippi daran, daß ihre Konflikte die gleichen sind wie seine. Das griechische Wort, das hier für Konflikt steht, ist das gleiche, das wir in dem Ausdruck »Agonie« (Todeskampf) finden. Wir kämpfen bis aufs Blut, wenn wir fürs Evangelium zusammenstehen und eintreten. Ich schöpfe Kraft aus dem Gedanken, daß unsere Leiden und Konflikte denen des Apostels Paulus ebenbürtig sind. Agonie ist und bleibt Agonie — schlicht und einfach. Auf diese Weise entstehen reife Christen aus uns allen. Unsere geistlichen Muskeln werden dabei gestärkt, und wir empfangen neuen Mut gegenüber neuen Feinden, die uns begegnen wollen. Wir wollen nicht vergessen... der Sieg ist letztlich auf unserer Seite!

In den frühen Tagen der Christenheit stellte ein Spötter einmal die Frage: »Und was macht euer Zimmermann aus Nazareth jetzt?« Die gelassene Antwort eines kühnen Christen lautete: »Er macht gerade einen Sarg für euren Kaiser!«

Niemals dürfen wir vergessen, daß wir eine zweifache Rolle zu spielen haben: nicht nur an Christus zu *glauben* (das ist die erfreuliche Seite), sondern auch um seinetwillen zu *leiden* (das ist der schwierige Teil dieser Berufung). Das bringt einen weiteren Zwiespalt für uns mit sich. Vielleicht kann man diesen in eine vierte Kategorie einordnen: das praktische Dilemma. Wir, die wir den Herrn lieben und ihm treu dienen, indem wir unser Bestes tun, um zu seiner Ehre zu leben, müssen gelegentlich dabei leiden, statt daß uns Lohn dafür zuteil wird. Das Dilemma besteht in der Überlegung: Gehen wir darauf zu, oder entziehen wir uns der Möglichkeit?

Die meisten Menschen unserer Tage halten jeden, der etwas anderes anstrebt als Bequemlichkeit und Vermeidung von Frust, für dumm und beschränkt. Doch seit wann ist die Masse jemals den Weg Christi gegangen? Wenn es dahin kommt, daß Sie sich für diesen Weg entscheiden – und falls dann Leiden und Schwierigkeiten Sie aus diesem Grunde treffen –, dann fassen Sie sich ein Herz. Sie befinden sich in guter Gesellschaft. Und an einem herrlichen Tag in nicht allzuferner Zukunft wird Gott Sie für Ihre Treue belohnen. Dann werden Sie allen Druck und allen Schmerz vergessen haben. Und die Freude wird Sie durchströmen wie nie zuvor.

Unsere persönliche Antwort

Aus dem, was wir in diesem Kapitel besprochen haben, ergeben sich zwei Grundsätze:

> Wenn wir inmitten eines Dilemmas richtige Entscheidungen treffen wollen, sind wir gezwungen, unsere Prioritäten zu überdenken.

Nichts läßt so deutlich werden, was wesentlich für uns ist, als wenn wir uns in einem Zwiespalt befinden. Glücklich ist derjenige, der egoistischen Ehrgeiz und persönlichen Vorteil beiseite schieben kann, um Gottes Willen zu tun und seinen Weg zu beschreiten.

> Die rechten Prioritäten zu setzen zwingt uns, die Bedeutung Christi für unser Leben neu in Erwägung zu ziehen.

Viele Stimmen umgeben uns heute, treffen an unser Ohr. Manche sind nur laut, manche versuchen uns zu überreden, und einige sind geradezu überzeugend. Das kann ziemlich verwirrend sein. Wenn Sie lange genug zuhören, kann es sein, daß die Versuchung an Sie herantritt, Ihren Glauben über Bord zu werfen. »Schau, wo dir das Glück winkt!« »Tu, was dein Körper dir sagt!« »Nimm dir das Beste, was du bekommen kannst!« Zunächst wird zweifellos ein Rausch des Vergnügens und der Befriedigung einsetzen, da gibt es keine Frage. Doch am Ende gehen Sie enttäuscht und desillusioniert aus dieser Erfahrung heraus.

Malcolm Muggeridge starb im Herbst 1990. Er war Auslandskorrespondent und Zeitungsverleger gewesen, hatte das Magazin »Punch« herausgegeben und war in Großbritannien bekannt geworden durch seine Fernsehauftritte. Als Erwachsener wendete er sich endgültig Christus zu und schrieb dann über die Probleme, die ihn als bekehrten Journalisten trafen. Zu seinen Schriften gehörten: »Jesus Rediscovered« (Der wiederentdeckte Jesus), »Christ and the Media« (Christus und die Medien), »Something Beautiful for God« (Etwas Schönes für Gott) und seine mehrbändige Autobiographie »Chronicle of Wasted Time« (Chronik der vergeudeten Zeit). Häufig sprach und schrieb er davon, daß er sich »wie ein Fremder« in der Welt »fühle«.

Einige Jahre vor seinem Tod wurde Muggeridge in einem Interview gebeten, dieses Gefühl doch einmal näher zu beschreiben. Seine Antwort ist es wert, festgehalten zu werden:

> »Ich möchte das gerne tun, denn ich habe oft darüber nachgedacht. Als ich im Krieg in Nordafrika war, hörte ich von einem Oberstleutnant zum ersten Mal die Wendung »Displaced person« = Verschleppter (ausländischer Zwangsarbeiter). Dieser Ausdruck erschütterte mich damals sehr. Aber er erscheint mir auch als sehr zutreffende Definition für einen Menschen, der erkennt, daß das Leben sich nicht in sinnlichen Genüssen oder im Erfolg erfüllt, sondern mehr in der Ewigkeit verankert ist als in der Zeit ... Ich gehöre nicht wirklich hierher, ich halte mich nur gerade hier auf.«

Da mir Ihr Wohl am Herzen liegt, kann ich nicht einfach sagen: »Tun Sie, was Sie mögen.« Ich möchte Sie bitten, die Perspektive der Ewigkeit im Auge zu behalten, auch wenn Sie dabei zu einer Minderheit gehören, auch wenn Sie umgeben sind von einem Heer von erfolgsorientierten Individuen, die Sie dazu drängen wollen, Ihr Gewissen zu ignorieren und nach allem zu greifen, was Ihnen erreichbar ist. Sie wollen Freude? Wollen Sie wirklich das Beste, was es gibt? Betrachten Sie sich selbst als eine »displaced person«, als Verschleppten im fremden Land und gehen Sie den Weg, den Gott Sie gehen heißt. *Er* ist der zuverlässigste Wegweiser, wenn das Leben kompliziert wird. Es gibt auf diesem

Weg auch schwierige und steile Stellen, aber Sie werden ihn nicht bedauern.

An einem wunderschönen Tag, das können Sie mir glauben, werden Sie zurückschauen auf die Probleme, die Sie heute so sehr unter Druck setzen ... und dann endlich werden Sie »den Liegestuhl auf dem Deck Ihres Schiffes auseinanderklappen« und sich niederlassen können – entspannt, voller Freude.

Das verborgene Geheimnis
eines glücklichen Lebens

Ich habe eine Menge darüber geschrieben, daß man sich für die Freude entscheiden und einen Sinn für Humor entwickeln kann und sollte. Bei verschiedenen Gelegenheiten habe ich den Wert der persönlichen Einstellung betont – des Geheimnisses hinter dem Weg zur Freude. Die richtige Einstellung zu entwickeln und zu pflegen, ist meines Erachtens absolut entscheidend. Wir wollen uns ein wenig näher ansehen, was mit Haltung oder Einstellung gemeint ist.

Im Lexikon steht dazu, daß es um die Art und Weise des Handelns und Empfindens geht, auch um das Denken, das eine bestimmte Einstellung sichtbar werden läßt ... eine Meinung, eine geistige Haltung. Das bedeutet, wie wir denken, bestimmt, wie wir auf andere reagieren. Tatsächlich habe ich die Entdeckung gemacht, daß das, was ich über andere denke, unmittelbar meine eigene geistige Haltung widerspiegelt.

>>Unsere Haltung gegenüber der Welt, die uns umgibt, hängt davon ab, was wir selbst sind. Sind wir ichbezogen, so werden wir anderen gegenüber in gewisser Weise immer mißtrauisch sein. Sind wir großzügig in unserem ganzen Wesen, neigen wir eher dazu, anderen zu vertrauen. Wenn wir selbst aufrichtig sind, rechnen wir nicht so leicht damit, von andern getäuscht zu werden. Handeln wir selbst fair, kommt es uns so schnell nicht in den Sinn, daß andere uns betrügen könnten. In gewissem Sinn ist der Blick auf die Menschen um uns her ein Blick in den Spiegel. Wir begegnen uns selbst darin.<<

Da ich ein Verkündiger des Evangeliums bin, verbringe ich viel Zeit mit dem Studium der Bibel und dem Weitergeben dessen, was ich dabei entdeckt habe. Vor kurzem kam ich auf diese Weise wieder einmal zu dem Evangelium, das von einem antiken Arzt namens Lukas geschrieben wurde. Als er begann, seine Untersuchungen über das unglaublichste Leben, das je auf dieser Erde gelebt wurde, zusammenzustellen, zeichnete er zunächst ein Bild von Jesus als Mensch. Dieser Bericht enthält faszinierende Informationen für alle, die sich für die zwischenmenschlichen Beziehungen Jesu interessieren. Als ich mich in die einzelnen Skizzen und Beobachtungen vertiefte, um genauere Einblicke in das Leben unseres Erlösers zu gewinnen, fesselten mich vor allem seine Reaktionen auf das Verhalten anderer. Wie konnte ein Mann nur so geduldig sein, wie er war? Wie konnte er nur so beherrscht bleiben unter ständigen Angriffen? Wie konnte er soviel Gnade erweisen, soviel Mitleid bezeugen und zur gleichen Zeit soviel Entschlossenheit und Bestimmtheit zeigen? Und als er den Angriffen und Hetzkampagnen der Pharisäer begegnete, wie brachte er es nur fertig, sich so zurückzuhalten, daß er sie in ihrer Beschränktheit und Kurzsichtigkeit nicht laufend blamierte? Als Mensch hatte er die gleichen Gefühle wie wir alle. Was war es, das ihm die Überlegenheit verlieh, die uns so oft fehlt? Es war seine innere Haltung. Um zu Websters Worten zurückzukommen: Er handelte und fühlte so, wie es uns berichtet wird, eben aufgrund seiner Einstellung, um seiner geistigen Haltung willen.

All diese Überlegungen lassen eine Frage aufkommen: Welche Eigenschaft und Gesinnung macht uns Christus am ähnlichsten? Denken Sie nach, bevor Sie allzu schnell antworten. Ich bin sicher, daß viele an dieser Stelle die Liebe nennen würden. Das liegt nahe, denn er liebte wirklich bis zum äußersten. Andere mögen hier die Geduld anführen. Auch das ist verständlich. Ich habe keinerlei Anzeichen für Ungeduld oder unruhige Reizbarkeit gefunden, als ich mich mit seinem Leben beschäftigte. Auch Gnade wäre denkbar. Kein Mann und keine Frau machte jemals so deutlich, was Gnade ist, wie Jesus es in den letzten Augenblicken seines Lebens tat.

So wichtig, wie alle diese angeführten Charakterzüge sein mögen, sie sind nicht das, was Jesus selbst an der einzigen Stelle in der Heiligen Schrift nennt, wo er sich selbst beschreibt. Ich denke an die bekannten Worte aus Mt 11,28-30:

>>Kommt her zu mir alle, die ihr mühselig und beladen seid; ich will euch erquicken. Nehmt auf euch mein Joch und lernt von mir; denn ich bin sanftmütig und von Herzen demütig; so werdet

ihr Ruhe finden für eure Seelen. Denn mein Joch ist sanft, und meine Last ist leicht.«

Die Schlüsselworte heißen hier: »Ich bin sanftmütig und von Herzen demütig.« Vielleicht kann man das in unserer Sprache am besten mit dem Begriff »selbstlos« übersetzen. Nach dem Zeugnis Jesu ist das die Haltung, mit der wir ihm am ähnlichsten sind. Weil er so demütig war – so selbstlos –, war er selbst der letzte Mensch, über den er sich Sorgen machte.

Was ist Selbstlosigkeit?

Von Herzen »demütig« sein heißt, im tiefsten Sinn sich unterordnen zu können. Es bedeutet, mehr daran interessiert sein, den Bedürfnissen anderer Menschen nachzukommen als den eigenen.

Wer wirklich selbstlos ist, geht großzügig mit der eigenen Zeit und Kraft und mit dem eigenen Geld um. Wenn diese Gesinnung zum Zuge kommt, zeigt sich das auf die verschiedenste Weise als Rücksichtnahme und Güte, als anspruchsloses Denken und dienstbereites Führen.

> Wenn ein Ehegatte selbstlos ist, unterwirft er seine eigenen Wünsche und Absichten den Bedürfnissen seiner Frau und seiner Familie.

> Wenn eine Mutter selbstlos ist, wird sie nicht verdrießlich, wenn sie ihre eigenen Pläne oder Absichten für ihre Kinder aufgeben muß.

> Wenn ein Athlet selbstlos ist, geht es vor allem um das Team, nicht um persönliche Ehre.

> Wenn ein Christ selbstlos ist, haben andere mehr Gewicht als er selbst. Dem Stolz bleibt da kein Raum.

In einem Lied aus dem 19. Jahrhundert heißt es:

> »Ich blicke voll Beugung und Staunen
> hinein in das Meer seiner Gnad,
> und lausche der Botschaft des Friedens,
> die er mir verkündiget hat.

Sein Kreuz bedeckt meine Schuld,
sein Blut macht hell mich und rein,
mein Wille gehört meinem Gott,
ich traue auf Jesum allein.«

Wie fremd klingen uns doch solche Worte in den Ohren! Nicht weil sie altmodisch sind, sondern weil jeder heute so selbstsüchtig ist – und keiner unserer Zeitgenossen sagt uns, daß wir anders sein müßten. Unsere Zeit verlangt Selbstverwirklichung, wir sollen unsere eigenen Rechte verteidigen, uns zuerst um uns selbst kümmern, durch Einschüchterung anderer vorwärts kommen, nach dem ersten Platz streben – und ein Dutzend anderer selbstsüchtiger Rezepte befolgen. Diese Haltung zerstört unsere Freude mehr als alles andere. Wir sind dann derart beschäftigt mit Selbstverteidigung und Selbstschutz und Manipulation, daß wir uns nur noch einsetzen für eine verbissene, spannungsgeladene eigene Existenz – und das ist dann kein modernes Problem mehr.

Der Grieche sagt: »Sei weise! Erkenne dich selbst!«
Der Römer sagt: »Sei stark, nimm dich selbst in Zucht!«
Die Religion sagt: »Sei gut! Paß dich an!«
Der Epikureer sagt: »Sei sinnenfreudig, befriedige dich selbst!«
Der Pädagoge sagt: »Sei erfinderisch! Entfalte dich!«
Der Psychologe sagt: »Sei zuversichtlich! Setze dich durch!«
Der Materialismus sagt: »Versuche zu kriegen, was du kriegen kannst! Amüsiere dich!«
Der Asket sagt: »Sei anspruchslos! Nimm dich zusammen!«
Der Humanismus sagt: »Bilde deine Fähigkeiten aus, glaube an dich selbst!«
Der Stolz sagt: »Sei überlegen, schieb dich in den Vordergrund!«
Christus sagt: »Seid selbstlos! Seid bereit, euch zurückzunehmen!«

Während ich diese letzte Zeile schreibe, entdecke ich, daß ich dabei den Kopf schüttele und lächle. In unserer selbstsüchtigen Gesellschaft, in der jeder versucht, so viel wie möglich für sich selbst herauszuschlagen, bedeutet die Idee, eine selbstlose, dienstbereite Haltung zu pflegen, für die Mehrzahl der Menschen eher einen albernen Scherz. Doch glücklicherweise gibt es noch einige (ich hoffe, Sie gehören zu ihnen), die das ernsthafte Bedürfnis haben, solch eine Haltung zu gewinnen. Ich kann Ihnen versichern, wenn es Ihnen gelingt, diesen Wunsch Wirklichkeit werden zu lassen, wird die Freude bei Ihnen einkehren. Ich meine es ernst damit – Sie werden wieder lachen können. Da liegt nämlich das verborgene Geheimnis eines glücklichen Lebens.

In unserer Gemeinde in Fullerton in Kalifornien schauen wir uns ständig nach besseren Kommunikationsmöglichkeiten um. Die Verantwortlichen denken nur allzu leicht, daß alle sie verstanden haben und Bescheid wissen, wenn es in Wirklichkeit gar nicht zutrifft. Diejenigen, die vorne stehen und predigen und lehren, denken unter Umständen, daß alles klar ist, während das bei Licht besehen gar nicht der Fall ist. Was uns als Gemeinde hilft, ist eine Art »Schwarzes Brett« in unserem Sonntagsblatt. Häufig bringen Menschen auf diese Weise Fragen an oder machen Bemerkungen zu Dingen, die ich auf der Kanzel angesprochen habe. Diese Möglichkeit hilft ihnen dann, eine realistischere oder vollständigere Schau von einer Sache zu gewinnen.

Vor einigen Wochen schrieb da jemand: »Chuck, ich habe verstanden, was du heute gesagt hast. Ich respektiere deine Hingabe, und ich glaube dir jedes Wort. Mein Problem ist, daß ich nicht weiß, wie ich's machen soll!« Das nenne ich eine äußerst ehrliche und demütige Reaktion auf die Predigt.

Vielleicht fühlen Sie ähnlich im Hinblick auf den Wert einer selbstlosen Haltung. Vielleicht stimmen Sie mir auch darin zu, daß Selbstlosigkeit das ist, was die Christusähnlichkeit ausmacht... aber wie schaffen wir das? Sie möchten, daß es deutlicher und konkreter ausgeführt wird? Das ist verständlich.

Was heißt Christusähnlichkeit?

Kehren wir zurück zu dem kurzen Brief, den Paulus an seine Freunde in Philippi schrieb. Ich denke, was er dort über Selbstlosigkeit sagt, ist geeignet, den Nebel verschwommener Vorstellungen zu lichten. Es wird uns gleichzeitig in die Lage versetzen, die Ansatzpunkte für die Verwirklichung zu entdecken.

Paulus beginnt diesen Abschnitt mit einer Bitte:

> »Ist nun bei euch Ermahnung in Christus, ist Trost der Liebe, ist Gemeinschaft des Geistes, ist herzliche Liebe und Barmherzigkeit, so macht meine Freude dadurch vollkommen, daß ihr eines Sinnes seid, gleiche Liebe habt, einmütig und einträchtig seid. Tut nichts aus Eigennutz oder um eitler Ehre willen, sondern in Demut achte einer den anderen höher als sich selbst, und ein jeder sehe nicht auf das Seine, sondern auch auf das, was dem anderen dient.« Phil 2,1-4

Die einleitenden Worte schließen mit dem Thema, um das es ihm vor allem geht: »die anderen«. Wenn wir diese seine Bitte lesen, wird klar, daß seine Hauptsorge sich darauf richtet, daß keine Uneinigkeit oder Streitereien unter seinen Freunden sein möchten. Es klingt gerade, als ob er bäte: Was auch immer geschieht, meine Freunde, laßt die Selbstsucht sich nicht in euer Leben einschleichen und eure Freude stehlen oder eure Einigkeit zerstören.

Was ist dabei nötig?

Vor allem ist Harmonie nötig ... ein Gleichgesinntsein unter den einzelnen Gliedern. Ich schätze die Übersetzung der »Living Bible« an dieser Stelle:

> »Gibt es das bei euch, daß der eine dem anderen Mut macht? Liebt ihr mich so sehr, daß ihr mir gerne helfen würdet? Bedeutet es etwas für euch, daß wir Brüder im Herrn sind, daß wir den gleichen Geist in uns tragen? Sind eure Herzen warm und offen gegenüber allen? Dann macht mich vollkommen glücklich, indem ihr einander liebt und aufrichtig aufeinander eingeht. Arbeitet zusammen in einem Geist und Sinn und mit einem Ziel.«
>
> Phil 2,1-2

Welch eine wunderbare Art zu leben wird hier erkennbar. Dieses »ein Herz und ein Geist und ein Ziel« setzt Einigkeit voraus, eine echte, geistgewirkte Selbstlosigkeit, die Kraft verleiht und Freude verbreitet.

Bedeutet das, daß alles nach einer Schablone abläuft? Heißt das, daß wir immer und überall zustimmen müssen? Ist das das Wesen der Harmonie? Nein! Es ist ein Unterschied zwischen Einigkeit und Einheitlichkeit. Einheitlichkeit gewinnt man nur durch Druck von außen. In dem englischen Wort »uniformity« (Uniformität) ist das Wort Uniform enthalten. Dann ist man gleich gekleidet, sieht gleich aus, spricht die gleichen Worte, denkt gleich und handelt gleich. Aber das ist weder gesund noch biblisch. Einigkeit kommt von innen heraus. Es ist der innere Wunsch, sich auf eine kooperative Weise zu verhalten – im gleichen Team zu arbeiten, die gleichen Ziele anzustreben – zum Wohle anderer.

Harry A. Ironside sagt:

> »Es liegt auf der Hand, daß Christen nicht alle Dinge völlig gleich beurteilen. Wir sind so stark von Gewohnheiten, von un-

serer Umgebung, unserer Erziehung, unserer intellektuellen und geistlichen Fassungskraft beeinflußt, daß es ausgeschlossen ist, auch nur zwei Menschen zu finden, die alles und jedes vom gleichen Standpunkt aus betrachten. Wie können sie dann einmütig sein? Der Apostel selbst betont das an anderer Stelle einmal, wenn er sagt: ›Ich denke, daß ich die Gesinnung Christi auch habe.‹ Die ›Gesinnung Christi‹ ist eine anspruchslose Gesinnung. Und wenn wir diese Denkweise besitzen, werden wir in Liebe miteinander umgehen, werden einer den anderen achten und uns bemühen, dem andern zu helfen, statt seine Überzeugungen umzustoßen.«

Interessanterweise sagt Paulus, daß es seine »Freude vollkommen machen« würde, wenn sie in dieser Harmonie blieben.

Harmonie fördert das Glück. Wenn Sie das bezweifeln, haben Sie noch nie an einem Platz gearbeitet, wo Disharmonie herrschte, oder in einer Wohnung gelebt, wo Uneinigkeit regierte. In einer solchen Umgebung kann Freude nicht überleben. Wenn die Freude aufs neue die Oberhand gewinnen soll, muß die Harmonie wieder hergestellt werden.

Wie kann das geschehen?

Ich wiederhole die Frage noch einmal: Wie soll das geschehen? Wie ist das möglich, eine so selbstlose Haltung zuwege zu bringen, wenn wir uns vom Gegenteil umgeben sehen? Wir wollen uns das, was Paulus schreibt, ein wenig näher ansehen:

»Tut nichts aus Eigennutz oder um eitler Ehre willen, sondern in Demut achte einer den anderen höher als sich selbst, und ein jeder sehe nicht auf das Seine, sondern auch auf das, was dem anderen dient.« Phil 2,3-4

Wenn ich mir seinen Rat ansehe, treten mir darin drei praktische Anweisungen entgegen, die uns helfen können, eine selbstlose Haltung zu gewinnen.

Erstens: Lassen Sie niemals die Selbstsucht oder den Stolz zum Motiv Ihres Handelns werden. Sie haben richtig gehört: Niemals! Das ist doch der Rat des Paulus, nicht wahr? »Tut nichts aus Selbstsucht oder um eitler Ehre willen.«

Zweitens: Halten Sie andere immer für wichtiger als sich selbst. Das ist wirklich kein angeborener Wesenszug von uns Menschen. Es kann uns aber zur Gewohnheit werden, so zu denken. Und wie wichtig ist eine solche Haltung!

76

Drittens: Begrenzen Sie Ihre Aufmerksamkeit nicht auf die eigenen, persönlichen Interessen — schließen Sie andere mit ein. Ich glaube, es war Andrew Murray, der einmal sagte:»Ein demütiger Mensch ist nicht derjenige, der ein armseliges Bild von sich selbst hat, sondern der, der über sich selbst überhaupt nicht nachdenkt.«

Vielleicht gibt es Menschen, die das für eine ungesunde, extreme Ansicht halten, und die Ihnen deswegen davon abraten. Sie mögen sagen, daß jeder, der eine solche Einstellung vertritt und zu verwirklichen versucht, gefährlich nahe an Selbstkasteiung und an den Verlust eines gesunden Selbstwertgefühls herankommt. Das ist aber barer Unsinn! Das Ziel ist ja doch, daß in uns soviel Interesse an anderen wach wird und daran, ihnen zu ihrem Besten zu verhelfen, daß wir darüber uns selbst einfach vergessen.

Wir wollen uns noch einmal kurz den von Paulus gewählten Ausdruck»Demut«ansehen. Wenn wir diese Haltung anstreben, (Christus zu ehren) und uns den anderen zuwenden (indem wir sie ermutigen und ihnen helfen), dann schieben wir zwangsläufig unsere Differenzen beiseite und verlieren das Interesse an den Annehmlichkeiten, die uns gerade vorschweben. Das aber heißt dann, Harmonie und Selbstlosigkeit zu bewirken. Vielleicht kommen wir diesem Ziel am nächsten, wenn wir gemeinsam mit anderen schwere Zeiten durchleben müssen.

Martyn Lloyd-Jones, englischer Schriftsteller in der Zeit kurz nach dem Zweiten Weltkrieg, erinnert an den»Blitzkrieg« Hitlers mit seinen Bombenangriffen auf London und andere Städte seines Landes:

»Wie oft haben wir während dieses letzten Krieges von ganz außergewöhnlichen Szenen in den Luftschutzkellern erfahren. Die verschiedensten Leute aus ganz unterschiedlichen sozialen Schichten fanden dort in der gemeinsamen Notsituation zueinander. Sie suchten sich ja alle vor den Bomben und dem Tod irgendwie zu schützen und vergaßen darüber alle Unterschiede. Das gemeinsame Interesse ließ sie die sonst vorhandenen Trennungslinien und Abstände völlig übersehen. Daher kommt es auch, daß sich im Krieg viel leichter eine Koalitionsregierung bildet als sonst. In Krisenzeiten und unter dem Eindruck allgemeiner Not vergessen wir das, was uns trennt, und werden plötzlich einig.«

Ich habe ähnliche Szenen hier in Kalifornien gesehen, wenn ungeheure Brände im Land wüteten. In dem Augenblick, wo sich das Flammenmeer einem Wohnbezirk näherte, standen die Leute plötzlich zusammen. Keiner achtete darauf, wer reich oder arm war, welches Auto einer gerade fuhr oder was sie für ihre Hilfe vom Nachbarn dafür bekommen würden. Ohne jede Rücksicht darauf, was ihr tapferer Einsatz ihnen persönlich bringen würde (gewöhnlich nichts), und ohne einen Gedanken an eigene Gefährdung »achtete einer den anderen als wichtiger als sich selbst«, als den eigenen Besitz oder die eigene Sicherheit. Wenn wir in Krisenzeiten gezwungen sind, uns nur auf die Hilfe, die wir anderen bringen können, zu konzentrieren, dann beginnen wir, diese christusähnliche Haltung zu demonstrieren.

Um ehrlich zu sein – es muß nicht immer eine Krise kommen, um uns die Augen zu öffnen. Ich habe entdeckt, daß schon eine große Familie – sagen wir mit vier oder fünf Kindern – genügt, um uns zu zeigen, wie Selbstsucht alles Tun behindert. Z. B. erinnere ich mich an die Zeit, als Cynthia und ich eine Familie gründeten. Ich hatte gedacht, zwei Kinder wären genug: »A« und »O«. . . das schien mir ideal! Dann erschien unser drittes . . . und nicht allzuviele Jahre später Nummer vier.

Nun müssen Sie allerdings wissen, was für ein Typ ich bin. Ich liebe es, wenn meine Schuhe gepflegt sind und nicht irgendwo herumfliegen und darauf getreten wird. Und ich möchte meine Anzüge ordentlich und sauber im Schrank vorfinden und nicht befleckt und verknautscht. Und Milch habe ich am liebsten in einem Glas auf dem Tisch und nicht auf dem Fußboden. Und ganz besonders liebe ich ein sauberes Auto ohne Fingerabdrücke an den Fensterschreiben und ohne diverse vergessene Überbleibsel aus der Schule, die in den Seitentaschen und zwischen den Sitzen verstreut sind.

Was hat sich Gott nun ausgedacht, um meinen Horizont zu erweitern und mir zu zeigen, wie selbstsüchtig ich bin? Sehr einfach: Er gab mir vier lebhafte Kinder, die mir auf die Schuhe treten, Anzüge verkrumpeln, Milch verschütten, an Autofenstern lecken und klebrige Bonbons auf den Teppich fallen lassen. Sie kennen das Leben noch nicht, solange Sie nicht einmal mitten in der Nacht barfuß durch ein Zimmer gegangen und dabei mit voller Kraft auf eine stachelige Kugel oder einen Haufen Legosteine getreten sind. Ich kann Ihnen nur sagen, Sie lernen sich selbst sehr schnell kennen und wissen bald, wie weit es mit Ihrer Selbstlosigkeit her ist.

Sie sehen auch, daß es keine tiefgründigen, ätherischen oder theologischen Dinge sind, über die wir hier nachdenken. Eine selbstlose Haltung einzunehmen, trifft uns im tiefsten Kern unseres Wesens. Es bedeutet, daß wir bereit sind, unsere eigene Bequemlichkeit, unsere Vorlieben, unseren Terminplan und unsere eigenen Wünsche um anderer willen zurückzustellen.

Und das bringt uns zu Christus zurück. Vielleicht ist Ihnen das noch nie so recht bewußt geworden, daß es seine Haltung der Selbstlosigkeit war, die ihn aus dem Glanz des Himmels in die ärmliche Krippe von Betlehem versetzte . . . und später ans Kreuz von Golgatha. Freiwillig nahm er das alles auf sich.

Das Leben Christi ... vorher und nachher

An dieser Stelle erscheint in den Worten des Paulus an die Philipper eine bezeichnende Wendung.

> »Seid so unter euch gesinnt, wie es auch der Gemeinschaft in Christus Jesus entspricht . . .«   Phil 2,5

Jesus Christus war das vollkommene Vorbild einer selbstlosen Haltung! Wofür Paulus unter seinen Freunden in Philippi plädierte, das malt er ihnen mit der Person Jesu Christi vor Augen. Im Grunde genommen sagt er:»Ihr wollt wissen, was ich von euch wünsche? Ihr möchtet gern ein Beispiel haben, damit ihr besser verstehen könnt, was das heißt: ›auf das sehen, was dem anderen dient . . .‹? Ich stelle euch ein vollkommenes Beispiel vor die Augen: Christus Jesus.«

Sehen wir uns an, wie Christus diese Haltung praktizierte:

> »Seid so unter euch gesinnt, wie es auch der Gemeinschaft in Christus Jesus entspricht: Er, der in göttlicher Gestalt war, hielt es nicht für einen Raub, Gott gleich zu sein, sondern entäußerte sich selbst und nahm Knechtsgestalt an, ward den Menschen gleich und der Erscheinung nach als Mensch erkannt.
> Er erniedrigte sich selbst und ward gehorsam bis zum Tode, ja zum Tode am Kreuz.«
>
> Phil 2,5-8

Alles, was zur Menschwerdung Jesu dazugehörte, begann mit einer Haltung der Unterwerfung . . . einer Bereitschaft, auf Gottes Plan zur Erlösung einzugehen. Statt sein Recht, im Himmel zu bleiben, zu vertreten und sich aller Vorzüge zu erfreuen, die ihm als Sohn Gottes und Herrn der Schöpfung zustanden, sagte er freiwillig »ja« zum Weg des Vaters. Er war einverstanden mit dem Plan, der für ihn das Loslassen aller Herrlichkeit und das

Aufsichnehmen von Kampf und Qual bedeutete. Aus einem Zustand absoluter Vollkommenheit und uneingeschränkter Göttlichkeit kam er freiwillig auf diese Erde. Er verließ die Engelheere, die seine Gegenwart mit anbetendem Lob begleiteten, und übernahm völlig selbstlos eine Rolle, die ihm Mißverstehen, Beschimpfung, Fluch und Kreuz eintrug. Ohne zu zögern, gab er die Gemeinschaft mit dem Vater in seiner Herrlichkeit auf und ging den einsamen Weg des Gehorsams und eines qualvollen Todes.

Wir wollen keine der Stufen, die abwärts führten, übersehen:

1. Er löste sich aus seinem bisherigen Sein.

2. Er wählte das Los eines Dieners.

3. Er begab sich auf eine Ebene mit den Menschen.

4. Er stufte sich selbst ganz unten ein und wurde gehorsam bis zum Tod.

5. Er akzeptierte den qualvollsten und demütigsten Weg zu sterben — am Kreuz.

Hat er das alles im voraus gewußt? War ihm klar, daß es ihn ein so schweres Opfer kosten würde? Ohne Frage. Hat er das alles mit grimmigem Gesicht und zusammengepreßten Lippen getan? Nein — niemals. Woher wissen wir das? Die Antwort finden wir in verschlüsselter Form in Hebr 12,2:

»Laßt uns ... aufsehen zu Jesus, dem Anfänger und Vollender des Glaubens, der, obwohl er hätte Freude haben können (»um der Freude willen, die vor ihm lag«, nach der Living Bible), das Kreuz erduldete und die Schande gering achtete und sich gesetzt hat zur Rechten des Thrones Gottes.«

Schauen wir uns das an! Er sah die vor sich, die von seinem Opfer den Nutzen haben würden, wenn er wieder »zur Rechten des Thrones Gottes« sitzen und ihm »alle Gewalt unter die Füße« getan sein würde. Und er verzichtete um ihretwillen auf die Freude der Herrlichkeit, aus der er kam. Damit sind wir wieder beim Thema — Freude! Er kam nicht mit Groll im Herzen oder mit bitteren Gedanken zu uns. Er war innerlich frei von alldem. Es war ganz sicher keine leichte Sache, aber er akzeptierte sein Kommen zu uns Menschen und sein Sterben für uns — selbstlos und völlig freiwillig.

Und was geschah letzten Endes? Lesen Sie es nach und freuen Sie sich darüber:

»Darum hat ihn auch Gott erhöht und hat ihm einen Namen gegeben, der über alle Namen ist, daß in dem Namen Jesu sich beugen sollen aller derer Knie, die im Himmel und auf Erden und unter der Erde sind, und alle Zungen bekennen sollen, daß Jesus Christus der Herr ist, zur Ehre Gottes des Vaters.«

Phil 2,9-11

Paulus scheint besonders begeistert von Superlativen zu sein. »Gott hat ihn aufs Höchste erhöht« (Living Bible)! Er wurde mit offenen Armen empfangen. Der Beifall des ganzen Himmels war die größte Belohnung für das Opfer, das er hier auf der Erde gebracht hatte. Wieder einmal hatte die demütige Unterordnung reiche Früchte getragen. Es wird uns berichtet, daß zweierlei geschah, nachdem der Preis für die Sünde bezahlt war:

1. Gott erhöhte Jesus Christus, indem er ihn auf den Gipfel aller Autorität stellte.
2. Gott legte ihm einen Namen von höchster Bedeutung bei: »Kyrios Jesos Christos« ... Jesus Christus – der Herr!

Niemand sonst verdiente diesen Titel. Herr ist nur einer. Alle Knie werden sich zuletzt vor ihm beugen. Im Himmel? Alle Engel werden sich vor ihm neigen und alle, die schon vor uns über diese Erde gegangen sind. Auf der Erde? Jedes menschliche Wesen ... diejenigen, die ihn lieben und ihn anbeten, und, ja, auch sogar diejenigen, die ihn verleugnen oder verachten. Eines Tages, irgendwann in der Zukunft, werden sich alle vor ihm beugen. Und unter der Erde? Der Teufel und seine dämonischen Mächte zusammen mit denen, die ohne Glauben gestorben sind, die Ungläubigen und Verlorenen.

»Die Verlorenen werden die Versöhnung nicht mehr erlangen. Himmel und Erde werden am Ende erfüllt sein von glücklichen Wesen, die Gott durch das kostbare Blut seines Sohnes erlöst hat.
Doch ›unter der Erde‹ werden diejenigen sein, die ›ihr Teil in der Finsternis‹ haben, in dem ›See, der mit Feuer brennt‹. Sie haben die Autorität Christi auf Erden an sich gerissen. Mit dieser angemaßten Autorität werden sie ihre Existenz in der Verdammnis fristen müssen! Sie lehnten es ab, den Ruf der Gnade zu beachten und sich mit Gott versöhnen zu lassen in den Tagen, wo sie noch hätten gerettet werden können« (Ironside).

Eine abschließende Ermutigung und ein Beispiel

Für mich lag der Schwerpunkt dieses Kapitels auf der inneren Einstellung, die uns Freude ermöglicht und unseren Mund davon übergehen läßt. Es ging um das verborgene Geheimnis eines glücklichen Lebens auf der Erde — die Haltung der Selbstlosigkeit. Ich möchte Sie dazu ermutigen, daß Sie das Bemühen darum nicht aufgeben, bis es Ihnen zur Gewohnheit geworden ist. Manche werden Ihnen sagen, daß sie in Gefahr kommen, ausgenutzt zu werden, wenn Sie anfangen, für andere zu leben, oder Ihr Recht nicht mehr verteidigen und darauf verzichten, mit jemand abzurechnen. Ich gebe Ihnen genau den entgegengesetzten Rat: Gott wird Ihre Entscheidung ehren, wenn Sie bewußt eine Haltung der Demut und Selbstlosigkeit einnehmen wollen. Sie werden feststellen, daß alle Gefühle des Grolls oder der Bitterkeit durch eine befreiende Flut von Frieden und Glück weggespült werden. Wie Salomo einst sagte: »Wenn eines Menschen Wege dem Herrn wohlgefallen, so läßt er auch seine Feinde mit ihm Frieden machen« (Spr 16,7).

Das alles beginnt aber wirklich damit, daß man Jesus Christus persönlich kennenlernt ... und damit, daß man ihm erlaubt, das Leben für uns zu gestalten. Wer bewußt Seinen Willen tun will, wird feststellen, daß Er uns Freude schenkt, die selbst die Engel im Himmel nicht erfahren können. Eines Tages werden unsere Stimmen mit dem Chor der Engel zusammenklingen, und dann werden wir miteinander eine herrliche himmlische Musik veranstalten! Doch *unsere* Freude wird über *ihre* noch hinausgehen.

Es gibt ein altes Evangeliumslied, das man heute kaum noch hört. Dieser Chorus drückt aus, was ich Ihnen gerne vermitteln möchte:

> »Heilig, heilig, heilig ist der Engel Chor,
> wenn sie und wir einmal zusammen singen,
> schallt es durch alle Himmel.
> Doch wenn ich dann von der Erlösung singe,
> falten leise sie die Flügel.
> Denn Engel kennen nicht die Freude wie wir,
> die wir von Schuld erlöst.«

Wenn wir anerkennen, daß Jesus Christus Herr ist, und damit beginnen, unsere Sorgen, unsere Enttäuschungen und unseren Kummer ihm zu überlassen, können wir nicht nur unser seelisches Gleichgewicht bewahren, sondern auch die Fröhlichkeit und den Sinn für Humor. Unsere Freude wird vervielfacht, wenn wir jemand haben, der uns unsere Lasten abnimmt.

Ich erwähnte schon, daß ich zum Aufsichtsrat unserer College-Verwaltung gehöre. Das bringt einiges an ernsten Verantwortlichkeiten, aber auch erfreuliche Dinge mit sich. Zu letzteren gehört das Bekanntwerden mit einer Gruppe von netten Christen, die als Kollegen im gleichen Gremium mitarbeiten. Einen von ihnen, Tom Landry, hatte ich schon viele Jahre lang auf Abstand bewundert. Neunundzwanzig Jahre lang war er Trainer einer erfolgreichen Footballmannschaft. Seine Zeugnisse sprechen für sich. Doch was ich noch weit mehr bewundere, ist sein Charakter, seine Integrität und seine Demut. Seit ich diesen Mann nun persönlich näher kennengelernt habe, ist meine Wertschätzung für ihn nur noch gewachsen.

Die meisten von uns waren überrascht und enttäuscht, als ein neuer Manager Tom Landry entließ. Ich hatte das Vorrecht, ihn während dieser Zeit hören und beobachten zu können ... ich hatte sogar ein paar persönliche Gespräche mit ihm – ohne Mikrofon oder Fernsehkamera oder Reporter in Reichweite. Er hatte reichlich Gelegenheit, die neue Führung »fertigzumachen«, indem er ihre Methoden kritisierte und sich selbst verteidigte. Nicht ein einziges Mal hörte ich jedoch nach seinem erzwungenen Rücktritt eine häßliche Bemerkung oder eine Schuldzuweisung aus seinem Mund. Die einzige Antwort war etwa: »Du weißt doch, Chuck, daß ein Mann in meiner Position damit rechnen muß, daß sie ihm auch wieder abgenommen wird, ob er das nun erwartet hat oder nicht. Es ist lediglich eine Frage der Bereitschaft, das zu akzeptieren.« Das waren die selbstlosen Worte eines Mannes, der von heute auf morgen seinen Schreibtisch räumen und gehen mußte ... nachdem er fast drei Jahrzehnte seines Lebens für eine Sache eingesetzt hatte, an der sein Herz hing. Die meisten anderen in seiner Situation hätten eine stundenlange Pressekonferenz mit Zeitungsreportern abgehalten und das neue Management rücksichtslos abqualifiziert.

Seitdem bin ich mit Trainer Landry bei zahlreichen Gelegenheiten zusammengewesen. Wir haben ihn von unserer Kirche aus eingeladen, und er hat in der Sporthalle zu einem großen Publikum – Männer mit ihren Söhnen und Freunden – gesprochen. Es war eine Freude zu beobachten, daß der Mann nicht die geringste Spur von Bitterkeit zeigte, sondern statt dessen einen ungetrübten Sinn für Humor und eine echte Freude in Christus. Persönlich bin ich davon überzeugt, daß diese Haltung eine eindrucksvollere Botschaft an seine Zuhörer war als all die Jahre des Erfolges und der Meisterschaften. Es ist wunderbar beruhigend zu wissen, daß Freude alle Härten überdauern kann, solange jene christusähnliche, selbstlose Haltung beibehalten wird.

Das Gleichgewicht behalten – auch in der Freude

Mit dreißig Jahren gestorben, mit sechzig begraben.

Das würde als Grabinschrift für sehr viele Amerikaner passen. Ein riesiges Heer von jungen Männern und Frauen leidet schon an der Unbeweglichkeit des Alters, wenn sie von ihrem wirklichen Lebensalter her noch durchaus nach neuen Wegen suchen könnten. Wir haben alle miteinander soviel mehr zu bieten – und auf so viel längere Dauer –, daß wir uns wundern würden, wenn wir alle unsere Möglichkeiten ins Auge fassen könnten. Im Jahr 1967 fiel mir ein Artikel in die Hände, den ich gelegentlich immer mal wieder hervorhole und durchlese. Er trug den Titel »Rat an einen gelangweilten jungen Mann«. In diesem Artikel wird anschaulich gemacht, wieviel ein Mensch leisten kann, wenn er nur ... Und dann folgt ein anschauliches Beispiel:

»Viele Menschen, die diese Seiten lesen, tun es mit der Hilfe von Brillen, die eine zweifache Linsenstärke eingeschliffen haben. Der Erfinder? Benjamin Franklin im Alter von 79 Jahren.
Die Pressen, die diese Seiten gedruckt haben, werden elektrisch betrieben. Einer der ersten Anwender: Benjamin Franklin im Alter von 40 Jahren.
Es mag Leute geben, die in einer der traditionsreichen Ivy League Universitäten diese Zeilen lesen. Der Begründer dieser Universitäten? Benjamin Franklin im Alter von 45 Jahren.
Einige haben dies Buch sicher durch die Post zugeschickt bekommen. Der Vater der amerikanischen Post war Benjamin Franklin im Alter von 31 Jahren.
Und nun noch ein letzter Bereich: Wer gründete die erste Feuerwehr, wer erfand den Blitzableiter, wer entwarf einen Heizofen,

der noch heute benutzt wird? Benjamin Franklin im Alter von 31, 43 und 36 Jahren. Intellektueller, guter Gesellschafter, Wirtschaftssachverständiger, Philosoph, Diplomat, Drucker, Verleger, Sprachwissenschaftler (er sprach und schrieb fünf Sprachen), Befürworter von Luftlandetruppen (mit Ballonen), ein Jahrhundert bevor das Flugzeug erfunden wurde. All das erfüllte das Leben dieses Mannes bis zum 84. Jahr. Vielleicht denken Sie jetzt, daß es ja gar nicht nötig ist, noch irgend etwas Neues zu erfinden, weil es ja alles schon gibt. Doch das stimmt nicht. Das einfache Agrarland, das die Vereinigten Staaten von Amerika zu Franklins Zeiten darstellten, hatte keine Ahnung von all den Problemen, auf die wir heute eine Antwort finden müssen. Gehen Sie und tun Sie etwas für unsere Zeit.«

Nachdem ich eine solche Aufzählung zu Gesicht bekommen und überdacht hatte, war meine unmittelbare Reaktion nur ein erstauntes:»Ohhhh!« Wer sollte angesichts dieser Fakten nicht beeindruckt sein? Beispiele wie das von Benjamin Franklin grenzen ans Fantastische. Doch sie können auch frustrierend wirken.

Ich versuche mich in die Lage einer Mutter von vier oder fünf kleinen Kindern zu versetzen, die vielleicht erst um elf Uhr morgens dazu kommt, sich endlich ordentlich anzuziehen. Oder ich denke an den gerade arbeitslos gewordenen Ehegatten im Alter von fünfundvierzig Jahren. Dieser Familienvater verbringt seine Tage damit, auf Arbeitssuche zu gehen — halb von der Notwendigkeit bedrückt, halb von Panik erfaßt, weil es mal wieder aussichtslos sein könnte. Eine ganze Anzahl von Menschen haben Glück, wenn sie nur die Zeit finden, von solchen Erfindungen zu lesen — von Zeit zum Nachdenken oder etwas zu entdecken gar nicht zu reden.

Um in diesen Dingen ein gesundes Gleichgewicht zu behalten, sollte man sich die Worte des Humoristen Mark Twain in Erinnerung rufen:»Mit wenig Dingen kann man sich schwerer abfinden als mit der Bürde eines guten Beispiels.«

Die Bewunderung für eine große Persönlichkeit mag uns anregen und inspirieren — befähigen kann sie uns nicht. Ungeachtet der positiven Seite besteht doch auch die Gefahr, sich erdrückt zu fühlen.

Falsche Reaktion auf gute Beispiele

Was machen nur frustrierte Menschen angesichts großartiger Beispiele? Es ist klar, daß es Leute gibt, die versuchen, über ihre wirkliche Situation hinwegzutäuschen. Das Image wird entsprechend aufpoliert, und man sorgt für ein gutes äußeres Auftreten. Viele machen auf diese Weise auch Karriere, und es kommt nie heraus, daß nichts dahinter ist. Andere versuchen es mit einem großen Coup, aber nach und nach kommt die Wirklichkeit doch ans Licht. Im Jahr 1990 gab es in der Musikindustrie einen Skandal. Milli Vanilli, die Gruppe, die einen Grammy-Preis für ihre Schallplatte »Girl You Know It's True« bekommen hatte, mußte schließlich zugeben, daß es nicht ihr eigenes Produkt war. Sie hatten auf dem Musikvideo das Lied lediglich mit den Lippen synchronisiert, aber nicht selbst gesungen. Den Preis mußten sie selbstverständlich zurückgeben.

Zu alledem gab es noch eine Reaktion von Jimmy Bowen, dem Präsidenten der Plattengesellschaft:

> »Wir sollten bedenken, daß die Musik ein Spiegel der Zeit ist. Und wenn dieser Spiegel nahe am aktuellen Geschehen ist, dann läßt sich das gut verkaufen. Die Zeit, in der wir leben, ist sehr plastisch und einfallsreich. So hat Milli Vanilli sich bloß an die Spielregeln gehalten.«

Ein anderer Autor fügte im gleichen Zeitungsartikel hinzu:

> »Da die Technologie den Musikproduzenten in zunehmendem Maß erlaubt, hochgezüchtete elektronische Tricks anzuwenden, wenn sie ihre Platten und Videos produzieren, wird sich der Milli-Vanilli-Skandal wiederholen — bis das Publikum damit aufhört, das Image höher einzuschätzen als das künstlerische Niveau einer Produktion.«

Ein anderes, allgemein zu beobachtendes Verhalten angesichts großer Vorbilder ist das Bestreben, den Weg zum Erreichen eines solchen Zieles abzukürzen. Ich habe den Eindruck, daß unsere Generation — mehr als jede vorhergehende — immer mehr erreichen will und das vor allem schneller. »Halt mich bloß nicht auf dadurch, daß ich einen Preis für etwas zahlen oder einen langen und mühevollen Weg auf mich nehmen soll. Ich habe keine Lust zu warten, bis ich fünfzig, sechzig oder siebzig bin. Ich möchte *jetzt* das erreichen oder haben, was mir vorschwebt.«

Unabhängig davon, was *Sie* von ihm halten, muß man doch zugeben, daß Liberace einer der berühmtesten Unterhaltungsmusiker der zweiten Hälfte des zwanzigsten Jahrhunderts gewesen ist. Kürzlich fand ich einige Bemerkungen zu seinem Stil, die der verstorbene Pianist selbst einmal gemacht hatte.

»Mein ganzer Trick besteht darin, daß ich die Musik vordergründig interpretiere. Wenn ich Tschaikowsky spiele, gebe ich nur die Melodien wieder und unterschlage das, was sich an geistigen Kämpfen darin widerspiegelt. Natürlich kürze ich dabei etwas. Ich muß genau erkennen, wieviel mein Publikum von dieser Musik verkraftet. Wenn es Zeit ist, damit aufzuhören, füge ich eine Menge an Läufen, rauf und runter auf den Tasten, dazwischen.«

Es gibt noch eine andere Möglichkeit, mit diesen Dingen umzugehen, eine, die vor allem in christlichen Kreisen üblich ist. Wenn uns dort ein Vorbild vor Augen geführt wird, mit dem wir uns niemals messen können, dann bemühen wir uns um so mehr. Ein altbekanntes Lied unterstreicht diese Philosophie: *»Ringen danach, Ihm zu gefallen, in allem, was ich tu ...«*

Ich möchte Sie fragen, ob das wirklich *christlicher* Lebensstil ist? Wenn wir anderen nichts vormachen wollen und wenn es nicht richtig ist, alles in ungeheurem Tempo erzwingen zu wollen, liegt dann der Schlüssel in dem Appell: Nimm dich zusammen!? Streng dich an!? Möchten Sie den Rest Ihres Lebens damit ausfüllen, daß Sie sich unablässig mühen, um Ihm zu gefallen? Ich habe mit einigen ganz und gar aufrichtigen Menschen, die das versucht haben, gesprochen. Sie gaben zu: »Ich tue mein Bestes. Ich versuche es. Aber ich bin total erschöpft.« Das ist ganz sicher *nicht* Gottes Absicht mit uns.

Christus – unser Vorbild

Was für andere Vorbilder gelten mag, trifft auf Jesus *nicht* zu. Ob es ein Präsident oder ein Staatsmann, ein Erfinder oder Schriftsteller, ein Athlet oder Artist ist – all unsere großen Vorbilder mögen uns begeistern und anregen, aber keiner von ihnen kann uns zu irgend etwas befähigen. Sie mögen uns motivieren, aber sie sind nicht in der Lage, uns zu verändern. Von Benjamin Franklin ist nichts übriggeblieben, das aus Ihnen oder mir einen Erfinder machen könnte, wie er einer war. Doch wenn wir zu Christus kommen, sieht die Sache anders aus. Er sagt in der Tat:

»Ihr möchtet mein Leben leben? Hier ist meine Kraft.« Und dann stärkt er uns innerlich. »Ihr wollt meinem himmlischen Vater gefallen? Ich mache es euch möglich.« Das tut er durch seinen Geist.

Das finde ich sehr ermutigend, auch wenn es in meinem Leben und im Hinblick auf meine Träume viel Versagen gegeben hat. Vielleicht geht es Ihnen ähnlich. Unser Leben lang sind wir in Gefahr, im Sumpf der Sünde zu versinken. Wir kämpfen darum, den Kopf über Wasser zu halten, um atmen zu können. Und doch dürfen wir zutiefst Hoffnung schöpfen, weil *Er* uns die Kraft verleiht, nicht nur Luft zu holen, sondern auch sorglos zu schwimmen. Sie sehen, Christus lebte nicht nur selbst ein vorbildliches Leben, sondern er ermöglichte es uns, ihm darin nachzufolgen. Er zeichnet äußerlich die Spur vor, der wir folgen sollen, und stellt und gleichzeitig innerlich die Kraft zur Verfügung, die wir benötigen. Und wissen Sie, was daraus resultiert? Freude!

Ich meine das im unmittelbaren Sinn, wenn ich sage, daß Jesus jahrelang dafür gesorgt hat, daß ich wieder lachen konnte. Wenn wir sein Beispiel vor unseren Augen haben und seine Kraft empfangen, um ihm nachzuleben, dann haben wir es nicht mehr nötig, jemanden über uns und unsere Leistungen zu täuschen oder uns dafür abzuhetzen oder ständig geistliche Klimmzüge zu machen. Wenn er die Herrschaft über unseren Geist gewinnt, dann bringt die richtige Einstellung auch die richtigen Aktionen hervor.

Das Leben – unsere Herausforderung

Nachdem wir gesehen haben, welche hervorragende Rolle Christus für unser Denken spielt, müssen wir uns vor Augen führen, was das alles in unserem Leben praktisch bedeutet. Das bringt uns zurück zu dem kurzen Brief, den Paulus seinen Freunden in Philippi schrieb. In diesem wunderbaren Sendschreiben von der überwältigenden Freude zeigt er, wie wichtig es ist, die Balance zu behalten, wenn wir die Herausforderungen des Lebens annehmen. Dabei führt er drei besondere Bereiche an, mit denen wir es zu tun haben:

Pläne und Kraft müssen im Gleichgewicht sein   (Phil 2,12.13)

Einstellung und Handlungen müssen im
Gleichgewicht sein   (Phil 2,14-16)

Ernst und Freude müssen im Gleichgewicht sein (Phil 2,17-18)

In dieser Reihenfolge wollen wir uns damit beschäftigen.

Gleichgewicht von Absichten und Kraft

>»Also meine Lieben – wie ihr allezeit gehorsam gewesen seid,
nicht allein in meiner Gegenwart, sondern jetzt noch viel mehr
in meiner Abwesenheit – schaffet, daß ihr selig werdet, mit
Furcht und Zittern.
>Denn Gott ist's, der in euch wirkt beides, das Wollen und das
Vollbringen, nach seinem Wohlgefallen.«　　　　Phil 2,12-13

Wir müssen im Auge behalten, daß Paulus an Christen schreibt
(meine Lieben), daß diese Worte also offensichtlich nichts mehr
mit der Bekehrung seiner Leser zu tun haben – sie sind bereits
Christen. Daher muß sich das »schaffet, daß ihr selig werdet« auf
das Leben im Glauben beziehen, wie er korrekt ausgelebt wird.
In anderen Worten, wir als Gottes Volk sind zum Gehorsam ge-
fordert. Wie Christus, unser Vorbild, »gehorsam bis zum Tode«
war, so müssen auch wir unsere Bestimmung mit gleicher Konsequenz verfolgen.

Interessanterweise ist das griechische Wort, das mit »schaffen«
übersetzt ist, das gleiche, das gewöhnlich für die Arbeit im Berg-
werk oder auf den Feldern gebraucht wurde. In jedem Fall
brachte die fleißige Arbeit dort Früchte ein: wertvolle Rohstoffe
oder Erz aus den Minen – Getreide von den Feldern. Der Vergleich des Paulus ist deutlich erkennbar. Wenn wir »unsere Seligkeit schaffen«, erfüllen wir den Gesamtplan Gottes … wir führen aus, was unserem Dasein Sinn gibt. Darum wollen wir nicht
vor der Zeit aufgeben.

Wenn eine Pianistin eine wundervolle Komposition vor sich
hat, dann ist die Musik nicht das Meisterwerk der Spielerin, sondern es ist die Gabe des Komponisten an die Musikerin. Doch
deren Aufgabe ist es dann, die Noten in Musik umzuwandeln, ihnen Klang und Ausdruck und Schönheit zu verleihen, indem sie
ihre Fähigkeiten zum Einsatz bringt. Wenn das geschieht, erreicht der Komponist die Erfüllung seiner Zielsetzung und be-
wegt die Herzen der Zuhörer.

Im Fall einer Krankheit suchen wir gewöhnlich einen Arzt auf.
Dieser stellt eine Diagnose im Hinblick auf unsere Beschwerden
und ordnet eine angemessene Behandlung an. Er gibt uns ein
kleines Stück Papier, auf dem er die genaue Verordnung aufge-
schrieben hat. Damit gehen wir zum Apotheker und lösen das
Rezept ein. Mit dem Medikament in der Tasche machen wir uns
wieder auf den Heimweg. Bis dahin haben andere für uns gehan-

delt – Diagnose, Rezept, Arzneimittelaushändigung. Von jetzt an ist es unsere Verantwortung, die Anweisungen des Arztes zu befolgen – so genau wie möglich. Im Verlauf des ganzen Prozesses haben wir den Nutzen vom Beitrag des Arztes und des Apothekers zu unserer körperlichen Verfassung. Wir werden wieder gesund.

Geistlich gesprochen ist das höchste Ziel oder der Plan für unser Leben:»Gottes Wohlgefallen«. Wir sollen unser Leben zur Ehre Gottes leben – nicht zur Erfüllung unserer eigenen selbstsüchtigen Wünsche.

Sind wir mit dieser Zielsetzung uns selbst überlassen? Ist es unsere Aufgabe, das allein durchzuziehen, die Zähne zusammenzubeißen und seinen Willen zu tun? Niemals! Hier finden wir die notwendige Balance: Gott ist selbst am Werk in uns! Er ist derjenige, der uns Kraft gibt und Ausdauer verleiht. Wenn er seine Kraft in uns hineinfließen läßt, dann tun wir das, was ihm gefällt. Beachten wir aber ganz besonders, daß es *sein* Wohlgefallen (nicht unseres), *sein* Wille (nicht unserer), *seine* Ehre (nicht unsere) sind, die das Leben sinnvoll machen. Und an *der* Stelle liegt ein möglicher Konflikt für uns, da die meisten Menschen es vorziehen, daß alles nach ihrer Nase läuft. Das führt uns zu dem zweiten Punkt, der ausgeglichen sein muß:

Gleichgewicht von Einstellung und Aktion

»Tut alles ohne Murren und ohne Zweifel, damit ihr ohne Tadel und lauter seid, Gottes Kinder, ohne Makel mitten unter einem verdorbenen und verkehrten Geschlecht, unter dem ihr scheint als Lichter in der Welt, dadurch daß ihr festhaltet am Wort des Lebens, mit zum Ruhm am Tage Christi, so daß ich nicht vergeblich gelaufen bin noch vergeblich gearbeitet habe.«   Phil 2,14-16

Der Rat des Paulus stellt in seinem ersten Teil die negative Seite heraus, im letzten Teil dann die positive. Beide bringen einen anderen, notwendigen Ausgleich mit sich.

Die negative Seite: Achtet auf eure Einstellung! Von zwei Seiten her wird eine mögliche ungute Haltung erkennbar. Die eine entwickelt man meist allein. Es handelt sich um die Gefahr des Murrens. Die andere Fehlhaltung kommt im Zusammensein mit anderen zustande: das zweifelnde Diskutieren. Diese beiden Freudekiller müssen bloßgestellt werden.

Was ist eigentlich »Murren«? Es ist kein lautes, heftiges Nörgeln, sondern ein eher halblautes, unzufriedenes Murmeln. Meist besteht es aus gedämpften negativen Bemerkungen, Klagen und Gejammer. Das Diskutieren geht dagegen laut vor sich, boshafte Argumente werden vorgebracht ... verbale Äußerungen von Unstimmigkeiten, die Argwohn und Mißtrauen schüren, Zweifel und andere zerstörerische Gefühle in anderen wekken.

Manche Menschen, z. B. der britische Romanschriftsteller J. B. Priestly, verbreiten nach ihrem eigenen Eingeständnis negative Keime durch ihre schlimme Grundeinstellung und ihre scharfen Zungen. Er erklärte einmal:

>Ich bin immer ein Miesepeter, ein Brummbär gewesen. Ich bin für die Rolle wie geschaffen — hängende Gesichtszüge, dicke Unterlippe, grollende, tiefe Stimme. Mit allem Geld der Welt hätte man keine bessere Aufmachung eines richtigen Brummbärs erkaufen können.«

Sind Sie einem solchen Miesmacher schon einmal begegnet? Ich denke, wir alle haben ihn schon gesehen. Und wenn wir auch versuchen, dem negativen Einfluß, der von einem solchen Menschen ausgeht, zu widerstehen, so entdecken wir doch manchmal, daß etwas davon abfärbt. Wie unfair ist es, das Gift einer negativen Einstellung um sich herum zu verbreiten! Doch das kommt jeden Tag vor, und es stiehlt uns die Freude. Dadurch wird eine Atmosphäre von massivem Negativismus geschaffen, in der nichts als die schlechte Seite jeder Sache betont wird. Es ist wirklich einfach nur noch zum Heulen!

Ich konnte nur lächeln, als ich einen satirischen Artikel las. Auf eine leichtherzig-fröhliche Art zeigt der Autor darin, wie lächerlich es ist, wenn man negatives Denken die Oberhand gewinnen läßt:

>Schwarzseher, die sich wegen eines nuklearen Holocausts und wegen Umweltvergiftung Sorgen machen, übersehen unter Umständen noch weit schrecklichere Katastrophen. Man stelle sich vor, was einige Wissenschaftler voraussagen: Wenn alle Einwohner des Landes ihre Zeitschriften in Garagen und Dachböden stapeln würden, statt sie wegzuwerfen, würde das Gewicht der Zeitschriften den Kontinent um 100 Fuß absinken lassen und wir würden alle vom Ozean überflutet werden.
Wenn die Zahl der mikroskopischen Musterpräparate, die dem Laboratorium eines Krankenhauses in St. Louis vorgelegt werden, sich weiterhin so vermehrt, wird diese Metropole im Jahr 2024 unter einer ein Meter hohen Glasschicht begraben sein.
Wenn Urlauber vom Strand heimkehren und laufend soviel Sand

mitschleppen, wie sie jetzt oft in Kleidern und Haaren und Taschen und Schuhen haben, werden 80 % der Küste in zehn Jahren verschwunden sein ... (Außerdem wurde berichtet) ... daß Essiggurken Krebs verursachen, sich ausdehnender Kommunismus, Flugzeugunglücke, Autounfälle und wachsende Kriminalität. Ungefähr 99,9 % aller Krebsopfer haben in ihrem Leben irgendwann Essiggurken gegessen. Dasselbe gilt für 100 % aller Soldaten, 96,8 % aller Sympathisanten des Kommunismus und 99,7 % aller Leute, die in Auto- und Flugzeugunglücke verwickelt sind.

Und weiter: Alle im Jahr 1839 Geborenen, die Essiggurken aßen, unterlagen einer Sterblichkeitsrate von 100 %. Und Ratten, die mit 20 Pfund Essiggurken pro Tag zwangsweise gefüttert wurden, starben nach einem Monat an Blähungen und Appetitverlust.«

Verrücktes Zeug, aber ist das nicht die Art und Weise, wie es schließlich zugeht, wenn Murren und Klagen unkontrolliert wuchern dürfen? Diejenigen, die gerne wieder lachen möchten, die aufrichtig wünschen, aus dieser apokalyptischen Mentalität herauszukommen — die so manche unserer Nachrichtensendungen durchzieht, unsere Fachsimpeleien und alle mehr alltäglichen Gespräche unter Christen und Nichtchristen —, müssen lernen, alles »ohne Murren und Zweifel« zu tun. Verbale Verschmutzung fordert einen hohen Tribut von jedermann. Aber wer gibt irgend jemand das Recht, die Luft mit soviel Pessimismus zu verderben? Ich stimme demjenigen zu, der sagte:

»Wir haben nicht mehr Recht, unsere mißhelligen Denkweisen in das Leben der Menschen um uns herum zu tragen und ihnen ihren Sonnenschein und den hellen Glanz zu rauben, als wir haben, in ihr Haus einzudringen und ihr Silber zu stehlen.«

Ich möchte dies Thema eigentlich lieber verlassen, doch wäre es nicht aufrichtig, wenn ich so tun würde, als ob ich niemals mit dem Problem zu tun hätte. Ich muß zugeben, daß ich mich auch gelegentlich mit negativen Gedanken herumschlage. Wenn es dahin kommt, ist es gewöhnlich meine Frau Cynthia, die am meisten darunter zu leiden hat. Sie ist aber immer so geduldig gewesen, daß sie das nun schon mehr als siebenunddreißig Jahre ertragen hat. Es ist nicht mehr so schlimm, wie es einmal war, aber ab und zu kommt noch etwas davon an die Oberfläche.

Einige meiner Leser kennen die laufende Debatte, die Cynthia und ich über Heckenrosen haben. Vor Jahren wollte sie gerne einige Container mit glänzendroten Büschen dieser Art bepflanzen. Es sind ja auch wundervolle Pflanzen, wenn man sich nur die *Blüten* anschaut. Doch unter den Zweigen gibt es Dornen – diese Wurzelsprossen sind wirklich schlimm! Wenn Cynthia Heckenrosen sieht, sieht sie nur die Blüten. Wenn ich mir diese Büsche anschaue, sehe ich nur die Dornen. Leider gibt es nicht weit von uns ein Haus, wo eine auffallend schön blühende Hekkenrose von der Höhe des Daches über die ganze Vorderfront des Hauses herabhängt. Wenn wir an diesem Haus vorbeikommen, fährt Cynthia jedesmal ein bißchen langsamer, um die schönen Blüten zu bewundern. Zu bestimmten Zeiten des Jahres zeigt sie dann hinüber und meint:»Schau doch nur die herrlichen Blüten.« Worauf ich gewöhnlich, ohne hinzuschauen, antworte:»Siehst du auch, wie groß die Dornen sind? Ich habe den Eindruck, daß sie riesige Ausmaße haben... und sie wachsen auf dem ganzen Busch. Du siehst sie möglicherweise nicht, aber wenn du nahe genug herankommst, lassen sie dich vielleicht nicht mehr los. Sie könnten dich festhalten und das einen halben Vormittag lang.«

Cynthia ist nicht überzeugt. Sie sagte sogar bei einer Gelegenheit:»Ist dir eigentlich bewußt, Liebling, daß du jedesmal – wirklich jedesmal –, wenn ich Heckenrosen erwähne, über die Dornen herziehst?«(Dazu ist nur noch zu sagen, daß das Gespräch in einem Streit endete.)

In einem leichtsinnigen Augenblick erwähnte ich vor einigen Jahren diese Unstimmigkeit zwischen uns auf der Kanzel unserer Kirche. Sehr zu meinem Ärger schickte uns jemand Unbekanntes ohne Namensnennung zehn Zwanzig-Liter-Kübel mit Heckenrosen. Ich habe meiner Frau nie erzählt, welchen Zusammenhang die Sache hatte, und wir haben bis heute noch keine Heckenrosen in unserem Garten gepflanzt. Es ist bestimmt nicht Gottes Wille, daß wir diese Blumen haben sollen. Sie haben zuviele Dornen. Cynthia sagt, daß sie fest darauf vertraut, daß der Himmel voller Heckenrosen sein wird. Da der Himmel ein vollkommener Ort sein soll, behaupte ich, daß es dort eine dornenlose Sorte von Heckenrosen gibt.

Und nun beweisen Sie mir, daß Sie anders reagieren!

»... damit ihr ohne Tadel und lauter seid, Gottes Kinder, ohne Makel mitten unter einem verdorbenen und verkehrten Geschlecht, unter dem ihr scheint als Lichter in der Welt, dadurch daß ihr festhaltet am Wort des Lebens, mir zum Ruhm an dem Tage Christi, so daß ich nicht vergeblich gelaufen bin noch vergeblich gearbeitet habe.« Phil 2,15-16

»Unsere Welt ist voll von Gaunern und Verführern«, sagt mein Freund Ray Stedman, wenn er diese Schriftstelle auslegt. Er hat recht. Und weil das wahr ist, müssen wir ein Leben führen, das dem der Allgemeinheit nicht gleicht. Eine positive Einstellung fällt auf in unserer »verdorbenen und verkehrten« Welt. Wir brauchen es gar nicht laut in die Welt hinauszuposaunen oder uns ein superfrommes Auftreten zuzulegen. Wir brauchen nur aufzuhören, zu murren und mit den anderen zu streiten.

Paulus geht noch weiter, indem er vier markante Unterschiede nennt zwischen Menschen, die Christus kennen, und solchen, denen er fremd ist. Diese vier Unterscheidungsmerkmale umfassen allen Unterschied in der Welt. Im Gegensatz zu unseren ungläubigen Freunden sollen wir sein:

1. Ohne Tadel. Das setzt eine Reinheit des Lebens voraus, die sowohl unübersehbar ist als auch nicht heuchlerisch – unbeschädigt.
2. Lauter. Das bedeutet rein und unverfälscht ... unerfahren im Bösen ... mit sauberen Motiven ... integer.
3. Ohne Makel. Diese Beschreibung wird im allgemeinen für Opferlämmer gebraucht, die auf dem Altar Gottes dargebracht werden. Es bedeutet: frei von Mängeln.
4. Lichter. Tatsächlich ist hier ein Ausdruck gebraucht, der soviel wie »Himmelskörper« bedeutet, d. h. daß wir leuchten sollen wie die Sterne, die von Finsternis umgeben sind.

Paulus fährt auf diese Weise fort. Wir leuchten wie Sterne, weil wir am Wort des Lebens festhalten.

Woher kommt nur die merkwürdige Vorstellung: »Ich bin doch nur ein winziges Licht, zu was soll das dienen?« Die Bibel nennt uns nirgendwo winzige Lichter ... sie nennt uns Sterne. Klare, leuchtende, strahlende Sterne! Diese schmerzerfüllte, verletzende, verworrende Welt der verlorenen Menschheit existiert in dunklen Räumen ohne Licht. Laß dein Licht scheinen, Bruder Stern! Schwester Stern! Warum? Jesus beantwortet diese Frage in der Bergpredigt:

> »So laßt euer Licht leuchten vor den Leuten, damit sie eure guten Werke sehen und euren Vater im Himmel preisen.«
>
> Mt 5,16

Es ist nicht nötig, zu rufen, zu schreien oder eine große Szene zu veranstalten. Bloß scheinen sollen wir. Ein Leben ohne Murren und Streiten führen. Der Unterschied wird die Menschen wachrütteln. Und weiter: Wir werden unser Leben nicht vergeblich gelebt haben. Was für eine Aussage ist das, wenn einer nach vielen Jahren sagen darf: »Nicht umsonst gearbeitet!«

Mein Freund David Roper war jahrelang Studentenpfarrer. Eines Morgens kam er sehr früh zu dem Platz, wo sich später die Gruppe zum Bibelstudium traf. Dort stand er eine Weile in der Nähe eines offenen Hofes und bemerkte plötzlich eine überwachsene Stelle, wo allem Anschein nach ein behauener Stein unter Weinranken und allerhand wucherndem Unkraut begraben war. Davids Neugier trieb ihn hinüber zu der Stelle. Er zog die Weinranken beiseite und rupfte ein bißchen an dem Unkraut herum. Dabei entdeckte er eine wunderschöne Steinmetzarbeit, ein zierliches, steinernes Vogelbad. Doch dieses schöne und einzigartige Stück wurde nicht mehr benutzt. Alle Mühe, die der Steinmetz darauf verwandt hatte, war vergeudet. Als Dave das sah, drängte es ihn plötzlich zu beten: »Herr, bewahre mich vor vergeblichen Anstrengungen. Laß mich nicht aus meinem Leben so ein Vogelbad machen.«

Es kann uns so leicht passieren, daß wir »vergeblich laufen« und »umsonst arbeiten«. Und wenn wir hinterher auf unser Leben zurückschauen, müssen wir mit diesen schwerwiegenden Erinnerungen und Gefühlen weiterleben: »vergeblich ... umsonst ... alles verlorene Mühe.« Wir mögen nicht in die Kategorie von Benjamin Franklin gehören, aber die Kraft Jesu Christi steht uns zur Verfügung. Sie wirkt in uns und verleiht uns alles, was nötig ist für das, was er von uns erwartet.

Gleichgewicht zwischen Ernst und Freude

Daß wir nicht zulassen dürfen, daß aus unserem Leben so ein nutzloses Vogelbad wird, ist ein extrem wichtiger Gedanke. Doch Paulus wird noch ernster in dem, was er sagt:

> »Und wenn ich auch geopfert werde bei dem Opfer und Gottesdienst eures Glaubens, so freue ich mich und freue mich mit euch allen. Darüber sollt ihr euch auch freuen und sollt euch mit mir freuen.« Phil 2,17.18

Ein anderes Bild begegnet mir hier noch, das mir wert scheint, näher betrachtet zu werden. Paulus spricht von der Möglichkeit, »als Trankopfer ausgegossen zu werden« (Übers. Living Bible). Dieses Bild ist von einem heidnischen Brauch abgeleitet, bei dem man einen Kelch voll Wein vor oder nach den Mahlzeiten zu Ehren der Götter, die verehrt wurden, ausgoß. Man nannte das ein Trankopfer und man wollte damit entweder die Gunst dieser Götter erwerben oder ihren Zorn besänftigen.

Der Gedanke des Paulus ist eine tiefgreifende Analogie zu diesem Brauch: Vielleicht komme ich aus dieser Situation nicht lebend heraus. Es kann Gottes Wille sein, daß mein Leben auf diese Weise als Opfer dargebracht werden muß. Aber selbst wenn das so ist, selbst wenn es das Ende meines Lebens bedeutet: Dies »Ausgießen« meiner Tage um euretwillen ist es jeden Augenblick wert. Auch wenn diese Haft meine letzte ist, will ich mich freuen!

Ich möchte an dieser Stelle etwas besonders unterstreichen, was Paulus betrifft: Er war ein Mann, dessen Leben sich ganz und gar im Gleichgewicht befand. Während seine Gedanken sich damit beschäftigten, daß er die letzten Tage seines Lebens vor sich hatte – die ernstesten Gedanken, die ein Mensch überhaupt haben kann –, war er doch noch in der Lage, von Freude zu sprechen. Er lehnte es ab, sich nur auf die dunkle Seite des Lebens zu konzentrieren. Er weigerte sich, sich von der Möglichkeit des unmittelbar bevorstehenden Todes die Freude stehlen zu lassen. Er forderte sogar seine Freunde noch auf, »... ihr ... sollt euch mit mir freuen«.

Erstaunlich! Wir stoßen in jedem größeren Abschnitt dieses Briefes immer wieder auf das Thema von der Freude und vom Freuen. Welch ein ausgeglichener Mann! Ein reifer und kampferprobter alter Missionar, der doch zu allen Zeiten einen ausgeprägten Sinn für Humor besaß. Ich habe in meinem Leben nur wenige Männer und Frauen kennengelernt, von denen man das sagen konnte. Das waren aber dann Menschen, die immer – wo sie auch hinkamen – frischen Wind und neue Hoffnung mitbrachten. Ständig übermäßig ernst zu sein und sich in Gedanken nur mit den rauhen und notvollen Seiten des Lebens zu befassen, läßt unseren Horizont allzu eng und den Tunnel unserer Hoffnung zu lang werden. Paulus lehnte es ab, so zu denken. Und er wünschte, daß seine Freunde in Philippi ihm auch darin nachfolgten.

Im Grunde genommen entdecke ich jeden Tag wenigstens eine Sache, über die ich lachen kann. Es mag ein paar Ausnahmen geben, aber das ist wirklich selten. Auch wenn Schmerz oder schwierige Umstände (Paulus hatte beides täglich zu bewältigen) unsere ständigen Begleiter sind, so begegnet uns doch auch jeden Tag irgend etwas, das ein Lächeln oder auch ein herzliches Lachen hervorrufen kann. Und außerdem ist das Lachen gesund.

Fachleute sagen uns, daß Lachen nicht nur unser ernstes Leben erleichtert, sondern auch hilft, auf verschiedene Weisen den

Schmerz zu beherrschen. Erstens wird damit unsere Aufmerksamkeit auf etwas anderes gelenkt. Zweitens wird die Spannung, in der wir uns befinden, dadurch ein wenig gelockert. Drittens verändern sich unsere Erwartungen dabei. Und viertens steigt die Produktion des Endorphins, der natürlichen Abwehrkraft des Körpers gegen den Schmerz. Ein Lachen – so merkwürdig das klingen mag – zieht unser Denken von Ernsthaftigkeit und vom Leid weg und wirkt in der Tat bis zu einem gewissen Grad wie ein Anästhetikum. Indem das Lachen unsere Aufmerksamkeit von unserer Situation ablenkt, läßt es uns für eine Weile den Schmerz vergessen.

Manchmal geht es auch gar nicht um einen buchstäblichen Schmerz, sondern um eine allzu schwermütige gefühlsmäßige Neigung. Wenn es gar zu ernst zugeht in unserer Welt, brauchen wir unbedingt kleine Unterbrechungen durch ganz schlichte Freude. Ein unerwarteter Ausflug, ein langer Spaziergang durch die Wälder, ein schöner Film, ein fröhlicher, entspannter Abend mit Freunden bei einer Schale mit Popcorn, ein Racket- oder Golfspiel – all diese Zerstreuungen können sich sehr positiv auf unsere Fähigkeit, mit den bedrängenden Forderungen des Lebens umzugehen, auswirken. Wir müssen uns selbst erlauben, uns an einzelnen Augenblicken des Lebens zu freuen, obwohl das Leben als Ganzes nicht vollkommen ist. Das braucht Übung, aber die Mühe lohnt sich. Der Erfolg hilft uns, den Würgegriff von Schuld- und Versagensgefühlen zu lockern und zu lösen.

»Es gibt gläubige Menschen, die sich an keiner Mahlzeit mehr freuen können, weil so viele in der Welt hungern. Sie können Gott nicht frohen Herzens für ihre Kleidung und das Dach überm Kopf danken, weil viele andere nackt und heimatlos sind. Sie fürchten sich zu lächeln, weil es soviel Traurigkeit in der Welt gibt. Sie wagen nicht, sich über ihre Erlösung zu freuen, weil es auch Menschen gibt, die verloren sind. Sie können nicht einmal einen Abend fröhlich im Kreis ihrer Familie zu Hause verbringen, weil sie sich verpflichtet fühlen, ›draußen‹ zu sein und ›Seelen zu retten‹. Sie können keine Stunde mit einem Menschen zusammensein, dem seine Sünde noch nicht vergeben ist, ohne sich schuldig zu fühlen, wenn sie ihm nicht eine Predigt gehalten oder dargelegt haben, was ein ›rechter christlicher Glaube‹ ist. Sie wissen nicht, was Gleichgewicht bedeutet. Und sie fühlen sich elend deswegen. Sie haben keinerlei echten inneren Antrieb, anderen Menschen eine Beziehung zu Christus nahezubringen, die sie ja nur einem ebenso elenden Gefühl ausliefern würde, wie sie selbst es haben. Sie halten das Evangelium für eine ›Gute Nachricht‹, bis man ihm gehorsam wird. Von da an wird ein endloser Trip voller Schuldgefühle daraus. Es gibt Freizeit-Zentren, Sport-Zentren, Näh-Zentren, Diät-Zentren, Unterhaltungs-Zentren und Schuld-Zentren. Diese letzte Gruppe nennt sich gewöhnlich ›Kirche‹. Das endlose Beharren auf der Schuld-Schiene ist zum Teil der Grund für all den Trübsinn und die Unsicherheit.«

Unser Ich – unser Gegner

Ich möchte dieses Kapitel über »Gleichgewicht« mit einer Warnung abschließen. Alte Gewohnheiten sind nur sehr schwer abzulegen. Tief innen gibt es in Ihnen vermutlich eine Stimme, die immerzu nörgelt, wenn Sie diese Seiten lesen. Sie sagt: »Nein, nein, nein. Neinnn, Neinnn!« Sobald Sie nämlich versuchen, etwas notwendige Balance in Ihr Leben zu bringen, beginnt ein Kampf für Sie. Schließlich hat das Ich jahrelang freie Bahn gehabt. Wenn Sie frei sein wollen für die Freude, die Gott uns allen schenken will, wenn Sie wieder aus fröhlichem Herzen lachen wollen, dann ist das nicht auf der Schiene der Selbstverwirlichung zu machen.

Doch das spielt keine Rolle. Dieser unsichtbare Zwingherr muß unter die Autorität Christi zurückgebracht werden, wenn Sie die Hoffnung auf Freude nicht aufgeben wollen. Ein Leben unter der Herrschaft Ihres Ichs ist sowohl unbefriedigend als auch unfruchtbar.

Ein paar Ratschläge für den Anfang:

1. Achten Sie darauf, daß nicht die Antriebe, die vom Ich herkommen, das meiste Gewicht haben. Wenn sie die Oberhand gewinnen, scheint das zwar im Augenblick persönliche Befriedigung zu bringen. Aber lösen Sie sich nur davon. Wenn Sie erst in der Lage sind zu sehen, wie sehr Sie Ihr Gleichgewicht dabei verloren haben, dann werden frische Kräfte in Ihnen wach, diese Triebe zu kontrollieren. Das liebe Ich muß von seinem hohen Roß herunter.

John Wooden, der frühere Trainer der UCLA Bruins-Basketball-Mannschaft für so manche nationale Meisterschaftsspiele, gibt uns einen hilfreichen Rat:

»Talent ist von Gott gegeben, sei bescheiden;
Ruhm stammt von Menschen, sei dankbar;
Einbildung ist selbstgemacht, sei vorsichtig.«

*2. Überwinden Sie die Neigung des Ichs, den Oberbefehl zu überneh-
men.* Je länger Sie leben, desto mehr werden Sie erkennen, wieviel es wert ist, daß Sie Christus als Lebensberater haben. »Nicht
ich, sondern Christus.« Doch dieser uralte Kampf wird andau-
ern. Das Ich möchte die Oberhand gewinnen und Sie davon
überzeugen, daß es eine unerschöpfliche Energiequelle darstellt.
Das stimmt aber nicht. Dem Ich ist nicht zu trauen. Jeder Tag, an
dem Sie das vergessen und ihm die Kontrolle über Ihr Tun überlassen, wird ein neuer Tag sein, an dem Sie nur aus menschlicher
Kraft zu leben versuchen und wo Ihnen die Kraft des Geistes
Gottes fehlt.

Im Herbst 1990 hatte ich Gelegenheit, den Angehörigen der
Armee, die in Deutschland, und zwar in Mannheim, stationiert
sind, Gottesdienste zu halten. Zwei Kollegen unterstützten
mich dabei. Da dieser Teil Europas das Land Martin Luthers ist,
nutzten wir die Freistunden, um die Orte zu besuchen, wo er
gelebt und geschrieben und seinem Herrn gedient hatte. Es
steckt etwas ungeheuer Belebendes darin, wenn man sich diese
historischen Stätten ansieht — schwarz vor Alter —, wenn man
über einen steinernen Hof geht oder in einer alten Kathedrale
steht, wo ein großer Mann oder eine große Frau einmal Geschichte gemacht haben. Es ist, als ob jene Stimme noch aus
dem alten Holzwerk spricht und die alten Schatten immer noch
über die Mauern gleiten.

Wir standen da, wo Luther in Worms stand, als er sich gegenüber der katholischen Kirche verteidigte — ein geschichtsträch-
tiger Augenblick, der unter dem Stichwort »Reichstag von
Worms« bekannt ist. Dort hatten sich die bedeutendsten
Würdenträger der Kirche versammelt, um die Erklärung des
deutschen »Mönchleins« im Hinblick auf die Erlösungslehre
»allein aus Gnaden« zu hören. Sola fide! In jenem spannungs-
geladenen Augenblick stand er ganz allein, furchtlos und entschlossen.

Unmittelbar vor dem Zusammentreffen Luthers mit dem
Papst, den Prälaten, den Kardinälen und dem Kaiser trat ein
Freund zu dem völlig isolierten Mönch und fragte: »Bruder
Martin, fürchtest du dich?« Luthers erstaunliche Antwort lau-
tete: »Mehr als den Papst und alle seine Kardinäle fürchte ich
den mächtigsten aller ›Päpste‹, mein Ich.«

Und das sollten wir auch tun. Doch wenn wir die Hoffnung haben, die rechte Balance für unser Leben zu finden — wenn wir
hoffen, unsere Gewohnheiten des negativen Denkens, die uns
zum Murren und zu einer pessimistischen Einstellung führen,
zu ändern, dann müssen wir diesen Zwingherrn entthronen und

dem wahren Herrn den ihm rechtmäßig zustehenden Platz in unserem Leben einräumen. Nicht eher — das möchte ich Ihnen noch einmal in Erinnerung rufen — können wir wieder recht von Herzen lachen und uns freuen.

Freunde machen das Leben fröhlicher

Wenn ich etwas gelernt habe auf meinem bisherigen Weg über diesen Planeten Erde, dann, daß wir Menschen einander brauchen. Die Gegenwart anderer Menschen ist für uns enorm wichtig — wir brauchen fürsorgliche Menschen, hilfreiche Menschen, interessierte Menschen, nachdenkliche Menschen. Sie verhindern, daß das Leben für uns zum Reibeisen wird. Sollten wir versucht sein zu denken, wir kämen mit allem allein zurecht — es wird nicht lange dauern, bis wir etwas anderes gelehrt werden. Wie manches Mal stoßen wir auf Hindernisse und brauchen Hilfe. An allen Ecken und Enden entdecken wir, daß wir nicht halb so gut allein fertigwerden, wie wir gedacht hatten.

Auch in unserer hochtechnisierten Welt mit ihren leistungsfähigen Methoden sind doch die Menschen immer noch das Wichtigste im Leben. Vergessen wir das, geschieht etwas Merkwürdiges: Wir behandeln die Menschen allmählich nur noch als Objekte und vielleicht sogar als Belästigung statt als etwas ganz Wertvolles.

Das ist genau das, was dem Humoristen und bekannten Redner Robert Henry begegnete, als er eines Abends in einen großen Supermarkt ging, um in der optischen Abteilung nach einem Fernglas Ausschau zu halten.

Als er hinkam, bemerkte er, daß er der einzige Kunde in dieser Abteilung war. Hinter dem Ladentisch befanden sich zwei Verkäuferinnen. Eine davon war eben sehr beansprucht durch ein Telefongespräch mit »Mama«. Sie nahm deshalb von Robert überhaupt keine Notiz. Am anderen Ende des Ladentisches nahm die zweite Verkäuferin gerade neue Ware aus einem Karton und ordnete sie ins Regal ein. Allmählich wurde Robert ungeduldig und näherte sich der zweiten Verkäuferin. Eine Weile blieb er vor ihr stehen. Schließlich schaute sie auf und fragte: »Haben Sie schon eine Nummer bekommen?«

»Was soll ich haben?« fragte Robert und versuchte, sein Erstaunen über diese absurde Frage zu verbergen.

»Ob Sie eine Nummer haben? Sie brauchen eine Nummer, wenn wir Sie bedienen sollen.«

Robert antwortete:»Meine Beste, ich bin der einzige Kunde im ganzen Laden! Zu was soll ich eine Nummer haben?« Die junge Frau sah aber das Absurde ihrer Forderung durchaus nicht ein und bestand darauf, daß Robert sich eine Nummer besorgen müsse, bevor sie ihn bedienen könne. Inzwischen war es für Robert offensichtlich, daß sie sehr viel mehr daran interessiert war, ihre eingeschliffenen Regeln zu befolgen, als einen Kunden zu bedienen. Robert ging also zum Nummern- Automat, zog Nummer 37 und kehrte damit zur Verkäuferin zurück. Diese schob die Marke in ihren Zähler, der ihr anzeigte, daß der letzte Kunde, der bedient worden war, die Nummer 34 gehabt hatte. Also begann sie auszurufen:»35! . . . 35! . . . 36! . . . 36! . . . 37!

»Nummer 37 bin ich«, sagte Robert.

»Kann ich Ihnen behilflich sein?« fragte sie jetzt mit todernstem Gesicht.

»Nein«, antwortete Robert, drehte sich auf dem Absatz um und verließ das Geschäft.

Das war offensichtlich eine Dame, die die objektive Schau der Dinge verloren hatte. Ich würde mich fragen, ob so etwas in Wirklichkeit jemals passiert ist, wenn ich nicht einige ähnliche Vorfälle in meinem eigenen Leben schon erfahren hätte. Wie leicht ist man in eingefahrenen Verhaltensweisen gefangen und verliert den Blick dafür, warum diese Regeln eigentlich eingeführt wurden. Ohne Menschen wäre der ganze Supermarkt überflüssig. Wenn es keine Menschen gäbe – wen würde es interessieren, wie leistungsfähig eine bestimmte Fluggesellschaft in ihren Angeboten ist? Ohne Menschen wäre eine Schule sinnlos, einer Häuserreihe böte keine Nachbarschaft mehr an, ein Sportstadion wäre ein kaltes, nüchternes Betongerippe und selbst ein kirchlicher Bau wäre nur eine leere Hülse. Ich muß es noch einmal betonen: Wir brauchen einander.

Vor einiger Zeit stieß ich auf folgenden Spruch, der sich in bemerkenswerter Einsicht mit genau diesem Thema befaßt:

»Wie wichtig sind Sie?

Mehr als Sie denken.
Ein Hahn ohne Henne
schafft keine Kücken.
Firma Kellog ohne einen Farmer
bringt keine Corn Flakes zustande.
Wenn die Nägel-Fabrik schließt,
wozu sollen dann noch Hämmer gemacht werden?

Der Genius Paderewskis
hätte nicht viel bedeutet,
wenn der Piano-Stimmer
nicht gekommen wäre.
Ein Fabrikant für Cracker macht bessere Geschäfte,
wenn in der Nähe einer Käse anbietet.
Auch der fähigste Chirurg braucht den Sanka-Fahrer,
der ihm den Patienten ins Krankenhaus bringt.
Wie Rogers Hammerstein braucht,
so brauchen auch Sie jemand
und jemand anderes braucht Sie.«

Da keiner von uns ganz unabhängig ist und sich wirklich selbst genügt, ein Übermensch ist, allmächtiger Super-Star, wollen wir doch nicht so tun, als ob wir es doch wären. Das Leben ist einsam genug, auch ohne daß wir eine solche dumme Rolle zu übernehmen versuchen.

Das Spiel läuft nicht. Laßt uns auf Schulterschluß gehen. Die Menschen brauchen einander. Vor allem aber sind die Menschen für Gott wichtig. Damit wird seine Autorität und Selbstgenügsamkeit in keiner Weise eingeschränkt. Die Schaffung des Menschen am sechsten Tag war der krönende Abschluß seines Tuns. Und weiter: Er schuf ihn nach seinem Ebenbild. Das galt nicht für die Pflanzen, die vierfüßigen Tiere, die Vögel oder Fische. Für die Erlösung der Menschheit kam und starb Christus, nicht für die unvernünftigen Tiere. Und um unsertwillen wird er eines Tages wieder auf diese Erde zurückkehren. Der Hauptgrund, warum ich Bücher schreibe und Rundfunkandachten halte und in der Kirche predige, ist der, daß Menschen mit dem Evangelium erreicht werden und im Glauben gestärkt werden müssen. Und das kann man von jeder Arbeit sagen, die im Dienst Jesu Christi getan wird.

Man könnte fragen: »Hätte Gott das nicht alles allein bewerkstelligen können?« Natürlich. Er ist ja der allmächtige, allwissende, allgenügsame Gott. Das verleiht der Tatsache, daß er uns als seine Mitarbeiter brauchen will, um so mehr Gewicht. Obwohl er auf dieser Erde vollständig souverän und ohne jede Unterstützung handeln könnte, tut er es doch nur selten. Nahezu ohne Ausnahme benutzt er Menschen dabei. Sein bevorzugter Plan sieht das gemeinsame Bemühen vor: Gott und Menschen zusammen führen ihn aus.

Ich habe schon oft die Geschichte von dem Prediger erzählt, der sich Geld gespart hatte, um ein paar billige Acker Land zu kaufen. Auf dem Gelände befand sich ein kleines, verwittertes Farmhaus.

Es machte einen traurigen Eindruck und zeugte von jahrelanger Vernachlässigung. Auch das Land war nicht in Ordnung gehalten worden. Da fand man alte Baumstümpfe, verrostete Maschinenteile und Trümmer aller Art, die überall verstreut waren, ganz zu schweigen von einem Zaun, der dringend der Reparatur bedurfte. Das Ganze war ein Bild der Unordnung und Verkommenheit.

In seiner Freizeit und in den Urlaubswochen krempelte der Prediger nun seine Ärmel hoch und ging ans Werk. Er schleppte den ganzen alten, unbrauchbaren Kram weg, reparierte den Zaun, zog die Baumstümpfe heraus und pflanzte neue Bäume an. Dann verwandelte er die alte Kate in ein schmuckes kleines Landhaus – mit neuem Dach, neuen Fenstern und einem neuen plattenbelegten Gehweg. Schließlich versah er es noch mit neuem Anstrich und bunten Blumenkästen. Es hatte ein paar Jahre gedauert, bis er das alles hinter sich gebracht hatte. Endlich war aber doch der letzte Handschlag getan. Nachdem er auch dem Briefkasten noch einen neuen Anstrich gegeben hatte und der Prediger sich gerade die Hände wusch, kam ein Nachbar vorbei. Er hatte all die Jahre aus der Entfernung mit angesehen, wie sich hier allerhand verändert hatte. Nun trat er ins Haus ein und sagte: »Na, Pastor – es scheint, als ob du und der Herr hier eine saubere Arbeit geleistet hättet.«

Der Prediger wischte sich den Schweiß von der Stirn und antwortete: »Jaaah, ich denke schon ... aber du hättest es sehen sollen, wie es aussah, als Gott es noch alleine in der Hand hatte!«

Gott hat uns nicht nur als unterschiedliche Individuen geschaffen – jeden einzelnen von uns –, er gebraucht auch jeden auf ganz bestimmte Art und Weise. Denken Sie doch nur einmal einen Augenblick nach! Wahrscheinlich ist es doch so: Sie sind an den Platz, an dem Sie jetzt stehen, bestimmt durch die Worte oder die Schriften oder den persönlichen Einfluß gewisser Leute gekommen. Ich frage häufig die Menschen, denen ich begegne, wie sie *das* geworden sind, *was* sie sind. Ohne Ausnahme sprechen sie dann von dem Einfluß oder der Ermutigung durch eine Schlüsselfigur in ihrer Vergangenheit.

Ich selbst wäre der erste, der diese Tatsache bestätigen könnte. Wenn ich auf den hinter mir liegenden Lebensweg zurückschaue, finde ich bei jedem »Meilenstein« und jeder »Kreuzung«, daß sie mit bestimmten einzelnen Menschen in Zusammenhang standen. Manche von ihnen sind in unserer Gesellschaft völlig unbekannt. Aber für mich persönlich waren sie ganz wichtig. Und manche von ihnen sind bis heute meine Freunde geblieben. Jeder von ihnen hat mir irgendwie geholfen, eine Hürde zu nehmen oder einen Konflikt durchzustehen oder ein

Ziel zu erreichen oder eine Anfechtung zu ertragen. Und schließlich haben wir wieder miteinander gelacht. Ich kann mir gar nicht vorstellen, wo ich heute wäre, wenn ich diese Handvoll Freunde nicht gehabt hätte, Freunde, die mir das Herz fröhlich werden ließen. Wir wollen es festhalten: Freunde schenken uns im Leben eine Menge Freude.

Besondere Freunde im Leben des Paulus

Man vergißt leicht, daß der große Apostel Paulus ebenfalls Freunde nötig hatte. In Krankheitstagen brauchte er gelegentlich den Rat und die Behandlung von Dr. Lukas. Da seine Kräfte auch nur begrenzt waren, und er nicht in der Lage war, die Härten seiner ausgedehnten, einsamen Reisen alleine zu bewältigen, brauchte er Barnabas und Silas. Da er in seiner Freiheit beschränkt war, benötigte er andere Hände, die seine Briefe an ihren Bestimmungsort beförderten. Und bei anderen Gelegenheiten brauchte er jemanden, um diese Briefe überhaupt zu schreiben, nachdem er sie diktiert hatte. Aber ist es nicht interessant, daß wir zwar eine ganze Menge über Paulus wissen, jedoch nur sehr wenig über seine Freunde? Und doch trugen sie ihren Teil dazu bei, daß er den Weg durch die Belastungen seines Lebens so gut bewältigen konnte.

Wenden wir uns wieder dem Philipperbrief zu. Wir stoßen in ihm auf zwei Namen. Da gibt es einen Mann, den er in einem seiner Briefe als »seinen Sohn« bezeichnet, und einen anderen, den er hier »seinen Bruder« nennt. Da diese beiden Männer offensichtlich eine so bedeutende Rolle im Leben des Paulus gespielt haben, daß sie besondere Erwähnung verdienten, wollen wir in diesem Kapitel auch nicht versäumen, uns ein wenig näher mit ihnen zu befassen. Sie waren Freunde, die das Leben des Paulus bereicherten und fröhlicher machten.

Der »Sohn« namens Timotheus

Da Paulus sich unter der Bewachung durch einen römischen Soldaten in Hausarrest befand, war er nicht in der Lage, selbst nach Philippi zurückzukehren. Aus diesem Grunde beschloß er, seinen jungen Freund Timotheus dorthin zu schicken. Dieser ist in den Briefen des Apostels öfter als jeder andere erwähnt. Wir trafen schon früher im Eingangsvers gerade dieses Briefes auf seinen Namen: »Paulus und Timotheus, Sklaven Jesu Christi ...«

Wer war Timotheus?
1. Er war Einheimischer, entweder aus Lystra oder aus Derbe, beides Städte im südlichen Kleinasien... der heutigen Türkei.
2. Er stammte aus einer Mischehe: Jüdische Mutter (Eunice) und griechischer Vater (nicht genannt).
3. Da er bis zum Alter eines jungen Erwachsenen noch nicht beschnitten war, war seine Erziehung in der Kindheit offensichtlich mehr vom griechischen als vom jüdischen Elternteil beeinflußt worden.
4. Seine geistlichen Interessen waren von der mütterlichen Seite her geweckt worden. Beide, seine Mutter Eunice und deren Mutter Lois, erzogen ihn zur Aufgeschlossenheit gegenüber der Sache Gottes. Wir erfahren das aus zwei Bemerkungen, die Paulus später in seinem zweiten Brief an den jungen Freund macht.

»Denn ich erinnere mich an den ungefärbten Glauben in dir, der zuvor schon gewohnt hat in deiner Großmutter Lois und in deiner Mutter Eunice; ich bin aber gewiß, auch in dir.«
2. Tim 1,5

»Du aber bleibe bei dem, was du gelernt hast und was dir anvertraut ist; du weißt ja, von wem du gelernt hast und daß du von Kind auf die Heilige Schrift kennst, die dich unterweisen kann zur Seligkeit durch den Glauben an Christus Jesus.«
2. Tim 3,14.15

5. Paulus hat offensichtlich den Timotheus in eine persönliche Beziehung zu Jesus Christus hineingeführt. Das erklärt, warum der Ältere den Jüngeren als »meinen lieben und getreuen Sohn in dem Herrn« anredet (1. Kor 4,17).
6. Nachdem Timotheus als Reisegefährte zu Paulus (und Lukas) gestoßen war, blieben die beiden zusammen, solange Paulus lebte. Wir lesen am Anfang von Apostelgeschichte 16 etwas über den Beginn ihrer Freundschaft.

»Er kam auch nach Derbe und Lystra; und siehe, dort war ein Jünger mit Namen Timotheus, der Sohn einer jüdischen Frau, die gläubig war, und eines griechischen Vaters. Der hatte einen guten Ruf bei den Brüdern in Lystra und Ikonion. Diesen wollte Paulus mit sich ziehen lassen, und er nahm ihn und beschnitt ihn wegen der Juden, die in jener Gegend waren; denn sie wußten alle, daß sein Vater ein Grieche war.«
Apg 16,1-3

Soviel als kurzer Einblick in den Hintergrund des Timotheus.

Für uns ist von Interesse, wie Paulus über ihn an die Philipper schreibt:

>Ich hoffe aber in dem Herrn Jesus, daß ich Timotheus bald zu euch senden werde, damit ich auch erquickt werde, wenn ich erfahre, wie es um euch steht.
Denn ich habe keinen, der so ganz meines Sinnes ist, der so herzlich für euch sorgen wird.
Denn sie suchen alle das Ihre, nicht das, was Jesu Christi ist. Ihr aber wißt, daß er sich bewährt hat; denn wie ein Kind dem Vater, hat er mit mir dem Evangelium gedient. Ihn hoffe ich zu senden, sobald ich erfahren habe, wie es um mich steht. Ich vertraue aber in dem Herrn darauf, daß auch ich selbst bald kommen werde.«
Phil 2,19-24

Wenn ich über diese Worte nachdenke, fallen mir drei Dinge auf. Alle drei haben damit zu tun, wie Paulus hier seinen Freund einschätzt.
Erstens: Timotheus ist ganz »eines Sinnes« mit Paulus. Der einfache griechische Ausdruck, den Paulus für »eines Sinnes« benutzt, ist eigentlich eine Kombination von zwei Wörtern und bedeutet:»die gleiche Gesinnung haben«. Dies ist die einzige Stelle im ganzen Neuen Testament, wo dieser Ausdruck benutzt wird. Wir können sagen, daß Paulus und Timotheus in gleichem Geist handelten oder daß sie gleichgesinnt waren. Mathematisch gesprochen waren sie wie »deckungsgleiche Dreiecke«. Sehen wir uns einmal die Folgerungen an, die sich aus der Erklärung des Paulus ergeben:»Ich habe keinen, der so ganz meines Sinnes ist.«
Sie dachten in gleicher Richtung. Ihre Perspektiven waren aufeinander abgestimmt. Timotheus würde sich in der Interpretation einer Situation nicht von Paulus unterscheiden. In der Umgangssprache unserer Tage würde man sagen: Sie kamen glänzend miteinander aus. Wenn der Ältere dem Jüngeren den Auftrag gab, eine Situation nach ihrem Sachverstand zu untersuchen, konnte er sich auf den Bericht des Timotheus verlassen, als ob er selbst dabeigewesen wäre. Gleichgesinntsein heißt aber keineswegs, daß beide das gleiche Temperament besessen oder in allem übereingestimmt hätten. Es bedeutet vielmehr, daß, solange sie zusammen waren, keiner von ihnen Mühe hatte, mit dem anderen zurechtzukommen. Ihr Miteinander verlief harmonisch. Ich könnte mir vorstellen, daß ihr Verhältnis ein ähnliches gewesen ist wie das zwischen David und Jonathan. Davon lesen wir, daß »sich das Herz Jonathans mit dem Herzen Davids

(verband), und Jonathan gewann ihn lieb wie sein eigenes Herz«.
Und weiter: »Denn er hatte ihn so lieb wie sein eigenes Herz.«
(1. Sam 18,1; 20,17)

Einen Menschen zu finden, mit dem man gleichgesinnt ist, ist eine seltene Sache. Wir mögen zahlreiche gelegentliche Bekanntschaften machen und eine Reihe guter Freunde im Leben finden, aber einem auf diese Weise Gleichgesinnten zu begegnen, ist eine seltene (und wunderbare) Entdeckung. Und wenn es dahin kommt, empfinden es beide Seiten. Keiner von beiden muß den anderen überzeugen, daß sie »eines Sinnes sind«. Es ist, als ob der andere bereits in uns gelebt hat, und er, umgekehrt, unsere Motive erkennt und unsere Bedürfnisse versteht, ohne daß sie ausgesprochen werden. Erklärungen, Entschuldigungen oder Verteidigungen sind nicht nötig. Paulus genoß all diese erfreulichen Züge in der Beziehung zu Timotheus einschließlich ihrer geistlichen Dimension.

Zweitens: Timotheus hatte ein echtes Interesse an anderen. Diese Feststellung erschließt uns einen Einblick in das Wesen des jungen Mannes. Wenn Timotheus mit anderen zusammen war, berührten ihre Nöte sein Herz. Mitfühlende Menschen sind heute schwer zu finden, aber in jenen Tagen war es sicher auch nicht leichter. Erinnern Sie sich noch, was Paulus schrieb?

»Denn sie suchen alle das ihre, nicht das, was Jesu Christi ist.«
Phil 2,21

Das traf auf Timotheus nicht zu. Er lebte das aus, was Paulus an anderer Stelle über selbstlose Haltung geschrieben hatte:

»Tut nichts aus Eigennutz oder um eitler Ehre willen, sondern in Demut achte einer den anderen höher als sich selbst, und ein jeder sehe nicht auf das Seine, sondern auch auf das, was dem anderen dient.«
Phil 2,3.4

Das tat Timotheus. Kein Wunder, daß Paulus sich mit ihm so verbunden fühlte. Solche Freunde erinnern uns daran, wie wichtig es sein kann, anderen stillschweigend zu helfen. Ein Mann, der davon etwas versteht, schreibt:

»Vor einigen Jahren stand ich am Ufer eines Flusses in Südamerika und beobachtete einen jungen Mann in westlicher Kleidung, der einem primitiven Kanu entstieg. Der alte Missionar, mit dem ich damals unterwegs war, strahlte, als er den jungen Mann sah, und flüsterte mir zu: ›Als ich ihm das erste Mal begegnete, stand er als nackter Indianerjunge hier am Ufer und zog mein Kanu auf den Strand. Gott schenkte mir ein echtes Interesse an ihm, und im Laufe der Zeit wurde er Christ. Er widmete sich dann ganz der Arbeit für den Herrn und kehrte gerade nach bestandenem Examen von einem Seminar in Costa Rica zurück.‹ Jetzt konnte ich verstehen, warum der Missionar so gestrahlt hatte. Und ich kann mir auch das Gesicht des Paulus vorstellen, wenn er über seine Männer sprach. Er hatte ja auch allen Grund, sich über sie zu freuen.«

Drittens: Timotheus besaß das Herz eines Dieners. Paulus nennt Timotheus auch »bewährt« – er hatte »Format«. Und was hieß das? Er diente Paulus, wie ein Kind seinem Vater dient.

Frage: Wie kann ein erwachsener Mann einem anderen Erwachsenen dienen »wie ein Kind dem Vater«?

Die Antwort besteht in einem einzigen Begriff: In der *Gesinnung* des Dienens.

In einer Welt, wo alle nur regieren wollen, werden wir überschwemmt von hartfordernden, unsentimentalen, machtliebenden Menschen, die Position und Macht gleichsetzen. Allerdings kann man jede Position zur Machtausübung benutzen, solange sie einem die Kontrolle über etwas verleiht, das andere sich wünschen.

Dabei werde ich an eine lustige kleine Geschichte erinnert, die illustriert, was Machtausübung aufgrund einer Position bedeutet. Der neue Besitzer einer Fabrik ging zu einem nahegelegenen Restaurant, um einen Imbiß zu nehmen. Auf der Tageskarte wurde eine »Platte nach Art des Hauses« angeboten und dazu eindeutig bemerkt, daß es absolut keinen Ersatz oder irgendwelche Zulagen geben würde. Das Essen schmeckte gut, doch der Mann hätte gern ein bißchen mehr Butter gehabt. Als er um eine weitere Portion Butter bat, lehnte die Kellnerin seinen Wunsch ab. Der Gast war so irritiert, daß er den Geschäftsführer kommen ließ ... der ihn ebenfalls abschlägig beschied und wieder verschwand (sehr zum Vergnügen der Kellnerin). »Wißt ihr überhaupt, wer ich bin?« fragte der Gast nun entrüstet. »Ich bin der Chef der Fabrik dort über die Straße!« Die Kellnerin lächelte nur sarkastisch und plärrte: »Wissen Sie auch, mein Bester, wer *ich* bin? Ich bin diejenige, die darüber entscheidet, ob Sie noch eine Portion Butter bekommen oder nicht.«

Nicht alle Machtkämpfe gehen so laut vor sich. Es gibt z. B. Vorgesetzte, die andere unter ihrer Überlegenheit einfach nur zappeln lassen. Dafür las ich ein klassisches Beispiel in dem hervorragenden Buch von Leighton Ford: »Verändernder Führungsstil«.

Eli Black, ein Geschäftsmann und Unternehmer, war aus zwei Gründen bekannt. Der *Höhepunkt* seines Lebens bestand in der Übernahme eines bedeutenden Nahrungsmittelkonzerns. Das *Ende* kam, als er vom zweiundvierzigsten Stockwerk eines Hochhauses in New York herabsprang.

Einer seiner Angestellten, Thomas McCann, schrieb über ihn in seinem Buch »An American Company«. Er berichtet von einem Frühstückstreffen mit Black und zwei anderen Managern: Als sie sich niedersetzten, lächelte Black und fragte, ob sie sehr hungrig seien. McCann antwortete, daß er noch nüchtern sei und der Magen ihm knurrte. Einige Augenblicke später erschien ein Kellner mit einer Platte mit Käse und Crackers. Black griff danach, aber anstatt sie herumzureichen, stellte er sie vor sich auf den Tisch und faltete seine Hände davor.

»Nun«, fragte er, »was steht auf unserem Terminplan?«

Einige Minuten sprachen sie über ein Gebäude, das in Costa Rica errichtet werden sollte. McCann, der noch nicht gefrühstückt hatte, hing mit den Augen an Käse und Crackers. Der einzige Weg, daran zu kommen, bedeutete, über den Arm seines Chefs hinwegzugreifen. Blacks Körpersprache hingegen ließ hinreichend deutlich werden, daß er das als Verletzung seines Hoheitsgebietes betrachtet hätte.

In einer kurzen Gesprächspause fragte McCann: »Wie wäre es mit dem Käse und den Crackers?« Black schenkte McCann nicht einmal einen Blick, so daß dieser seine Frage wiederholte, nun anders formuliert: »Du hast doch nicht die Absicht, den Käse und die Crackers alleine aufzuessen, Eli?« Wieder kam keine Antwort. Das Gespräch ging weiter und McCann lehnte sich schließlich in seinem Stuhl zurück. Er hatte die Hoffnung auf einen Imbiß aufgegeben.

Einige Augenblicke später ließ Black erkennen, daß sein Gehör durchaus funktionierte. Er fuhr fort mit seinen Fragen und machte entsprechende Bemerkungen dazu.

»Dann«, so schreibt McCann, »faltete er die Hände auseinander und nahm das Messer auf ... Ich beobachtete, wie das Messer sich in die Käsekugel grub. Mit der anderen Hand griff er einen Cracker von der Platte und balancierte ihn auf seinen Fingerspitzen, während er sorgfältig einen runden Käsebrocken auf den Cracker plazierte. Der Cracker blieb für wenigstens die nächsten fünf Minuten so auf den Fingerspitzen von Blacks linker Hand liegen. Black stellte dann noch Fragen im Hinblick auf die Höhe des Gebäudes – von der Straße aus gesehen – seine Höhe überm Meeresspiegel ... die Farben und Materialien, die verwendet

werden sollten ... die Größe des Foyers ... Meine Augen ließen den Cracker nicht los ...
Dann lehnte ich mich erneut zurück. Diesmal hatte ich meine Niederlage akzeptiert.
In diesem Augenblick streckte Black seinen Arm über den Tisch und legte den Cracker auf meinen Butterteller. Das Messer wanderte nun wieder an seinen Platz und Black faltete die Hände davor. Käse und Crackers befanden sich in seiner ›Umarmung‹. Er allein hatte darüber zu verfügen. Er sagte kein einziges Wort, aber sein Ausdruck verriet, daß er wußte, daß er diesen Punkt für sich entschieden hatte.«

Eli Black symbolisiert in vollkommener Weise eine bestimmte Art, Macht zu gebrauchen. Nach der Wahrheitsfrage ist die Machtfrage der wichtigste Punkt für einen Menschen in leitender Position. Und gerade in bezug auf die Machtfrage steht der Führungsstil Jesu im größten Gegensatz zu dem, was man gewöhnlich unter diesem Begriff versteht.

Anders als dieser Unternehmer folgte Timotheus dem Vorbild Jesu. Er war nicht arrogant. Wie Paulus diente er den Menschen. Als Paulus ihn nach Philippi sandte, tat er das in dem Bewußtsein, daß Timotheus wirklich an seiner Stelle und in seinem Geist ginge. Paulus zeigte keine Sorge, daß da irgend etwas schiefgehen könnte. Er hatte auch keinerlei Befürchtungen, daß der junge Mann vielleicht mit irgendwelchen schwierigen Problemen, auf die er stieß, nicht fertigwerden könnte. Und er hatte auch keine Angst, daß Timotheus sich vielleicht als »rechte Hand von Paulus« aufspielen würde. Der alternde Apostel konnte beruhigt sein. Timotheus war der richtige Mann für diesen Auftrag. Ich denke mir, daß Paulus ein Lächeln auf dem Gesicht hatte, als er sich schließlich von Timotheus verabschiedete. Freunde wie Timotheus lassen die Belastungen des Lebens leichter werden und ermöglichen uns eine solche Entspannung.

Ein »Bruder« namens Epaphroditus

Da Paulus und Timotheus sich näherstanden, berichtete Paulus einiges über *Herkunft* und *Wesen* des Timotheus. Als er nun diesen zweiten seiner Freunde, Epaphroditus, erwähnt, betont er vor allem, was dieser *tat*. Ein anderer Unterschied lag darin: Timotheus sollte erst irgendwann in Zukunft nach Philippi reisen, Epaphroditus dagegen wurde unverzüglich hingeschickt. Wahrscheinlich sollte er den Brief überbringen, den Paulus gerade schrieb.

Epaphroditus war nach Rom gesandt worden, um dem Paulus zur Seite zu stehen, ihm behilflich zu sein in seiner schwierigen Lage. Doch kurz nach seiner Ankunft wurde er sehr schwer krank. Schließlich erholte er sich zwar wieder, aber während dieser Zeit hatte er einen harten Kampf mit der Krankheit ausgefochten und eine Weile an der Schwelle des Todes gestanden. Die Nachricht von seiner Erkrankung war wohl auch bis Philippi vorgedrungen, und Epaphroditus fürchtete, daß seine Freunde zu Hause sich Sorgen um ihn machen würden. Wenn er aber früher zurückkehrte als erwartet, konnten einige denken, er hätte Paulus im Stich gelassen. Deshalb findet Paulus starke Worte zu seiner Verteidigung:

»Ich habe es aber für nötig angesehen, den Bruder Epaphroditus zu euch zu senden, der mein Mitarbeiter und Mitstreiter ist und euer Abgesandter und Helfer in meiner Not; denn er hatte nach euch allen Verlangen und war tief bekümmert, weil ihr gehört hattet, daß er krank geworden war.

Und er war auch todkrank, aber Gott hat sich über ihn erbarmt; nicht allein aber über ihn, sondern auch über mich, damit ich nicht eine Traurigkeit über die andere hätte. Ich habe ihn nun um so eiliger gesandt, damit ihr ihn seht und wieder fröhlich werdet und auch ich weniger Traurigkeit habe.

So nehmt ihn nun auf in dem Herrn mit aller Freude und haltet solche Menschen in Ehren.

Denn um des Werkes Christi willen ist er dem Tode so nahe gekommen, da er sein Leben nicht geschont hat, um mir zu dienen an eurer Statt.«   Phil 2,25-30

Und gegen Ende desselben Briefes schreibt er:

»Ich habe aber alles erhalten und habe Überfluß. Ich habe in Fülle, nachdem ich durch Epaphroditus empfangen habe, was von euch gekommen ist: ein lieblicher Geruch, ein angenehmes Opfer, Gott gefällig.«   Phil 4,18

Als Epaphroditus zuerst in Rom ankam, hatte er Geld mitgebracht, das die Leute in Philippi für Paulus gesammelt hatten. Das zeigt, daß sie dem Epaphroditus vollkommen vertrauten. Die Aushändigung der Gabe bedeutete für Paulus eine enorme Ermutigung. Doch kurz danach wurde Epaphroditus krank. So schrieb der Apostel von ihm mit tiefer Anteilnahme. Er nannte ihn: »Bruder«, »Mitarbeiter«, »Mitstreiter«, »Bote« (Abgesandter), »Helfer in meiner Not«. Solche bewundernswerten Eigenschaften sucht man normalerweise nur bei einem Freund.

Bischof Lightfoot sagt, daß Epaphroditus mit dem großen Apostel eins war ... in »gemeinsamer Mühe, gemeinsamer Arbeit, gemeinsamem Mitgefühl, gemeinsamer Gefahr und gemeinsamem Leiden«. Wenn man einen Menschen bei sich hat, von dem so etwas gesagt werden kann, dann ist das Leben nicht halb so schwer.

1. Warum schickte Paulus den Epaphroditus zurück? Um das Herz der Philipper zu erleichtern und ihnen Freude zu vermitteln, weil sie durch den Brief nun von Paulus hörten.
2. Und wie sollten sie in Philippi darauf reagieren? »Nehmt ihn mit Freuden auf und haltet ihn aller Ehren wert!«
3. Warum verdiente Epaphroditus solchen Respekt? Weil er sein Leben riskiert hatte bei seinem Wunsch, dem Paulus zu dienen. Er hatte sich Gefahren ausgesetzt. Wir würden sagen, daß er »va banque« gespielt hatte, um seinem Freund nahe zu sein.

In jener Zeit wurden Menschen, die Gefangene besuchten, die sich unter römischer Herrschaft irgendwo im Gefängnis befanden, oft auch als Kriminelle angesehen. Aus dem Grund war ein Besucher schon in Gefahr, wenn er sich nur in die Nähe eines Menschen begab, der als gefährlich angesehen wurde. Das griechische Wort, das Paulus hier für »riskieren« benutzt — paraboleuomai —, bedeutet: »mit dem Leben spielen« ... genau das tat Epaphroditus.

In der frühen Kirche gab es Gruppen von Männern und Frauen, die sich die »parabolani« nannten, was soviel heißt wie »die Verwegenen« oder »die Spieler«. Sie dienten den Kranken und Gefangenen, und sie achteten darauf, daß — wenn es irgend möglich war — Märtyrer und manchmal selbst Feinde ein ehrliches Begräbnis erhielten. So zeigte z. B. der Bischof Cyprian in Karthago während der schlimmen Pestilenz von 252 n. Chr. beachtlichen Mut. In aufopfernder Treue zu seiner Herde und in Liebe selbst gegenüber seinen Feinden übernahm er persönlich die Betreuung der Kranken und befahl auch seiner Gemeinde, sie zu pflegen und die Toten zu begraben. Welch ein Gegensatz zu heidnischen Bräuchen, wo man die Leichen einfach aus der von Seuchen heimgesuchten Stadt hinauswarf und selbst in großem Schrecken davonlief!

Zwei Freunde, von denen keiner zögert, um des anderen willen Gefahren zu riskieren, sind durch besonders enge Bande verbunden. Wenn ein echter Freund erkennt, daß Sie in Not sind, wird er auch einen Weg finden, Ihnen zu helfen. Er fragt niemals:»Wie groß ist das Risiko?« Die Frage lautet vielmehr immer:»Wann brauchst du mich?« Nicht einmal die Bedrohung des eigenen Lebens hält einen Freund zurück.

Das erinnert mich an ein sechsjähriges Mädchen, das an einem schweren Leiden lebensgefährlich erkrankte. Um zu überleben, gab es nur eine Chance: Sie benötigte eine Bluttransfusion von jemandem, der die gleiche Krankheit früher einmal überstanden hatte. Die Situation wurde noch komplizierter dadurch, daß sie eine ganz seltene Blutgruppe besaß. Ihr neunjähriger Bruder hätte sich als Spender geeignet, aber keiner hatte den Mut, ihn zu fragen. Er war doch noch ein kleiner Junge. Schließlich kam man überein, den Arzt die Frage stellen zu lassen.

Der behandelnde Arzt wandte sich mit viel Taktgefühl an den kleinen Bruder und fragte, ob er bereit und mutig genug sei, seiner Schwester etwas von seinem Blut zu spenden. Der Junge verstand medizinisch nicht viel von der Sache, antwortete aber ohne Zögern:»Natürlich will ich für meine Schwester mein Blut geben.«

Er legte sich neben das Mädchen und lächelte sie an, als man ihm die Nadel in die Vene schob. Dann schloß er die Augen und lag still auf dem Bett, bis die nötige Menge Blut abgezapft war.

Kurz darauf kam der Arzt herein, um dem kleinen Jungen zu danken. Mit zitternden Lippen fragte dieser, während ihm die Tränen über die Wangen liefen:»Herr Doktor, wann sterbe ich nun?« In diesem Augenblick wurde dem Arzt erst klar, daß der noch etwas naive kleine Kerl gedacht hatte, daß er mit der Blutspende auch sein eigenes Leben opfern müsse. Schnell versicherte er dem Jungen, daß er gar nicht zu sterben brauchte. Erstaunt über seinen Mut fragte der Arzt aber dann doch noch:»Warum wolltest du dein Leben für sie aufs Spiel setzen?«

»Weil sie meine Schwester ist ... und ich sie liebhabe« war die schlichte, aber eindrucksvolle Antwort.

Eine solche Beziehung bestand auch zwischen Epaphroditus und seinem Bruder in Rom ... und so etwas gibt es bis auf den heutigen Tag. Gefahr und Risiken bedrohen echte Freundschaft nicht, sie stärken sie nur noch. Solche Freunde sind die heutigen »Parabolani«, jene unbekümmerte Freundesschar — Spieler und Abenteurer alle —, die ihre Brüder und Schwestern bis zum äußersten lieben. Jeder einzelne von ihnen verdient unseren Respekt. Wenn wir sie brauchen, sind sie da. Ich habe ein paar von dieser Sorte. Ich hoffe, Sie auch.

Drei Kategorien von Freunden, die Beachtung verdienen

Wenn ich darüber nachdenke, was all diese Gedanken mit unserem heutigen Leben zu tun haben, stehen mir drei Arten von besonderen Freunden vor Augen, und was ihr Auftreten für uns bedeutet.

Erstens gibt es immer noch einige von der Art des Timotheus auf dieser Erde. Gott sei Dank! Wenn Gott uns einen Timotheus in unser Leben hineinstellt, erwartet er, daß wir die Beziehung zu ihm aufnehmen. Das ist oft der Beginn einer engen Freundschaft, wie man sie in unseren Tagen der oberflächlichen Bekanntschaften selten erlebt. Mit einem Timotheus braucht man keine Freundschaft zu erzwingen, sie kommt wie von alleine. Und Sie werden auch die Beziehung nicht zu fürchten brauchen, sie wird sich im Gegenteil lohnen. Wenn also ein Timotheus Ihren Weg kreuzt, zögern sie nicht ... gehen Sie auf ihn zu.

Zweitens kann da auch ein moderner Epaphroditus sein, der Ihnen irgendwo zu Hilfe kommt oder Sie vor etwas bewahrt. Wenn Gott uns einen Epaphroditus in den Weg schickt, um uns zu dienen, dann erwartet er, daß wir diesen Menschen repektieren. Es sind Leute, die sich einsetzen, wo nichts zu gewinnen, aber vielleicht viel zu verlieren ist ... die nur aus Liebe um Ihretwillen ihr Leben aufs Spiel setzen. Ihr Handeln ist ein Akt der Gnade. Stellen Sie sie nicht in Frage und versuchen Sie nicht, ihnen ihr Tun zu vergelten. Machen Sie auch keinen Versuch, darum zu handeln. Nehmen Sie es nur einfach an, was sie für Sie tun. Gnade, die sich in Liebe äußert, muß mit Dank angenommen werden. Die beste Reaktion auf einen Epaphroditus ist Respekt.

Und dann gibt es noch einen Dritten, über den ich persönlich noch nicht viel gesagt habe. Da wir aber den Brief des Paulus annähernd zur Hälfte besprochen haben und auch mit diesem Buch so weit gekommen sind, ist es an der Zeit, Ihnen diesen dritten Freund vorzustellen. Er heißt Jesus Christus. Da Gott ihn gesandt hat, um unsere Sünden wegzunehmen und uns wieder in die Gemeinschaft mit ihm hineinzubringen, erwartet er, daß wir Jesus Christus annehmen. Wenn Sie denken, daß ein Timotheus eine Menge für sie bedeuten würde oder ein Epaphroditus sich als unschätzbar für Sie herausstellen könnte, so lassen Sie mich Ihnen versichern: *Keiner* von ihnen kommt als Ersatz für Jesus in Frage. Seine durchbohrten Hände streckt er nach Ihnen aus und wartet darauf, daß Sie im Glauben diese Hände fassen. Ich kann Ihnen mit aller Bestimmtheit sagen, daß kein Mensch, dem Sie jemals begegnen, kein Freund, den Sie je finden werden, das für Sie tun kann, was Jesus tat. Keiner sonst ist in der Lage, Ihr innerstes Herz zu verändern. Keiner sonst kann Ihr Leben umgestalten. Keiner sonst kann nicht nur Ihre Sünden wegnehmen, sondern auch Schuldgefühle und Scham, die zu dieser ganzen häßlichen Last dazugehören. Und nun, da Sie ihm begegnet sind, ist nur noch eine Antwort angemessen – nur eine einzige. Nehmen Sie ihn an!

Ich begann dieses Kapitel mit der Aussage, daß wir einander brauchen. Sie brauchen mich. Ich brauche Sie. Beide brauchen wir einige Gleichgesinnte – Menschen, die uns verstehen und ermutigen. Beide brauchen wir Freunde, die bereit sind, etwas zu riskieren, um uns zu helfen und – ja, manchmal – uns zu retten. Solche Freunde bringen Freude ins Leben. Aber wir alle – Sie, ich, Timotheus-Menschen, Epaphroditus-Menschen, wir alle – brauchen einen Erlöser. Er erwartet unsere Antwort auf sein Angebot. Die ewige Erlösung, die er uns bringt, reicht aus, nicht nur, daß wir hier auf der Erde wieder fröhlich werden, sondern in alle Ewigkeit.

Aussichten auf Glück für »Erfolgsmenschen«

Gestern abend traf ich einen Mann, der mir sagte, daß er sich unbedingt mehr anstrengen müßte, um glücklich zu sein. Er erzählte, daß er in einem freudlosen Zuhause aufgewachsen sei. »Wir sprachen niemals über Gefühle ... wir arbeiteten bloß. Mein Vater, meine Mutter, die meisten meiner Schwestern und Brüder hatten sich in diesem Lebensstil eingerichtet«, seufzte er. »Irgendwie hatten wir alle die Vorstellung, daß man im Leben alles erreichen konnte, was man nur wollte, wenn man nur hart genug und lange genug dafür zu arbeiten bereit war.« Und dann kam er zu dem Haken dieses Problems: »Es war ulkig ... als ich über sechzig war, hatte ich alles erreicht, von dem ich einmal geträumt und was ich mir vorgenommen hatte, und hatte den Lohn dafür empfangen. Mein Problem ist, daß ich nicht weiß, wie ich mich über all die Dinge freuen soll, für die ich so schwer geschuftet habe. Ich habe keinen Spaß mehr im Leben. Ich kann mich nicht erinnern, wann ich das letzte Mal gelacht habe — ich meine, so recht von Herzen gelacht.«

Als er sich umdrehte, um zu gehen, mußte ich denken, daß dieser anfangs hingeworfene Satz am meisten über ihn und seine Situation ausgesagt hatte: »Ich denke, ich muß mich noch mehr anstrengen, um wirklich glücklich zu sein.«

Ich nahm ihn beim Arm und zog ihn zurück, nahe genug zu mir, so daß ich meine Arme um ihn legen konnte — eine kräftige, männliche Umarmung. »Sie haben für alles andere im Leben hart gearbeitet«, sagte ich mit ruhiger Stimme. »Warum wollen Sie nicht einen anderen Weg ausprobieren, um froh zu werden? Das eine können Sie mir glauben: Ein glückliches Herz bekommt man nicht durch harte Arbeit und viele Überstunden. Wenn das so wäre, wären die glücklichsten Leute auf der Erde die ›workaholics‹. Ich habe aber noch nie einen von ihnen getroffen, dessen Lebensfreude seiner Arbeitsintensität entsprochen hätte. Wir redeten noch ein paar Minuten miteinander, doch ich bin nicht sicher, daß ich seinem Denken einen Riß beibringen konnte. Viel wahrscheinlicher ist, daß in diesem Augenblick ein unverbesserlicher Hochleistungs-Manager davonging und (für früh am Montagmorgen) sich einen neuen Plan zurechtlegte, um das Glück zu finden. Es wird ihm nicht gelingen. Das Problem liegt darin, daß alle menschliche Anstrengung auch nur menschlichen Lohn empfängt. Das aber feuert nur zu neuem Bemühen an, das wiederum zu größerer Belohnung führt.»Wieso ist das ein Problem?« mögen Sie und der Mann fragen, der mich gestern abend aufsuchte. Es geht um folgendes: Keine noch so große Anstrengung dieser Art mit ihrem Lohn führt zu letzter Befriedigung, zur inneren Gelassenheit, zu einer Zufriedenheit der Seele und zu bleibender Freude. Auf dem Weg höherer Leistung und größeren Verdienstes kommen wenige — wenn überhaupt jemand — dahin, wieder mehr zu lachen. Das gilt vor allem, wenn Sie zu den typischen Karrieremachern gehören. Aber hören Sie weiter.

Irgend etwas in uns allen erwärmt sich, wenn wir menschliche Anerkennung erfahren. Wir werden zu immer neuen Leistungen angesport, wenn man unsere Bemühungen bemerkt und belohnt. Aus diesem Grunde gibt es die eindrucksvollen Trophäen und silbernen Teller, Bronzeplaketten und Goldmedaillen. Die meisten Leute, die so etwas erhalten, lieben es, diese Dinge irgendwo auszustellen. Ob es nun eine Urkunde für Leichtathletik-Erfolge ist — eventuell auf einem Sweatshirt in der High School oder eine Plakette an der Wand, die den besten Verkäufer des Monats auszeichnet —, wir lieben die Beachtung. Und was hat das zur Folge? Es treibt uns zu immer höheren Leistungen an, um noch höhere Beachtung zu gewinnen, höhere Belohnung zu empfangen, besser bezahlt oder befördert zu werden.

Tatsächlich hat jeder große Tätigkeitsbereich seine besondere Art der Anerkennung für hervorragende Leistungen. Universitäten verleihen Stipendien, Gesellschaften verteilen Bonusse, die Filmindustrie verleiht den Oskar, die Fernsehindustrie die »Emmy«, die Musikindustrie den »Grammy-Orden« und die verlegerische Branche den Pulitzer-Preis. Die Welt des Sports hat ein ganzes Spektrum an Ehrungen. Ob eine Reihe von Anerkennungen für hervorragende Leistungen als Einzelkämpfer gesammelt werden oder Team-Trophäen für Meisterschaftsspiele — die siegreichen Spieler werden mit Beifall bedacht und erfolgverheißende Trainer werden bestätigt (und beneidet). Und viele Menschen sind einfach schon vor Ehrfurcht ergriffen, wenn sie sich in der Nähe solcher Berühmtheiten befinden. Kürzlich las ich eine lustige Geschichte, die das hervorragend illustriert.

»Eine Touristin stand in einem Geschäft in Beverly Hills Schlange, um sich eine Eistüte zu kaufen. Zu ihrer äußersten Verwunderung und Bestürzung kam ein bekannter Mann herein und stand nun unmittelbar hinter ihr: Paul Newman! Die Dame war einigermaßen verwirrt, beschloß aber, Haltung zu bewahren. Sie kaufte das Eis, wandte sich sehr gefaßt um und verließ das Geschäft.

Zu ihrem nicht geringen Schrecken stellte sie allerdings dann fest, daß sie die Theke ohne ihre Eistüte verlassen hatte. Ein paar Minuten wartete sie, bis sie den Eindruck hatte, daß ›die Luft klar‹ sei. Dann ging sie zurück in den Laden, um nach ihrer Tüte zu fragen. Als sie sich auf der Theke umschaute, konnte sie ihre Eistüte in dem Halter nicht mehr entdecken. Einen Augenblick überlegte sie, was damit geschehen sein könnte. In diesem Moment tippte ihr jemand höflich auf die Schulter. Sie drehte sich um und stand vor – Sie werden es sicher schon erraten haben – Paul Newman. Der berühmte Schauspieler klärte sie dann darüber auf, daß sie, falls sie ihre Eistüte suche, sie in ihrer Handtasche finden würde.«

Während ich am nächsten Abend im Stadion saß und mir ein Baseballspiel der »Los Angeles Lakers« ansah, schaute ich einmal zur Decke und entdeckte dort all die Meisterschaftswimpel. Dann warf ich einen Blick auf eine hell beleuchtete Wand und las da die Namen der erfolgreichsten Baseballspieler. Welch eine Ehre bedeutete das doch, den eigenen Namen so, für alle Welt sichtbar, öffentlich dargestellt zu lesen! Auf diese Art und Weise sagt man in unserer Gesellschaft: »Du bist ein großartiger Mensch!«

Es ist an sich nichts Schlimmes dabei, solange wir in Erinnerung behalten, daß das sehr irdische Maßstäbe sind, um irdische Menschen auszuzeichnen, die damit für menschliche Leistungen belohnt werden sollen. Aber wie leicht wird vergessen, daß keine dieser Leistungen einem Menschen das gibt, was er tief innen ersehnt. Darum können diese Dinge keine bleibende Befriedigung bringen. Und was noch wichtiger ist: keins davon verdient den Glanz in den Augen Gottes.

Die große Versuchung tüchtiger Menschen

All diese Gedanken führen uns nun zu einem äußerst wichtigen Thema, das ich gerne behandeln möchte. Nach meinem Gespräch mit dem hochaktiven Mann gestern abend fühle ich mich verpflichtet, etwas dazu zu sagen. Besonders denke ich dabei an jene, die sich niemals mit dem zweiten Platz zufriedengeben können. Sie begegnen dabei nämlich einer großen Versuchung. Um was geht es dabei? Die Versuchung hat ihren Grund darin, daß man glaubt, daß irdische Auszeichnungen automatisch auch eine bessere Beurteilung im Himmel nach sich ziehen würden. Diese Denkweise hat ihre Wurzeln in der humanistischen Weltanschauung, in der es heißt: »Wenn man hart arbeitet und mehr zustande bringt als die meisten Menschen, verdient man Gottes Gunstbezeigung und sein beifälliges Nicken.« (»Wer immer strebend sich bemüht, den können wir erlösen ...« Goethe). Ich kenne keine feinsinnigere Philosophie, die aber eine Irrlehre darstellt. Trotzdem ist sie allgemein anerkannt. Und so kommt es zu der Tragödie, daß »genug« niemals genug ist. Das Leben wird reduziert auf die Arbeit, auf Aufgaben, Anstrengungen und eine endlose Linie von »du solltest« und »du müßtest«. Und das alles ohne die notwendige Freude und das Lachen, das alles im Gleichgewicht hält und die rechte Perspektive verleiht.

Warum geschieht das? Was ist es, das uns so erbarmungslos antreibt? Können Sie es hören? Atmen Sie einmal tief durch und gestatten Sie es sich selbst, die Antwort hinzunehmen. Sie besteht in einem einzigen Wort: Stolz. Wir arbeiten und treiben uns an und mühen uns, um zu beweisen, daß wir etwas wert sind. Wir sind die Besten ... wir verdienen die höchste Ehre. Und die verborgene Botschaft dahinter heißt: Ich kann mir meine Gerechtigkeit selbst verdienen, durch mein Bemühen, meine Intelligenz und meine Kraft. Und weil ich es kann, muß ich es auch! Und warum ist das eine Irrlehre? Weil diese Philosophie im letzten Grunde behauptet: 1. »Ich habe die Gerechtigkeit Gottes nicht nötig (Heißt es nicht auch: Hilf dir selbst, so hilft dir Gott?)« und 2. »Ich werde bleibende Freude auch in dem finden, was ich selbst geschaffen habe. Meine Leistungen werden mir letztlich Befriedigung bringen.« Beide Überlegungen führen in eine Sackgasse und stammen aus »Fantasia-Land«. Einer meiner langjährigen Freunde bekannte öffentlich:

»In unserer Familie hat Leistung immer sehr viel gezählt. Harte Arbeit war das beste Mittel zum Erfolg. Ich dachte mir, wenn es schon gut war, mindestens zehn Stunden zu arbeiten, dann wäre es doch noch viel besser, gleich vierzehn Stunden dafür einzusetzen.

An der Uni schien es so, als ob ich die Kraft hätte, die Belastungen auszuhalten. Ich erinnere mich an Zeiten, wo ich nicht einmal abends nach Hause ging. Statt dessen schob ich mir um drei Uhr morgens oben in der Cafeteria an der Tür einen Tisch zurecht und schlief darauf. Meine Bücher benutzte ich als Kopfkissen. Und dann, am Morgen, wenn ich an die Arbeit gehen mußte, stieß mich der erste, der zur Tür hereinkam, vom Tisch herunter. Davon wurde ich wach und begann meinen Tag. Ich versuchte, mich selbst davon zu überzeugen, daß ich ›schneller‹ schlief als andere . . .

Dann, im Berufsleben, arbeitete ich zwölf, vierzehn, ja manchmal fünfzehn Stunden am Tag, und das an sechs oder sieben Tagen in der Woche. Und dabei kam ich heim in dem Gefühl, nicht genug geleistet zu haben. So versuchte ich, noch mehr in meinen Terminkalender hineinzustopfen. Ich verbrachte viel mehr Zeit damit, das Leben aufzubauen und zu fördern, als damit, wirklich zu leben . . . Mein Leben war nicht erfüllt. Es war ein wahnsinniger Kurzstreckenlauf — immer von einer Stunde zur nächsten. Ich kann mich an Stunden erinnern, in denen die Strapazen mir das Empfinden der Isolierung und der Entfremdung verliehen — Gefühle, die mir früher vollständig fremd gewesen waren. Da ich auf solche Parasiten meiner Energie nicht vorbereitet war, wurde ich zunehmend frustriert und jedes Lachen, das immer mein wertvollster Gefährte gewesen war, hatte sich unmerklich davongeschlichen . . .

Allmählich beherrschten mich nur noch ›Du-solltest‹-, ›Du-bist-verpflichtet‹- und ›Du-müßtest‹-Einwände. Ich wurde morgens wach, ohne erfrischt zu sein — in müder Verstimmung. Und dann hetzte ich durch den Tag und versuchte, die Bedürfnisse anderer zu entdecken und zu befriedigen. Ich lebte diese Tage nicht mehr, sondern erduldete sie. Ich war erschöpft und war es müde, eine ständig neu entfachte Hoffnung für andere zu sein — mich abmühend so zu leben, wie es ihrem Bild von mir entsprach. Ich hatte hart daran gearbeitet, den Ruf eines Menschen zu erlangen, der an allen interessiert war, verfügbar war und Anteil nahm — jetzt tyrannisierte mich das alles. Oft lebte ich in den Augen anderer noch viel mehr in innerem Frieden als in meinen eigenen.

Der Geist der westlichen Welt und ihre Kultur lassen dem Menschen wenig Muße zum Gebet, zum Spiel und zur Versenkung. Die Hetze verlangt ständig nach Antworten; Antworten brauchen Kategorien; Kategorien müssen geordnet und gegliedert werden. Der Weg, den ich eingeschlagen hatte und zu gehen versuchte, ließ keine Zeit für Rhythmus und Ehrfurcht, für Geheimnisse und Wunder. Ich hatte kaum noch die Möglichkeit, mich in angemessener Weise um Freunde oder um mich selbst zu kümmern. Und Gott hatte ich einfach meinem Zeitplan angepaßt, weil ich sonst meine unaufhörlichen Aktivitäten nicht hätte durchhalten können. Ich litt darunter, daß das nicht klappte.«

Stolz drückt sich nicht nur in extrem hohen Anforderungen an harte Arbeit aus, sondern hält uns auch davon ab, um Hilfe zu bitten. Wir lieben es, den Eindruck zu hinterlassen, daß wir mit allem – einerlei, was da kommt – fertigwerden können. Hilfe ist nicht erwünscht.

Ich denke noch an die Zeit, als ich mit meiner Familie im Norden lebte. Schnee im Winter kannten wir nicht. In einer wirklich häßlichen Kurve warf es uns um. Als wir unseren ersten Wintersturm erlebten, verwirrte uns das einigermaßen. Ich konnte zum Beispiel nicht verstehen, warum die Leute nicht auf der Straße parkten. Im Stillen dachte ich: Das ist doch der beste Parkplatz, den man kriegen kann ... alles leer. Und in der Tat gab es auch nirgendwo Parkverbots-Schilder. Also stellte ich meinen Wagen auf der Straße ab. Ich war noch stolz auf meine Idee, als ich den Wagen für die Nacht abschloß. Um diese Zeit begann es zu schneien. Und es schneite die ganze Nacht hindurch. Mir fiel im Traum nicht ein, daß die Schneepflüge die ganze Nacht hindurch fahren würden, um die Straße freizuhalten.

Als ich am nächsten Morgen aus meinem warmen Bett krabbelte, wurde mir sehr schnell klar, warum niemand auf den Straßen parkte. Nach einem Blick durchs Fenster an der Vorderseite des Hauses dachte ich anfangs, mein Auto sei gestohlen worden.

Total überrascht von den riesigen, verharschten Schnee- und Eiswällen auf beiden Seiten der Straße, nahm ich nun Spitzhacke und Schaufel zur Hand und begann, mich als Archäologe zu betätigen – in der Hoffnung, einen viertürigen, blauen »Sedan« zu finden. Nachdem ich mindestens zwanzig Minuten angestrengt gegraben hatte, stieß ich endlich auf einen harten Widerstand. Ich entdeckte etwas Blaues und dachte: »Das ist meine Farbe, da wird es wohl auch mein Auto sein.« In diesem Augenblick fuhr ein Freund vorbei. Er stoppte ab, lächelte, kurbelte sein Fenster herunter und fragte: »Hey, Chuck, kann ich dir helfen?« Ich antwortete ohne Zögern: »Nein danke – ich werde schon fertig.« Er zuckte nur mit den Achseln und fuhr weiter. Eine halbe Stunde später fragte ich mich, warum ich nicht »Ja, bitte!« gesagt hatte. Die einfache Antwort darauf lautete: Ich war zu stolz gewesen. Ich konnte mein Auto allein ausgraben, danke schön! Dummer Stolz!

Und wollen Sie wissen, was ich noch fertigbrachte? Als ich endlich bis auf mein eisbedecktes Auto vorgestoßen war und die völlig zugefrorenen Scheiben bemerkte, kam mir der Gedanke: Es ist doch dumm, sich hierherzustellen und all das Eis abzukratzen! Also ging ich ins Haus, holte einen Eimer mit dampfendheißem Wasser und kippte ihn über dem Wagen aus. Da kam leider nicht nur das Eis herunter, sondern auch die Windschutzscheibe. Ich war perplex, als sie mit einem lauten Bang zersplitterte und auf den Vordersitz fiel. Dann war mir allerdings klar: Also deshalb kratzen sie alle das Eis von den Fenstern runter! Als ich dann mit dem Auto in die Werkstatt fuhr, um eine neue Scheibe einsetzen zu lassen, hatte ich völlig freie Sicht! Im Auto waren es fünfundzwanzig Grad unter Null, aber ich hatte nun einen klaren Kopf.

Wissen Sie, was ich als erstes dachte, als meine Scheibe zerbrach? Ich schaute mich um, ob irgend jemand den Vorfall beobachtet hatte. Warum? Stolz, reiner Stolz. Ich wollte nicht, daß jemand erfuhr, welche Dummheit ich begangen hatte. Der Stolz läßt uns leider unsere Dummheit eher verbergen als zugeben. Und während der ganzen Episode kam nichts mehr von Freude auf. Ich konnte weder über mich selbst noch über die Umstände lachen.

Es gibt ein unverkennbares Zeichen dafür, wenn der Stolz einen Menschen bestimmt: die Freude verschwindet. Ein erfolgreicher Leistungsmensch lächelt vielleicht gelegentlich. Doch das ist nur ein oberflächliches Grinsen, nicht das starke, ruhige Empfinden der Befriedigung. Tief innen denken diese Menschen in Wirklichkeit: Das Leben ist viel zu voll von Aktivitäten und zu ernst, als daß man es auf solche dummen Dinge wie Entspannung und ein gesundes Lachen verschwenden dürfte. In dieser straffen Haltung auf die Dauer zu verharren, kann am Ende den Geist überschnappen lassen. G. K. Chesterton hat sehr recht gehabt mit seiner Aussage: »Verrückte sind immer ernst. Und sie sind verrückt, weil ihnen jeder Humor fehlt.«

Das ehrliche Zeugnis eines erfolgreichen hochaktiven Pharisäers

All das bringt uns zurück zu dem kurzen Brief, der an eine kleine Gruppe von Gläubigen in Philippi geschrieben war. Da der Verfasser des Briefes, Paulus, sich ihnen so verbunden fühlte, hatte er auch keine Hemmungen, ihnen gegenüber ganz offen zu sein. Er ließ sie auch die dunklen Seiten seiner Vergangenheit sehen. Doch vorher unterstreicht er noch einmal das Generalthema seines Briefes und erinnert sie daran, daß sie im Leben einen Kurs auf die Freude hin steuern sollen.

> »Weiter, liebe Brüder, freut euch in dem Herrn! Daß ich euch immer dasselbe schreibe, verdrießt mich nicht und macht euch um so gewisser.«
> Phil 3,1

Die »Living Bible« sagt es so:

> »Was auch immer geschieht, meine lieben Freunde, freut euch in dem Herrn. Ich werde nicht müde, euch das immer wieder zu sagen, und für euch ist es auch gut, das immer wieder zu hören.«

Paulus ist dabei, in seine Vergangenheit hineinzutauchen – in jene intensiven Jahre eigener Aktivitäten, als er sich hart darum mühte, Gott zu beeindrucken. Doch bevor er das tut, möchte er sich vergewissern, daß sie noch einmal hören, wie wichtig es ist, daß sie Menschen der Freude sind. Er nennt das (in einer anderen Übersetzung) einen »Sicherheitsgurt« anlegen. Wie wahr ist das doch! Nicht nur weil der Druck des Lebens ihnen ihre Freude stehlen könnte, sondern daneben waren auch die immer gegenwärtigen gesetzlichen Vertreter des Glaubens – die Freudekiller der Antike – auf dem Plan. Niemand kann andere schneller der Freude berauben als ein paar engdenkende, gesetzliche Menschen. Die größte Sorge des Paulus bestand darin, daß seine Freunde in Philippi sich weiterhin ihrer Freiheit in Christus erfreuten und niemand und keiner Sache erlaubten, ihnen das Beste wegzunehmen. Er wurde nicht müde, ihnen das immer wieder ans Herz zu legen.

Eine Warnung an seine engen Freunde

Es ist bestimmt nicht so, daß ich mir die Sache mit den gesetzlichen Leuten nur einbilde – daß sie nämlich stark im Kommen sind. Und ich habe auch nicht übertrieben mit meiner Stellungnahme. Paulus selbst nennt sie »Hunde« ... »böswillige Arbeiter«. Lesen Sie selbst:

> »Nehmt euch in acht vor den Hunden, nehmt euch in acht vor den böswilligen Arbeitern, nehmt euch in acht vor der Zerschneidung!«
> Phil 3,2

Das sind starke Worte! Wenn Paulus sich hier auf Hunde bezieht, denkt er nicht an die kleinen Schoßhündchen, die manche als Stubentiere halten, und an denen sie ihren Spaß haben. Und er denkt auch nicht an die treuen, gehorsamen Kreaturen, die wir pflegen und verwöhnen. Die Hunde seiner Tage waren schmutzige, Krankheiten verbreitende Streuner, die in Scharen die Straßen und engen Gäßchen der Stadt bevölkerten. Herrenlos und möglicherweise gefährlich, stellten sie eine erhebliche Bedrohung für jeden dar, der ihnen in den Weg kam. Dieses Bild hatte Paulus vor seinem inneren Auge, als er warnte: »Nehmt euch in acht ... Diese Menschen werden euch angreifen, und ihr werdet eure Freude verlieren.«

Er geht noch weiter: »Nehmt euch in acht vor den böswilligen Arbeitern.« Diese gesetzlichen Leute lehrten, daß der Mensch durch seine Werke gerettet würde — wenn er das Gesetz Moses hielte (was kein Mensch kann). Solche Irrlehrer gibt es bis zum heutigen Tag. Ihre Botschaft ist voller Ermahnungen, mehr zu tun, härter zu arbeiten, längere Zeugnisse zu geben, mit mehr Inbrunst zu beten — weil »genug« niemals genug ist. Solche Menschen sind »böswillige Arbeiter«, die auch das letzte bißchen Freude wegnehmen, das ein Mensch vielleicht aufbringen kann. Ich möchte hinzufügen: Wenn ein Mensch nie weiß, was wirklich genug ist, um Gott zufriedenzustellen, dann lebt er in ständigen Schuld- und Verpflichtungsgefühlen. Sein Geist kommt nie zur Ruhe. Gesetzliches Evangelium findet immer irgendwo ein Versagen. Es bringt keinen Trost. Vor solchen Botschaftern müssen wir uns wirklich hüten. Sie sind, nach der Heiligen Schrift, böse Arbeiter.

Mit der »Zerschneidung« meint Paulus eine Verstümmelung zur Rettung des Menschen, also noch mehr als die Beschneidung. Die Menschen, die das lehrten, waren der Meinung, wenn die Beschneidung schon etwas Gott Wohlgefälliges sei, dann die Kastration noch mehr. Der Mensch mußte außergewöhnlich hart gegen sich sein, um Gott angenehm zu sein: aufgeben ... anlegen ... weglegen ... hinzufügen ... sich mehr anstrengen ... mehr beitragen ... bevor er der göttlichen Annahme sicher sein konnte. All das aber führte nur zum Vertrauen auf das, was die

126

Bibel »Fleisch« nennt, das eigene Ich. Hart arbeiten, sich anstrengen ... *dann empfangen.* Und auf diesem Weg hatte der Mensch dann allen Grund, stolz zu sein. Ich muß es noch einmal sagen ... alles Irrlehre! Mit ruhiger und fester Sicherheit gibt Paulus die einfache Wahrheit an seine Freunde weiter:

> »Denn wir sind die Beschneidung, die wir im Geist Gottes dienen und uns Christi Jesu rühmen und uns nicht verlassen auf Fleisch ...« Phil 3,3

Diese sieben Worte: »... die wir ... uns nicht verlassen auf Fleisch« — wie erleichternd klingen sie! Wieder ist *Gottes Gnade* zu unserer Rettung da. Und auf diese Weise wird seine Herrlichkeit erneut offenbar. Alle Ehre, alle Glaubwürdigkeit gilt dann ihm, wie es ja auch ganz sicher sein sollte. Wenn es zu unserer unmittelbaren und ewigen Beziehung zu Gott kommt, dann handeln wir nicht nach humanistischer Philosophie, dann setzen wir unser Vertrauen nicht auf das Fleisch. Erlösung durch menschliche Werke? Sie ist einfach nicht möglich. Menschlicher Stolz? Er hat keinerlei Grundlage. Das Geschenk, das uns die Freude wieder bringt, das uns wieder lachen läßt, ist Gottes Gabe des ewigen Lebens mit ihm. Dieses Geschenk gründet sich auf das, was Gott für uns getan hat, nicht auf das, was wir (angeblich) für ihn geleistet haben. Vielleicht müssen Sie diesen letzten Satz mehrmals lesen. Er ist die Erklärung dafür, warum wir nicht aufs »Fleisch«, das heißt auf uns selbst trauen können. Wer es dennoch tut, verfehlt in Wirklichkeit die Gnade.

Eine Leistungsschau des Paulus

Die Worte vom »Vertrauen aufs Fleisch« lösten eine Menge an Emotionen in Paulus aus. Während er sie schrieb, ist wohl manches in seiner Erinnerung lebendig geworden im Hinblick auf den Weg, den er selbst so viele Jahre gegangen war — ja geradezu sein gesamtes Leben als Erwachsener. Vor seiner Bekehrung war er das Urbild des stolzen Pharisäers. Keiner hatte mehr Erfolge auf dieser Laufbahn aufzuweisen als er. Hätte es eine öffentliche Anerkennung für religiöse Leistungen gegeben, Paulus hätte jedes Jahr in seinem Volk die höchsten Auszeichnungen erhalten. Seine Wände wären mit Medaillen übersät gewesen. Diplome, eingerahmte Briefe einflußreicher Persönlichkeiten und zahlreiche Kunstgegenstände hätten auf sein Tun hingewiesen — es wäre eine beeindruckende Schau gewesen.

»... Wenn ein anderer meint, er könne sich auf Fleisch verlassen, so könnte ich es viel mehr.«   Phil 3,4

Als Paulus das schrieb, ging es ihm nicht um eine solche Leistungsschau. Er versuchte nicht, seine Bedeutung herauszustellen. Wie wir nachlesen können, besaß er die Achtung eines jeden gesetzestreuen Juden in der damals bekannten Welt. Wenn er ausdrücklich sagt: »... ich könnte es viel mehr...«, dann konnte er das nachweisen, und im Hinblick auf seinen Ruf gab es keinen Zweifel. Zum Beispiel heißt es da:

»... der ich am achten Tag beschnitten bin, aus dem Volk Israel, vom Stamm Benjamin, ein Hebräer von Hebräern, nach dem Gesetz ein Pharisäer, nach dem Eifer ein Verfolger der Gemeinde, nach der Gerechtigkeit, die das Gesetz fordert, untadelig gewesen ...«   Phil 3,5.6

Diese Abstammungsurkunde und kurze Aufzählung dessen, was er bisher getan hatte, beeindruckt heute niemand mehr, vor allem keinen Nichtjuden. Doch sollte man die Bedeutung deswegen nicht unterschätzen. Paulus war ein äußerst erfolgreicher Mann seiner Zeit. Ein Neutestamentler sagte einmal:

»›Wenn es jemals einen Juden gegeben hat, der im Judentum ganz und gar verwurzelt und zu Hause war, dann war es Paulus.‹ Wir wollen uns noch einmal ansehen, weshalb er beansprucht, *der* vorbildliche Jude zu sein. Er war am achten Tag beschnitten. Das heißt, er trug an seinem Körper das Kennzeichen, daß er Glied des auserwählten Volkes war, von Gott als sein Eigentum gekennzeichnet. Er war Glied der jüdischen Rasse. Das heißt, er war Angehöriger der Nation, die in einem Bundes-Verhältnis zu Gott stand. Kein anderes Volk konnte das von sich sagen. Er gehörte zum Stamm Benjamin. Das wiederholt Paulus in Römer 11,1 noch einmal. Was bedeutet diese Aussage? Der Stamm Benjamin nahm in der Geschichte Israels einen einzigartigen Platz ein. Aus dem Stamm Benjamin kam der erste König Israels — Saul war ein Benjaminiter. Benjamin war der einzige der Erzväter, der tatsächlich im verheißenen Land geboren war. Als Israel sich zum Kampf rüstete, war es der Stamm Benjamin, der den Ehrenplatz einnahm. Der Schlachtruf im Volk Israel lautete: ›Hinter dir her ... oh Benjamin!‹
Im Hinblick auf seinen Stammbaum war Paulus nicht nur Israelit, sondern er gehörte zur Aristokratie. Er war Hebräer und stammte von Hebräern ab. Das heißt, Paulus kam nicht aus den

Juden der Zerstreuung, die im fremden Land teilweise ihre eigene Sprache vergessen hatten. Er war Jude, der die Sprache der Väter übernommen hatte und kannte.

Er war Pharisäer. Er war also nicht nur ein frommer Jude. Er war mehr – einer der Auserwählten, die allen normalen Aktivitäten abgeschworen hatten, um ihr Leben ganz dem Halten des Gesetzes zu widmen. Und Paulus hatte dieses Gelöbnis mit solch peinlicher Sorgfalt gehalten, daß er darin absolut ohne Tadel gewesen war.

Paulus kannte das Judentum aufs beste und im tiefsten Sinn. Er kannte es von innen her. Er hatte alle nur möglichen Erfahrungen mit ihm gemacht – hohe und tiefe – und mit dem, was es einem Menschen überhaupt nur vermitteln konnte.«

Haben wir gesehen, wie Paulus seine eigenen Leistungen eingestuft hat? Eine Stufe ist immer höher als die andere:

1. Die Belange des Gesetzes
2. Glaubenseifer
3. Gerechtigkeit

Es ist das letzte, was sich besonders abhebt – das höchste Ziel. »Wenn ich das alles im Geist zusammenzähle, dann war ich am Ziel. Verglichen mit allen anderen, war ich *der* Gerechte.«

Paulus überflügelte alle seine Zeitgenossen, stellte alle anderen in den Schatten. A. T. Robertson faßt es treffend so zusammen: Paulus hatte ...

»... ein fantastisches Zeugnis, wie es kaum hundert andere im Judentum vorweisen konnten ... Er war die Hoffnung Gamaliels und des Sanhedrin.«

In unserer heutigen Sprache ausgedrückt, gewann jener stolze Pharisäer, bekannt als Saul von Tarsus, alle Preise und Anerkennungen, die verliehen wurden: den Pulitzer-Preis, Ehrenplaketten, Goldmedaillen ... den Nobel-Preis für Kenntnis des antiken Judentums. Wenn es damals Zeitungen oder Zeitschriften gegeben hätte, hätte man sein Bild auf der Titelseite gefunden und die Schlagzeilen hätten ihn als den »religiösen Eiferer des Jahrzehnts« gepriesen. Sein Name wurde bei allen genannt, die etwas auf sich hielten. Jeder, der ein Vorbild suchte, um ihm nachzueifern, wäre irgendwann auf den Gelehrten aus Tarsus gestoßen. Doch hätte man sich beeilen müssen, um noch etwas von ihm zu haben. Er war zwar noch nicht annähernd zu Ende gekommen mit seinem Plan, die Welt vom Christentum zu befreien — der letzte Eintrag in seinem Tagebuch lautete:»Nächster Stop: Damaskus.«Aber auf dieser schicksalsträchtigen Reise änderte sich dann alles.

Sein ganzes Leben erfährt eine Wandlung

Während Paulus noch auf der Woge seines internationalen Rufes schwamm, fand er seinen Herrn in der Person Jesu Christi. Noch war er außerhalb der Stadt Damaskus, als plötzlich ein strahlendhelles Licht vom Himmel ihn erblinden ließ. Dazu ertönte eine Stimme, die wie das Rauschen von ein paar Niagarafällen zusammen geklungen haben mag:»Saul ... Saul ... Warum verfolgst du mich?«Obwohl durch das Licht geblendet, erfaßte der Pharisäer zum erstenmal in seinem Leben, was vollkommene Gerechtigkeit war. Und zum erstenmal in seinem Leben war er selbst demütig. Seine Prachtgewänder der Selbstgerechtigkeit waren nur noch schmutzige Lumpen. All seine Auszeichnungen und Medaillen und beeindruckenden menschlichen Ehrungen waren so wertlos wie Holz, Heu, Stoppeln. Ein einziger Blick auf die wahre, vom Himmel herabgesandte Gerechtigkeit reichte aus, um ihn für immer davon zu überzeugen, daß er sein ganzes bisheriges Leben auf dem falschen Weg verbracht hatte. In halsbrecherischem Tempo war er mit falscher Zielsetzung und aus falschen Gründen vorwärtsgeeilt.

Jetzt können wir vielleicht die Bedeutung des kleinen Wortes »Aber« ermessen, das Paulus ausspricht, nachdem er alle seine Vorzüge und Erfolge aufgezählt hat:

> »*Aber* was mir Gewinn war, das habe ich um Christi willen für Schaden erachtet. Ja, ich erachte es noch alles für Schaden gegenüber der überschwenglichen Erkenntnis Christi Jesu, meines Herrn. Um seinetwillen ist mir das alles ein Schaden geworden, und ich erachte es für Dreck, damit ich Christus gewinne und in ihm erfunden werde, daß ich nicht habe meine Gerechtigkeit, die aus dem Gesetz kommt, sondern die durch den Glauben an Christus kommt, nämlich die Gerechtigkeit, die von Gott dem Glauben zugerechnet wird.« Phil 3,7-9

»Aber!« Gott gebot ein abruptes und absolutes Halt auf dem wahnsinnigen Weg des Paulus. Sein gesamter Bezugsrahmen wurde umgestoßen. Seine ganze Perspektive verändert. Seine Denkweise und natürlich sein gesamter Lebensstil wurden von diesem Tage an radikal umgewandelt. Er sah zum erstenmal, wie

sehr und vollständig er in die Irre gegangen war. Als diese neuge-
fundene göttliche Perspektive seinen alten Hunger nach irdi-
schem Beifall und den alten Drang nach menschlicher Gerechtigkeit beiseite schob, fühlte er sich total bankrott, auf dem Null-
punkt. Und all die Auszeichnungen, für die er sich so lange abge-
müht hatte, an denen er sich so lange erfreut hatte? Jetzt betrachtete er sie als Verlust und als Schund. Nachdem er sich vorher die
Prachtgewänder des Stolzes auf eigene Leistungen angezogen
hatte, fühlte er sich jetzt völlig nackt und geistlich bankrott.
Nachdem er sich früher selbst ein Zeugnis ausgestellt hatte, begleitet von der Hochachtung anderer Menschen, ist ihm nun klar-
geworden, was für ein Versager er in der Einschätzung seines
Meisters und Herrn gewesen war. Und jener aufsehenerregende
Augenblick, in dem er die göttliche Gerechtigkeit erkannt hatte,
wurde nun seinem leeren Konto gutgeschrieben. Er sah sich
selbst plötzlich überkleidet von der ihm zugerechneten Gerechtigkeit Christi. Das veränderte alles in ihm und um ihn.

Eine Aussage über seine verzehrende Leidenschaft

Hörte nun alles Leben auf? War alles schon getan? Kaum. Jetzt
begann Paulus erst wirklich zu leben. An diesem Punkt geschah
es, daß Paulus wieder lachen konnte! Mit verwandeltem Herzen
bezeugte er, wie groß sein Streben nach Christusähnlichkeit nun
war ...

> »Ihn möchte ich erkennen und die Kraft seiner Auferstehung
> und die Gemeinschaft seiner Leiden und so seinem Tode gleich-
> geschaltet werden, damit ich gelange zur Auferstehung von den
> Toten.«   Phil 3,10-11

Es ist schwer zu begreifen, daß ein so stürmischer und entschlos-
sener Mann wie Saul von Tarsus solche zarten Worte finden
konnte. Schauen wir sie uns noch einmal an. Vielleicht könnte
man sie das Credo des Paulus nennen, sein Glaubensbekenntnis.
Da war nichts mehr von Vertrauen auf »Fleisch«, sondern nur
noch eine verzehrende Leidenschaft, den Rest seines Lebens auf
dieser Erde dazu zu nutzen, Christus besser kennenzulernen,
sich immer mehr auf die Kraft seiner Auferstehung zu verlassen,
seiner Leiden persönlich teilhaftig zu werden, und immer mehr
und vollständiger in das Bild Jesu Christi verwandelt zu werden.
Seine Träume, alles allein schaffen zu können, waren für immer
zerschellt an dem Felsen Jesus Christus.

Die nackte Wahrheit für alle, die sich darauf einlassen wollen

Wenn Sie zu den großen Aktivisten, den Erfolgsmenschen gehören, an die ich mich in diesem Kapitel gewandt habe, empfehle ich Ihnen, noch ein wenig weiterzulesen. Ich vermute, daß diese Gedanken nicht gerade das sind, womit Sie sich normalerweise beschäftigen. Ihre Welt läßt für persönliche Schwäche nicht viel Raum, oder? Sie verlassen sich nicht auf die Hilfe von anderen, sondern nur auf Ihre eigene Kraft und Ihre Möglichkeiten, nicht wahr? Ihr ganzes Leben lang sind Sie stark und kampfbereit aufgetreten, immer im Bestreben — auch mit den Ellenbogen —, die höchsten Auszeichungen für sich zu gewinnen, und in der Hoffnung, Ihren eigenen, angenehmen Weg zu gehen. Worauf Sie am meisten stolz sind, sind Ihre Leistungen — natürlich, weil sie das einzige sind, das Sie für all Ihre harte Arbeit nun vorzeigen können. In vieler Hinsicht haben Sie ihr Ziel erreicht — wenigstens nach Ansicht anderer. Sie besitzen eine beneidenswerte Liste von Errungenschaften und Kenntnissen. Ein paar möchte ich aufzählen:

1. Eine geachtete Position mit einem klingenden Titel
2. Ein gutes Gehalt samt einigen beneidenswerten Zulagen
3. Eine wachsende Popularität unter Ihren Artgenossen
4. Auszeichnungen, die man an die Wände hängen kann
5. Das schnittige Auto, das draußen auf Ihrem Parkplatz steht (und der dazugehörige Parkplatz)
6. Ein Kleiderschrank voll eleganter und stilvoller Kleidung
7. Ein schönes Grundstück, auf dem man sich zu Hause fühlen kann . . . vielleicht steht dort nicht nur ein Sommerhaus, sondern eins für das ganze Jahr
8. Die Wahrscheinlichkeit, noch mehr zu leisten und zu verdienen
9. Ein Gefühl der Macht, das in dem Wissen begründet ist, daß Sie alles kaufen können, was Sie nur wollen, und das zu jeder Zeit
10. Das Gefühl der Leistung — Sie haben es geschafft!

Das sind garantiert die Dinge, für die die meisten Leute, die Sie kennen, ihr ganzes Leben einsetzen in der Hoffnung, sie zu erreichen. Und nun sind Sie auch noch Mitglied jenes Elite-Clubs: Anonyme Erfolgsmenschen (spätestens dann sind Sie gewöhnlich nicht mehr anonym. Vielleicht könnte man sagen, daß sie zum MITTT-Club gehören — Made It to the Top — Sie haben es geschafft!)

Doch wir wollen ein wenig unter die Oberfläche blicken und uns eine andere Aufstellung ansehen:

1. Wie sieht Ihr persönliches Leben aus? Ich beziehe mich damit auf Ihr wirkliches Ich, das da ist, wenn niemand zuschaut ... wenn Sie z.B. alleine im Auto oder in einem Boot oder im Flugzeug sitzen. Sind sie zufrieden und innerlich gelassen?
2. Wie steht es mit Ihrer Ehe? Und die Beziehung zu Ihren Kindern, ist die gut?
3. Wenn Sie mir erlauben, Ihnen so nahe zu kommen – dürfen wir einen Blick in das Innere Ihrer Person werfen? Fühlen Sie sich sicher oder kennen Sie Ängste? Gibt es Gewohnheiten, die Sie nicht mehr unter Kontrolle haben? Sind da Süchte, die Sie anscheinend nicht überwinden können?
4. Lassen Sie mich ein paar Wenn-Fragen stellen: Was wäre, wenn Sie krank würden? Was wäre, wenn Sie Ihre Arbeitskraft verlören? Was wäre, wenn Sie Ihren Titel einbüßten? Was wäre, wenn Ihre nächste ärztliche Untersuchung zur Feststellung eines Knotens führte ... und dieser Knoten sich als bösartig erwiese? Was wäre, wenn Sie einen Schlaganfall erleiden würden? Sind Sie bereit zu sterben?
5. Gibt es Geheimnisse, die Sie quälen? Gibt es bedrückende Sorgen, die sich nicht vertreiben lassen ... daß z.B. das Geld entwertet werden könnte?
6. Und schließlich: Hat das Leben für Sie mehr und mehr an Freude gewonnen? Lachen Sie manchmal – ich meine, wirklich von Herzen lachen – jetzt, wo Sie doch alles erreicht haben? Oder sind Sie immer noch zu sehr umgetrieben, um sich zu entspannen?

Wenn Sie diese Fragen ehrlich beantwortet haben – oder sich wenigstens die Zeit genommen haben, sie zu lesen –, dann sind Sie wohl auch bereit, den Rest noch zu hören.

Als erstes möchte ich sagen: Den Sinn des Lebens in den eigenen Leistungen zu sehen, schafft zwar in dieser Zeit Ansehen und Ehre, läßt Sie aber in geistlicher Hinsicht für immer bankrott gehen. Lesen Sie das bitte noch einmal. Und dann denken Sie an den Mann aus dem ersten Jahrhundert, über den wir gesprochen haben – Saul von Tarsus. Denken Sie darüber nach, was aus seinem Leben geworden wäre, wenn er auf den Anruf und den Anspruch Christi nicht so positiv geantwortet hätte, wie er es tat.

Zweitens: Umkehren und auf die Tat Jesu am Kreuz trauen, gibt Ihm die Ehre in dieser Zeit und schenkt Ihnen die vollkommene Gerechtigkeit für alle Ewigkeit.

Ich wende mich an Ihre Intelligenz und möchte Sie fragen: Welcher Weg hat mehr Sinn? Und gerade wenn Sie denken, daß ein Erfolgsmensch sich nicht mehr ändern kann, denken Sie an jenen Mann von Tarsus. Er tauschte nicht nur eine Religion gegen eine andere aus ... er schob nicht nur ein System von Riten und Traditionen gegen andere Gewohnheiten und Ordnungen beiseite. So ein Religionswechsel ist heute modern. Oder man sucht sich einfach eine andere Kirche. Das ist Unsinn. Saul bekam eine neue Religion, wechselte auch kaum das Gotteshaus nach seinem Damaskus-Erlebnis. Er wurde aber durch und durch und radikal bekehrt, umgekrempelt, wie der Mann, der die folgenden Zeilen schrieb:

Die Wege des Lebens ging ich mit leichtem Schritt,
Komfort und Vergnügen nahmen mich mit.
Und dann — in der Stille, ich suchte nicht —
sah ich dem Meister ins Angesicht.

Mit Stellung und Rang und Reichtum als Ziel,
viel Sorg' für den Leib, für die Seele nicht viel,
zog ich ins Leben — ich zweifelte nicht,
da — sah ich dem Meister ins Angesicht.

Ich baute Schlösser und baute sie hoch,
mit Türmen bis in den Himmel gereckt.
Beherrschen wollte ich meine Welt;
da — sah ich dem Meister ins Angesicht.

Ich sah ihn, und im Erkennen erkannte ich mich,
und im Blick seiner Augen las ich sein Sorgen.
Mein Stolz kam ins Wanken, ich fiel vor ihm nieder,
und all meine hochgetürmten Schlösser entschwanden.

Sie zerbrachen und schwanden — in hellem Licht
sah ich nichts als des Meisters Angesicht.
Und ich rief aus der Tiefe: Herr, lehre mich folgen
den Zeichen, die dein Leidensweg uns hinterließ.

Durchhalten  ... und es fröhlichen Herzens tun

An einem Tag in jedem Jahr träumen kleine Jungen große Träume. Sie mögen es nicht zugeben, aber in ihren Köpfen schwirren dann Bilder von ihnen selbst herum, wie sie irgendwann einmal von Millionen von Menschen aus aller Welt angestaunt werden. In ihren Vorstellungen tragen sie Sportkleidung und gehören zu einer Bundesligamannschaft, die gerade um die Meisterschaft kämpft. Diesen Tag der Träume nennen wir ... Erstaunlicherweise erreichen es ein paar dieser kleinen Jungen, die große Träume träumen, daß sie im großen Spiel mitmachen.

Ich kann nicht sagen, was andere Menschen zu Fußballfans macht, aber ich kann Ihnen erzählen, was *mich* mit solchem Interesse die Spiele verfolgen läßt. Weit über das Schmettern und Schießen, die Härten und Anstrengungen des Spiels hinaus sehe ich eine Analogie zwischen Fußball und dem Leben. Wer eisern durchhält, nicht aufgibt, wie schwierig, strapaziös oder enttäuschend die Anforderungen auch sein mögen, der hat die besten Aussichten aufs Gewinnen des Spiels. Und das sind auch diejenigen, die die größte Befriedigung und Freude in ihrem irdischen Leben haben. Henry David Thoreau sagte einmal:

>»Wenn jemand vertrauensvoll auf die Erfüllung seiner Träume zugeht und bemüht ist, das Leben zu leben, das er sich vorgestellt hat, wird er ganz unerwartet im Alltag zum Erfolg gelangen.«

Das hört sich vielleicht nach einem billigen Patentrezept an. Aber so ist es nicht. Ich empfinde in dieser Aussage Thoreaus nur die Empfehlung anhaltender, unermüdlicher Entschlossenheit, in der gleichen Richtung weiterzugehen. Es ist kein Rezept, um schnell reich zu werden, kein Erfolgsstreben, das über Nacht zum Zuge kommt, sondern nur ein vertrauensvolles Vorwärtsschreiten in die richtige Richtung — solange ein Prozeß währt. Träume sind wichtig, das ist keine Frage. Doch sie müssen verbunden sein mit geduldiger Disziplin, an der harten Aufgabe dranzubleiben, durchzuhalten, einerlei was kommt.

135

Ein kurzer Blick in die Buchläden unserer Tage

Das ist nicht gerade die Botschaft, die heute die Massen anzieht. Diese Erkenntnis traf mich knallhart, als ich kürzlich in einer neuen Buchhandlung in der Nähe meiner Wohnung an den Regalen stand und ein wenig in den ausgestellten Bänden herumstöberte. Als ich den Bereich Management und Motivation vor Augen hatte, verrieten die Titel etwas davon, wie die Gesellschaft heute über Geduld und langfristigen Einsatz denkt.

1. Der Weg zum Reichtum
2. Gewinn motiviert
3. Wahre Bedürfnisbefriedigung
4. Das Geheimnis der Führerschaft des Hunnen Attila
5. Gewinnen durch Einschüchterung
6. Den amerikanischen Traum verwirklichen (mit 35 Jahren pensioniert zu sein)
7. Die Kunst der Selbstverwirklichung
8. Wie komme ich nach oben?
9. Wie man das erreicht, was man sich wirklich wünscht
10. Geheime Wege zu schnellem Erfolg

Wer nimmt hier wen auf den Arm? Trotz all dieser Augenwischerei und klug klingender Titel — das sogenannte Geheimnis, wie man alles Nützliche und Gute auf schnellem Wege erreichen könnte, ist Lichtjahre von der Wahrheit entfernt. Letztlich wird »das Rennen nur gewonnen«, wenn man die richtigen Ziele hartnäckig verfolgt. Ob es darum geht, daß ein Sportler beim Super-Bowl-Spiel mitmachen darf, ob Eltern eine Schar Kinder zu erziehen haben, eine junge Frau ihre Doktorarbeit schreibt oder ein begabter Musiker sein Talent an einem Instrument zur vollkommenen Beherrschung ausbildet — durchhalten und einen langen Atem haben ist immer noch die Investition, die den reichsten Gewinn abwirft. Und, das möchte ich noch hinzufügen, es bringt die größte Freude.

Noch ein Blick auf die Anweisungen des Paulus

Im letzten Kapitel haben wir uns mit dem früheren Leben des Paulus befaßt. Als junger Gelehrter hatte er alle seine Altersgenossen weit überflügelt. Seine Herkunft, seine Ausbildung, seine Leistungen, sein Eifer, seine Stellung, seine Leidenschaft – das alles ließ ihn als geeignet für einen Sitz im Hohen Rat der Juden, dem Sanhedrin, erscheinen. Das Zauberwort »Anerkennung« verlieh ihm die nötige Überlegenheit ... bis ihm auf seinem Weg Einhalt geboten wurde vom auferstandenen, souveränen Christus ... bis er betäubt und zermalmt am Boden lag durch die Offenbarung des Sohnes Gottes.

John Pollack schreibt in einem Buch mit dem Titel »Der Mann, der die Welt erschütterte«:

>»Paulus konnte nicht glauben, was er hörte und sah. Seine tiefste Überzeugung, sein Verstand und seine Ausbildung, sein Ruf, seine Selbstachtung forderten, daß Jesus nicht wieder lebendig geworden war. Er versuchte, Zeit zu gewinnen, und fragte: ›Wer bist du, Herr?‹ Dabei benutzte er ein Wort als Anrede, das etwa heißen konnte: ›Euer Ehren‹. ›Ich bin Jesus, den du verfolgst. Es ist schwer für dich, so gegen den Stachel anzugehen.‹
>Dann wußte er es. In einer Sekunde, die eine Ewigkeit zu sein schien, sah Paulus die Wunden in Jesu Händen und Füßen, sah sein Gesicht und *wußte,* daß er den Herrn sah. Daß er lebte, wie Stephanus und die anderen gesagt hatten, und daß er nicht nur diejenigen liebte, die Paulus verfolgt hatte, sondern auch ihn, Paulus: ›Es ist schwer für dich, jetzt gegen den Stachel anzugehen.‹ Kein Wort des Vorwurfs.
>Paulus hatte vor sich selbst niemals zugegeben, daß er diesen Stachel auch gefühlt hatte, als er gegen Stephanus und seine Freunde gewütet hatte. Doch jetzt kam ihm augenblicklich auf niederschmetternde Weise zu Bewußtsein, daß er gegen *Jesus* gekämpft hatte. Und er hatte in Wirklichkeit auch gegen sich selbst gekämpft, gegen sein Gewissen, seine Kraftlosigkeit, gegen die Dunkelheit und das Chaos in seiner Seele. Gott hatte über diesem Chaos gewacht und schuf jetzt eine ›neue Kreatur‹ aus ihm. Er wartete nur auf das ›Ja‹ des Paulus.
>Paulus zerbrach.
>Er zitterte und war nicht in der Lage, das Pro und Kontra der beiden Seiten abzuwägen. Er wußte nur noch, daß er eine Stimme gehört und den Herrn gesehen hatte. Und daß nichts mehr zählte, als ihn zu finden und seinem Willen zu gehorchen. ›Was soll ich tun, Herr?‹«

Im Jahr 1959 saß ich in der Kapelle eines Theologischen Seminars und hörte einem bekannten Pastor zu. Wie gewöhnlich bei solchen Anlässen machte ich mir Notizen. Plötzlich hielt ich dabei inne. Der Prediger hatte eine Aussage gemacht, die sich mir tief ins Gehirn einbrannte: »Wenn Gott eine unmögliche Aufgabe bewältigen will, nimmt er einen unmöglichen Mann und zerschmettert ihn.« In den Jahren, die inzwischen vergangen sind, habe ich eingesehen, wie recht er hatte. Das ist oft der Weg, wie Gott mit willensstarken, widerspenstigen Leuten umgeht.

Paulus war beides, und so brauchen wir uns nicht zu wundern, daß er von Gott zerbrochen wurde. »Zerschmettert« nennt es Pollack. Und darum beginnt Vers 7 in Philipper 3 mit »Aber«. In der Tat gibt Paulus zu: »Ich hatte mir all diese Auszeichnungen erworben, die Preise gewonnen, den Beifall erhalten, alle meine Zeitgenossen beeindruckt ... *aber* Gott nahm die Ehrenurkunden alle von den Wänden herunter. Er rückte alles in die richtige Perspektive, als er meinen Stolz zerschmetterte, mein Herz gewann und zu mir kam, um in mir zu leben.«

> »Aber was mir Gewinn war, das habe ich um Christi willen für Schaden erachtet. Ja, ich erachte es noch alles für Schaden gegenüber der überschwenglichen Erkenntnis Christi Jesu, meines Herrn. Um seinetwillen ist mir das alles ein Schaden geworden, und ich erachte es für Dreck, damit ich Christus gewinne und in ihm erfunden werde, daß ich nicht habe meine Gerechtigkeit, die aus dem Gesetz kommt, sondern die durch den Glauben an Christus kommt, nämlich die Gerechtigkeit, die von Gott dem Glauben zugerechnet wird.« Phil 3,7-9

Ich bin gerechtgesprochen! Gottes Liebe ist zu mir gekommen! Die Gegenwart Christi hat ihren Wohnsitz bei mir aufgeschlagen. Er hat mich verändert! Die Last meiner Schuld ist weggenommen! ... die Quelle der Gerechtigkeit sprudelt! Meine Beziehung zu Gott ruht nun auf Glauben, nicht auf Werken. Welch eine Erleichterung!

Paulus war eindeutig ein verwandelter Mann. Zu seiner eigenen Verwunderung begann er wieder zu lachen.

Aber was nun? War er am Ziel angekommen? Gab es nichts mehr zu tun, als herumzusitzen und zu träumen ... träumen ... träumen? Nein, und nochmals nein. Nach seinen eigenen Worten heißt es: »Ich stürme vorwärts ... ich jage ihm nach.«

> »Nicht, daß ich's schon ergriffen habe oder schon vollkommen sei; ich jage ihm aber nach, ob ich's wohl ergreifen könnte, weil ich von Christus Jesus ergriffen bin.
> Meine Brüder, ich schätze mich selbst noch nicht so ein, daß ich's ergriffen habe. Eins aber sage ich: Ich vergesse, was dahinten ist, und strecke mich aus nach dem, was da vorne ist, und jage

nach dem vorgesteckten Ziel, dem Siegespreis der himmlischen Berufung Gottes in Christus Jesus. Wieviele nun von uns vollkommen sind, die laßt uns so gesinnt sein. Und solltet ihr in einem Stück anders denken, so wird euch Gott auch das offenbaren. Nur, was wir schon erreicht haben, darin laßt uns auch leben.« Phil 3,12-16

Die ersten Zeilen dieser Stelle empfinde ich nicht wenig erleichternd. Bei einem Hintergrund, wie Paulus ihn hatte, könnte man leicht denken, daß er »das Leben im Griff gehabt« hätte. Ich bin manchmal superfrommen Männern und Frauen begegnet, die eine geradezu inflationistisch hohe Meinung von sich hatten. Manchmal ging das so weit, daß man sich fragte, ob sie wohl selbst das glaubten, was sie alles von sich gaben. (Ich bekenne, wenn ich solche Leute treffe, beschleicht mich jedesmal die Versuchung, ihren Ehepartner aufzusuchen und mich zu erkundigen, wie es ist, mit einem solchen Menschen zusammenzuleben, der es »geschafft hat«. Ehepartner sind am besten geeignet, Selbstzeugnisse zu korrigieren.)
Wenn ich über die Aussagen des Paulus nachdenke und darüber, wie sich seine Lebensphilosophie zusammenfassen ließe, tauchen fünf Gedanken vor mir auf:

1. Sein Ziel heißt Fortschritt, nicht Vollkommenheit.

Zweimal macht er – unabhängig voneinander – die Aussage, daß er weit davon entfernt ist, vollkommen zu sein: »Nicht daß ich's schon ergriffen habe... vollkommen zu sein... Ich schätze mich selbst noch nicht so ein, daß ich's ergriffen habe ...«
Was bedeutet dieses »es«? Christusähnlichkeit! Wahrhafte und vollständige Gottähnlichkeit in ihrer höchsten Form, wo keine Besserung mehr möglich ist. Kein Mensch auf dieser Erde kann diesem Anspruch genügen.
Ein Grund zum Durchhalten ist der, daß die Unvollkommenheit immerwährendes Kennzeichen unseres Lebens ist. Da gibt es häufig Kräfte, die uns an unsere Menschlichkeit erinnern und immer wieder ihr häßliches Haupt erheben. Das gilt für uns selbst wie für andere. Wir selbst sind unvollkommen, leben in einer unvollkommenen Welt und sind von unvollkommenen Leuten umgeben, die in ihrem Alltag immerzu neue Unvollkommenheiten schaffen. Glücklich die Menschen, die das nicht vergessen. Sie werden entdecken, daß das Leben nicht annähernd so verwundernd ist, wenn Sie daran denken, daß das Ziel heißt: vorwärts, trotz des Mangels an Vollkommenheit.

Perfektionisten haben eine Menge Kampf damit. Sie möchten, daß das Leben völlig unbeschadet durch andere gelebt werden kann. Aus diesem Grund habe ich vor Jahren bereits gesagt, daß Perfektionisten Menschen sind, die ihren Kummer und ihre Schmerzen in die Hand nehmen – und sie anderen aufbürden. Wenn ein begabter Mann wie Paulus es zugibt, daß er »es noch nicht geschafft hat«, sollten wir keine Probleme haben, es ihm nachzusprechen. Trotzdem: die Hauptparole des Lebens heißt »vorwärts«. Wenn Sie in Ihrem Leben Veränderungen wahrnehmen können – zu, sagen wir, der Zeit vor einem Jahr oder auch mehr –, dann seien Sie ganz getrost! Sie sind auf dem richtigen Weg.

2. Das Vergangene ist vorbei ... vergessen Sie es!

Das ursprüngliche Wort, das Paulus benutzte, als er schrieb: »Ich vergesse, was dahinten ist«, war ein griechischer Ausdruck, der ein vollständiges Vergessen bedeutet. Es war ein Begriff aus der antiken Welt des Sports, der für einen Läufer gebraucht wurde, der einen anderen Läufer im gleichen Rennen überholte: Wenn er in Führung ging, drehte er sich niemals mehr um, um zurückzuschauen. Er vergaß den Konkurrenten einfach. Der Spitzenläufer behielt nur noch das vor ihm liegende Zielband im Auge – alles andere war erledigt.

Die unglücklichsten Menschen, die ich je kennengelernt habe, sind die, die ihr ganzes Leben lang über die Schulter zurückblicken. Welch eine Verschwendung an Zeit und Kraft! Nichts, was zurückliegt, kann mehr geändert werden.

Und was finden wir in der Vergangenheit? Nur zwei Dinge: eine Menge an Kenntnissen und Leistungen, die uns entweder stolz machen können, wenn wir sie nochmal nacherleben, oder auch träge und gleichgültig, indem wir uns auf ihnen ausruhen ... oder aber, wir finden eine Menge an Niederlagen und Versagen, was beides nur Gefühle der Schuld und Scham in uns weckt. Warum in aller Welt möchte jemand in dieses Sumpfgelände zurückkehren? Das habe ich noch nie verstehen können. Indem wir uns die unrühmlichen, fruchtlosen Ereignisse von gestern wieder ins Gedächtnis rufen, wird uns die Lebenskraft entzogen, mit der wir den Forderungen des Heute begegnen sollten. Wenn wir das Unrecht von damals, das inzwischen vergeben wurde, wieder ausgraben, dann bringt uns das aus der Spur und demoralisiert uns. Es gibt wenig Freudekiller, die so heimtückisch sind wie Erinnerungen an Vergangenes, das uns in unseren Gedanken immer noch verfolgt. Paulus sagt, daß wir das hinter uns Liegende vergessen sollen. Das ist ein guter Rat für alle, die durchhalten wollen.

3. Die Zukunft bietet Hoffnung an ... strecken wir uns danach aus!

Ich bin nicht der erste, der darauf hinweist, daß Paulus wohl die bei den olympischen Spielen so geliebten Wagenrennen im Sinn hatte, als er schrieb:»... ich strecke mich aus nach dem, was da vorne ist.« Er sah den Wagenlenker vor sich, wie er da in dem kleinen zweirädrigen Wagen stand, mit den langen Lederzügeln in der Hand, den Kopf vorgebeugt, um die Balance zu halten. Können Sie es sich vorstellen?

Der Vergleich ist eindeutig. Das Rennen, um das es Paulus jetzt geht, ist das Leben. Dem, was vor uns liegt, sollen wir uns entgegenstrecken. Dieses Sichausstrecken und Nachjagen verleiht dem Leben einen leidenschaftlichen, abenteuerlichen Schwung. Unser Dasein sollte niemals eine passive Koexistenz mit feindlichen Mächten sein, während der wir auf unsere himmlische Heimat warten. Doch auf diese Bahn geraten wir leicht, besonders wenn wir ein gewisses Alter erreicht haben (so etwa ab Mitte fünfzig). Dann kann es geschehen, daß wir »die Schicht« verlassen, uns auf neutrales Gebiet zurückziehen und alles nur noch nehmen, wie es gerade kommt.

Hier möchte ich einen Augenblick einhalten und Ihnen drei Fragen stellen:

1. Haben Sie die Vergangenheit hinter sich gelassen — ich meine, sind Sie vollständig darüber hinausgekommen?
2. Haben Sie Fortschritte in Ihrem Leben zu verzeichnen — irgendwelche bewußten Fortschritte?
3. Verfolgen Sie leidenschaftlich einen Traum? — Ein spezifisches Ziel?

Mir fällt gerade Robert Ballard ein. Bedeutet der Name etwas für Sie?

Robert Ballard war ein Mann, der eine große Suchaktion im Kopf hatte. Er hatte sich vorgenommen, die Titanic zu finden. Und tatsächlich, am 1. September 1985 entdeckte er das gesunkene Schiff im Nordatlantik, mehr als 500 Meilen von der Küste entfernt. Mir läuft ein Schauer über den Rücken, wenn ich die Beschreibung lese, wie er zum erstenmal die helle Lichtsonde nach unten schickte und mehr als zwei Meilen unter der Oberfläche des eiskalten Wassers fand, was er gesucht hatte:

»Die erste direkte Sicht der Titanic währte weniger als zwei Minuten, doch der starre Anblick des riesigen schwarzen Rumpfes, der sich auf dem Meeresboden auftürmte, wird für immer in meinem Gedächtnis bleiben. Es war der Traum meines Lebens gewesen, dieses Schiff zu finden, und während der letzten 13 Jahre hatte dieses Streben mich ganz beherrscht.«

Was ist Ihr spezielles Ziel? Nach was strecken Sie sich aus? Es ist etwas wunderbar Anregendes um dieses Sich-in-die-Zukunft-hineinstrecken ... mit freudiger Erwartung. Wer im Leben immer neue Abenteuer sucht, bleibt jünger, kann besser denken und lauter lachen. Ich sprach vor kurzem mit einem Mann mittleren Alters, der mir erzählte, daß er versuche, sich selbst Mandarin beizubringen — einen der chinesischen Dialekte. Wenn er in ein paar Jahren dann vorzeitig pensioniert sei, möchte er nach China gehen und dort Englisch als zweite Sprache lehren. Er lachte von einem Ohr zu anderen, als er mir diesen Plan mitteilte, und ich ermutigte ihn, sich weiterhin nach all dem auszustrekken, was noch vor ihm lag.

Cynthia und ich frühstückten neulich mit einem Paar in den dreißiger Jahren. Sie erwogen ernsthaft, mitten in ihrer beruflichen Laufbahn umzusatteln und etwas Neues anzufangen. *Er* möchte zu einem Seminar gehen und *sie* einen Job annehmen, um den Lebensunterhalt für sie beide zu verdienen. Einige Jahre haben sie darüber nachgedacht. Beide sind sehr engagiert, sehr motiviert. Sie sagten allerdings, wir seien die ersten, die Begeisterung für ihren Plan zeigten. Alle anderen, denen gegenüber sie die Sache erwähnt hätten, hätten sich bloß beeilt, alles aufzuzählen, was da schiefgehen könnte. Alle Opfer hatten sie ausgemalt, die sie eventuell würden erdulden müssen. Warum sie sich nur auf so etwas eingelassen hätten! Ich machte ihnen Mut, dabeizubleiben, sich nach einem Ziel auszustrecken — ihren Traum anzustreben. Und — muß ich es eigentlich noch sagen? — als sie weggingen, lachten sie wieder.

> Der Plan Gottes für uns heißt: Fortschritt, nicht Vollkommenheit.
> Das Vergangene ist vorbei, vergessen Sie es.
> Die Zukunft bietet Hoffnung an, strecken Sie sich danach aus.

4. Das Geheimnis besteht in einer entschlossenen Haltung ... bleiben Sie dabei.

Paulus erwähnt es noch einmal ganz besonders, daß es um die rechte Einstellung geht. Ich habe in einem früheren Kapitel

142

schon davon gesprochen. Vielleicht sollten wir an dieser Stelle das Thema noch einmal aufgreifen. Die Einstellung ist ein so lebenswichtiger Faktor im Leben eines Menschen, der durchhalten will. Sie ist ganz besonders wichtig für Menschen, die auf dem Weg zu innerer Reife sind ... die geistlich schon ein Stück gewachsen und bereit sind, die nächste Lektion auf diesem Weg zu lernen.

Dazu möchte ich sagen, daß ich sehr froh bin über die gütige Art, in der Paulus anderen die Freiheit läßt, auf ihre eigene Art weiter zu wachsen: »Und solltet ihr in einem Stück anders denken, so wird euch Gott auch das offenbaren.« Doch soweit es den Apostel betraf, so gehörten das Durchhalten im Glauben und eine entschiedene Haltung unbedingt zusammen.

Eine ähnliche Aussage gibt es an anderer Stelle im Neuen Testament:

> »Meine lieben Brüder, erachtet es für lauter Freude, wenn ihr in mancherlei Anfechtung fallt, und wißt, daß euer Glaube, wenn er bewährt ist, Geduld wirkt.
> Die Geduld aber soll ihr Werk tun bis ans Ende, damit ihr vollkommen und unversehrt seid und kein Mangel an euch sei.«
> Jak 1,2-4

Das heißt wiederum nicht, daß wir absolut perfekte Menschen würden. Wir haben schon darüber gesprochen, daß dies niemals das Ziel sein kann. Er hat vielmehr geistliche Reife im Blick. Jakobus sagt im Grunde das gleiche wie Paulus — nach der Living Bible heißt es:

> »Liebe Brüder, ist euer Leben voller Schwierigkeiten und Versuchungen? Dann seid glücklich, denn wenn der Weg rauh ist, kann eure Geduld wachsen. So laßt sie wachsen und versucht nicht, euch aus den Problemen herauszuwinden. Wenn eure Geduld schließlich sich voll entfaltet hat, dann seid ihr vorbereitet für alles, habt einen starken Charakter, seid reif und vollkommen.«
> Jak 1,2-4

Ich denke, daß der Prozeß des Wachsens einem Dominospiel ähnelt. Versuchungen und Prüfungen kommen, um unsere Geduld auf die Probe zu stellen und ihr eine Chance zur Entfaltung zu geben (das tun sie in jedem Fall). Wenn die Geduld zu wachsen beginnt, wird damit ein starker Charakter angelegt, und wir werden zur Reife hin gedrängt. Es gibt keine Abkürzung auf diesem Weg. Doch wenn wir uns den Problemen nicht entziehen, dann werden wir unmerklich zu dem Mann oder der Frau, die wir schon immer sein wollten. Und da ist auch unser Stichwort wieder: »Dann seid glücklich — freut euch — denn wenn der Weg rauh ist ... seid ihr für alles vorbereitet ...« Keine größere Veränderung wird Sie mehr erschrecken.

Jahrelang lebten alle Mitglieder unserer Familie unter einem Dach. Auch als eins nach dem anderen von unseren erwachsenen Kindern heiratete und in sein eigenes Zuhause umzog, wohnten sie weiter in unserer Nähe. Unser Leben blieb miteinander verflochten, und wir bildeten eine eng zusammenhängende, harmonische Gemeinschaft. Und dann, fast über Nacht, wurden wir auseinandergerissen. Es war, als ob eine Bombe eingeschlagen wäre und uns über das ganze Land verstreut hätte.

Unser ältester Sohn Curt und seine Frau Debbie blieben mit ihren drei Kindern in der Nähe. Glücklicherweise waren sie nicht an der Massen-Umzugswelle der Familie Swindoll beteiligt. Doch unsere älteste Tochter Charissa zog mit ihrem Mann Byron und ihren zwei Kindern in die Südstaaten. Byron hatte den Arbeitsplatz gewechselt. Unsere jüngere Tochter Colleen zog mit ihrem Gatten Mark in die Nähe von Chicago. Mark begann dort ein Studium der Theologie. Unser jüngster Sohn Chuck zog nach Florida, um eine Ausbildung als Toningenieur zu machen.

Alle drei Umzüge gingen sehr schnell innerhalb von drei Monaten vor sich ... bang, bang, bang! Cynthia und ich saßen eines Morgens nach dem plötzlichen Aufbruch der meisten Familienangehörigen allein auf der Sonnenveranda. Noch brummte uns der Kopf von all den Nachwirkungen des Durcheinanders. Wir versuchten erst einmal, tief Luft zu holen, und entschieden dann, daß wir uns innerlich gegen diesen Wandel nicht wehren wollten, und daß wir auch nicht darüber klagen wollten. Wir beschlossen bewußt, eine positive Haltung einzunehmen. Das bedeutete, das Geschehen zu akzeptieren und sich den neuen Herausforderungen zu stellen. Die Verbindung zwischen Südkalifornien, Chicago, den Südstaaten und Florida wollten wir, so gut es ging, bewahren.

Da Gott souverän ist und in allem, was uns trifft, gegenwärtig ist, konnten wir diese plötzliche Anfechtung, so weit auseinandergerissen zu werden, wohl ertragen. Und es *war* möglich. Unsere Telefonrechnungen und unsere Reiseaufwendungen reden zwar eine eigene Sprache, das kann ich Ihnen versichern. Aber hinter all dem steht — von beiden Seiten her — das Geheimnis einer engen Zusammengehörigkeit. Jeder von uns hatte seine Freude daran gehabt. Wer weiß? Eines Tages treffen wir uns vielleicht in dem gleichen geographischen Raum wieder. Und dann könnte unser Heim wieder neu mit Wand- an-Wand-wohnenden Kindern und Enkelkindern gefüllt sein – und dann sehnen wir uns vielleicht nach dem Frieden und der Ruhe, an die wir uns endlich gewöhnt hatten! Nein, das ist nur ein Scherz!

Cynthia und mir ging kürzlich auf, daß wir unsere Kinder dazu erzogen hatten, ihre Haltung und Einstellung streng unter Kontrolle zu behalten. Während ihrer gesamten Jugendzeit versuchten wir, über eine positive, kooperative, willige und fröhliche Einstellung zum Leben intensiv mit ihnen zu sprechen und sie ihnen vorzuleben. In unserem Haus war immer ein Lachen zu hören. Warum sollte das jetzt nicht mehr so sein? Es wirkt Wunder! Darum bin ich auch besonders dankbar für das Gedicht Bob Bensons, das er vor einigen Jahren schrieb:

Gelächter in den Wänden

»Ich komme an vielen Häusern vorbei, wenn ich heimgehe –
    an schönen,
        an teuren,
            an einladenden –
doch mein Herz tut dann jedesmal einen schnelleren Schlag,
wenn ich die Straße herunterkomme und mein eigenes sehe,
wie es sich an den Hang dort schmiegt.
Ich bin besonders stolz auf das Haus und sein Aussehen,
vielleicht weil ich die Pläne selbst gezeichnet habe.
Es schien am Anfang groß genug für uns –
ich hatte sogar ein Studio.
Zwei Jungen im Teenager-Alter wohnen jetzt dort.
Und ein Gastzimmer hatte es auch.
Mein Mädchen und neun Puppen sind Dauergäste.
Ein kleines Zimmer gehört Peggy –
sie dachte, es sollte ihr Arbeitsraum sein,
zum Nähen, Bügeln, Stopfen –
zwei Buben schwingen sich durch die quergeteilte Tür –
beanspruchen den Raum für sich.
So sieht es heute nicht so aus, als wäre ich ein guter Architekt.
Doch irgendwann wird das Haus wieder größer sein,
wenn einer nach dem andern geht –
zur Arbeit,
    zum College,
        zum Dienst,
            in ihre eigenen Häuser –
und dann wird Platz da sein –

ein Gastzimmer,
    ein Studierzimmer,
        ein Nähzimmer,
            für uns beide allein.
Doch es wird nicht leer sein –
jede Ecke,
    jedes Zimmer,
        jede Kerbe im Kaffeetisch
            wird voller Erinnerungen sein.
Erinnerungen an Picknicks, an Parties, an Weihnachten,
Nachtwachen an Krankenbetten, an Sommerzeiten,
Kaminfeuer, Winterstürme,
Barfußlaufen, Ferienbeginn und Urlaubsreisen,
Katzen, Gespräche, dunkle Augen,
Abschlußexamen, erste Verabredungen, Ballspiele,
Streitigkeiten, Geschirrspülen, Fahrräder, Hunde,
Bootsfahren, Heimkehr aus dem Urlaub,
Mahlzeiten, Kaninchen
und tausend andere Dinge, die das Leben derer ausmachen, die
fünf Kinder großgezogen haben.
Und Peggy und ich, wir sitzen ruhig am Kamin –
und hören auf das Lachen in den Wänden.«

5. Es ist notwendig, gemeinsam einen hohen Standard zu wahren.

Menschen, die schwer durchmüssen, schaffen es leichter, wenn
sie dabei nicht allein sind. Das gilt besonders in ernsten Krisenzeiten. Benjamin Franklin sagte, als er die Unabhängigkeitserklärung unterzeichnete: »Wir müssen gemeinsam durchhalten,
oder wir werden alle ganz sicher völlig isoliert sein.« Und wenn
wir uns miteinander arrangieren, brauchen wir hohe Normen.
Wie der Apostel an seine Freunde in Philippi schrieb: »Laßt uns
in dem leben, was wir schon erreicht haben.«
    Eine gemeinsame Basis haben und andere ermutigen, sich uns
immer wieder anzuschließen, ist eine der vielen Wohltaten einer
Gemeinschaft, in der man enge Freundschaft mit einer kleinen
Gruppe von Christen hält. Es ist nicht nur so, daß die Gruppe uns
verantwortlich sein läßt, sondern sie bringt uns auch immer wieder in Erinnerung, daß wir nicht allein sind. Ich habe entdeckt,
daß ich nie so müde werde wie sonst, wenn ich mich mit einigen
gleichgesinnten Freunden treffe und mir Zeit nehme, eine echte
Beziehung zu pflegen. Das ist nicht nur praktisch, sondern auch
biblisch.

»Laßt uns aber Gutes tun und nicht müde werden; denn zu seiner Zeit werden wir auch ernten, wenn wir nicht nachlassen.«
Gal 6,9

»Darum, meine lieben Brüder, seid fest, unerschütterlich und nehmt immer zu in dem Werk des Herrn, weil ihr wißt, daß eure Arbeit nicht vergeblich ist in dem Herrn.«   1. Kor 15,58

Ein brauchbarer Plan fürs Alltagsleben

Ich will versuchen, dieses Kapitel in eine einzige Aussage zusammenzufassen: Geistlicher Fortschritt ist möglich, indem man

> den Erfolg und die Plage der Vergangenheit vergißt, sich auf die möglichen Herausforderungen von morgen einstellt, dabei die rechte Haltung bewahrt und sich daran erinnert, daß wir gleichgesinnte Menschen um uns haben.

Ehrlich gesagt, ich bin davon überzeugt, daß das ein Erfolgsrezept ist fürs Durchhalten ... und um dabei fröhlich zu sein. Ich schlage vor, dies Rezept zu kopieren und es im Bad an den Spiegel zu kleben oder an der Sonnenblende ihres Autos zu befestigen. Wiederholen Sie den Inhalt so lange, bis er fest in Ihrem Gedächtnis haftet und zu Ihrem Monats-Motto wird. Ich habe es so gemacht, und wissen Sie, was dabei herausgekommen ist? Sie können es sich sicher denken: Ich konnte wieder lachen ... auch wenn die halbe Familie jetzt weit übers Land verstreut ist.

Lassen Sie uns auf Schulterschluß gehen und »nach dem vorgesteckten Ziel (jagen), dem Siegespreis der himmlischen Berufung Gottes in Christus Jesus«. Ist das ein Angebot, ein lohnendes Ziel?

Ich erinnere mich, wie ich als kleiner Junge in einer kleinen Kirche meiner Heimatstadt El Campo in Texas saß und den Evangeliumsliedern lauschte, die von den schlichtesten und besten Menschen der Welt gesungen wurden. Es waren die christlichen Freunde meiner Eltern und ihre Familienangehörigen — Menschen ganz einfacher Herkunft, wie ich. Ein Lied ist mir vor allem im Gedächtnis hängengeblieben — ein Refrain, den man in den heutigen Kirchen kaum noch hört. Es ist mehr als nur ein Lied. Es ist ein Gebet ums Durchhalten und Bewahren der göttlichen Normen:

> Nun aufwärts froh den Blick gewandt
> und vorwärts fest den Schritt!

Wir gehn an unsers Meisters Hand,
und unser Herr geht mit.

Vergesset, was dahinter liegt
und euren Weg beschwert;
was ewig euer Herz vergnügt,
ist wohl des Opfers wert.

Und was euch noch gefangen hält,
oh werft es von euch ab.
Begraben sei die ganze Welt
für euch in Christi Grab.

So steigt ihr frei mit ihm hinan
zu lichten Himmelshöhn.
Er uns vorauf, er bricht uns Bahn:
wer will ihm widerstehn?

Es ist eine verrückte, böse, traurige Welt, aber ...

Ich denke, daß einige meiner Leser jetzt genug davon haben, immer wieder zu hören, daß sie mehr lachen sollen. Es könnte sein, daß Sie all der Gedanken über positives Denken und eine gute Einstellung allmählich müde sind. Vielleicht fragen Sie sich sogar, ob Sie und ich überhaupt auf dem gleichen Planeten leben, ob ich wirklich die rauhe und böse Seite des Lebens kennengelernt habe. Für diesen Fall möchte ich Ihnen versichern — ich kenne sie.

Ich wohne im Großraum Los Angeles — vielleicht erinnern Sie sich —, welcher auch nicht im entferntesten der Vorstellung von einem malerischen, friedlichen Dorf nahekommt, wo fürsorgliche Leute in lieblicher Harmonie zusammenleben. Einige der Menschen in meiner Umgebung und manche Anblicke, die ich vor mir habe, reichen aus, um in mir den Wunsch zu wecken, ins Auto zu steigen und in eine andere Richtung wegzufahren. Dabei hätte ich die stille Hoffnung, bei dem Versuch, aus der Stadt herauszukommen, auf der Autobahn nicht erschossen zu werden. Gewaltakte und die gröbsten Formen kriminellen Verhaltens sind so verbreitet, daß der Reporter unserer Lokalnachrichten mit Leichtigkeit seine allabendliche Stunde mit dieser Art von Neuigkeiten ausfüllen könnte. Unser Gebiet ist die Brutstätte für das ganze Spektrum menschlicher Verderbtheit. Es ist traurig zu sagen, aber hier blühen die schlimmsten Dinge. Man findet jegliche Form der Pornographie, jegliche Form des Mißbrauchs, der Sucht und des Lasters. Dazu kommen spiritistische Bräuche, und schließlich sind da noch die immer gegenwärtigen Nichtseßhaften, die ich jeden Tag zu sehen bekomme. Und dann werde ich konfrontiert mit den vielen Nervenzusammenbrüchen und zerbrochenen Ehen, die heute gang und gäbe sind. Es ist ein schlimmer Ort, an dem ich wohne — ganz, ganz schlimm!

Ich lebe also durchaus nicht auf einer idyllischen Insel, fernab von aller rauhen Lebenswirklichkeit, wo es viel Liebe gibt und die sanften Winde der Freude durch Palmbäume wehen. Es ist absolut kein erfreulicher Platz, um eine Familie zu gründen und Kinder großzuziehen, mit denen man hofft, der harten Wirklichkeit einer verrückt gewordenen Welt entfliehen zu können. Es

gibt Tage, da möchte man seine Sachen packen und weit weg von
Lärm und allem Unsinn einen schönen geschützten Raum suchen ... weg von all der Hektik der Schnellstraßen und von der
verschmutzten Luft ... von all den Konflikten und Belastungen,
die eine übervölkerte Stadt wie unsere mit sich bringt. Doch
dann zieht Gott plötzlich meine Aufmerksamkeit auf sich und
erinnert mich daran, daß er mich nicht in den Bezirk von Shady
Lane gerufen hat, wo die Menschen vor den Häusern auf ihren
Terrassen sitzen und von morgens bis abends schaukeln, Erd-
nüsse knacken und Glühwürmchen beobachten. Meine Welt –
mein Auftrag – meine Berufung ... ist die Stadt, wo das Leben
häßliche Seiten zeigt und die Menschen einander feindlich begegnen, und wo Kinder vielem viel zu früh ausgesetzt sind. In
diesem Gebiet, wo die Verderbtheit und das Laster unbarmher-
zig zur Schau gestellt werden, überlebt man nur, wenn man eine
gute Verfassung hat.

Und genau aus dem Grund habe ich mich entschlossen, ein
Buch wie dieses zu schreiben. In einer so schrecklichen Welt ist
ein Lachen das, was man zuletzt zu hören erwartet. Glauben Sie
mir, wenn Sie mitten in einer solchen Kloaken-Umgebung lachen können, dann möchten die Menschen wissen, warum. »Das
Lachen ist die letzte Waffe der Hoffnung«, las ich kürzlich. Und
ich denke, es ist an der Zeit, daß wir diese Waffe gebrauchen. Hier
draußen können nur Menschen angesichts der Tragödien noch
lachen, die fest in ihrem Glauben verankert sind. Flannery
O'Connor schrieb:

> »Wo kein Glaube in der Seele ist, gibt es wenig, was sich be-
> wegt ... Entweder ist einer ernsthaft an seiner Erlösung inter-
> essiert oder er ist es überhaupt nicht. Und man kann leicht fest-
> stellen, daß die höchste Ernsthaftigkeit auch das höchste Maß an
> Heiterkeit zuläßt. Nur wenn wir uns in unserem Glauben sicher
> fühlen, können wir die komische Seite des Universums sehen.«

Der Christ ist ein seltsamer Vogel – wir wollen näher hin-
schauen. Wir sind Irdische, doch die Bibel sagt, daß wir Bürger
des Himmels sind. Diese Welt mag nicht unsere Heimat sein,
aber sie ist unsere Wohnstätte. Wir müssen in dieser Welt leben,
aber wir sollen nicht *von* der Welt sein. Und da die Freude zu
unseren besonderen Kennzeichen gehört, ist das Lachen dem
durchaus angemessen, auch wenn wir von aller Art Unrecht und
Bosheit umgeben sind. Das kann ein wenig Verwirrung bringen.

A. W. Tozer macht es anschaulich:

>Ein echter Christ ist irgendwie eine komische Nummer. Er empfindet höchste Liebe gegenüber jemand, den er noch nie gesehen hat, spricht jeden Tag vertraut mit einem, den er nicht sehen kann, erwartet, daß er aufgrund der Leistung eines anderen in den Himmel kommt, macht sich selbst völlig leer, um neu gefüllt zu werden, gibt zu, daß er schuldig ist, um gerechtgesprochen zu werden, fällt nieder, um aufgehoben zu werden, ist am stärksten, wenn er am schwächsten ist, am reichsten, wenn er am ärmsten ist, und am glücklichsten, wenn er sich am elendesten fühlt. Er stirbt, damit er leben kann, läßt los, um zu empfangen, gibt weg, um zu erhalten, sieht das Unsichtbare, hört das Unhörbare und weiß, was alles Wissen übersteigt.<

Die merkwürdige Strategie unseres Herrn

Wenn man über all das nachdenkt — erscheint es da nicht merkwürdig, daß Gott nicht in dem Augenblick, wo wir bekehrt sind, einen unmittelbaren Fluchtweg in den Himmel eröffnet? Warum läßt er uns mitten in einer so ungesunden, gottlosen Umgebung stecken? Ich frage Sie, warum? Welche seltsame Strategie verfolgt er, wenn er im Himmel eingebürgerte Menschen an diese höllenbestimmte Erde gefesselt sein läßt?

Die Antwort ist es wert, daß man darüber nachdenkt. Und ich kenne keine bessere Quelle für eine Antwort als Jesus Christus selbst. Wenn ich mir die Worte an seine Jünger unmittelbar vor seiner Kreuzigung näher ansehe, finde ich mindestens drei ganz bestimmte Aussagen darüber, was uns hier auf der Erde noch erwartet:

1. Wir können mitten unter äußerem Druck und Schmerzen inneren Frieden haben.
Lesen Sie die Worte Jesu einmal ganz langsam und aufmerksam:

>Das habe ich zu euch geredet, damit ihr nicht abfallt. Sie werden euch aus der Synagoge ausstoßen. Es kommt aber die Zeit, daß, wer euch tötet, meinen wird, er tut Gott einen Dienst damit.<
Joh 16,1-2

151

»Wenn aber jener, der Geist der Wahrheit, kommen wird, wird er euch in alle Wahrheit leiten. Denn er wird nicht aus sich selber reden; sondern was er hören wird, das wird er reden, und was zukünftig ist, wird er euch verkündigen.«   Joh 16,13

»Das habe ich mit euch geredet, damit ihr in mir Frieden habt. In der Welt habt ihr Angst; aber seid getrost, ich habe die Welt überwunden.«   Joh 16,33

Diese Worte bedeuten ein direktes Ansprechen dessen, was unser Leben unmittelbar angeht, ohne eine bequeme Zone der Behaglichkeit. Wir werden nicht abgeschirmt gegen die Schläge des Lebens. Lassen Sie es Ihrem Denken ein für allemal eingebrannt sein: Christen sind nicht auf übernatürliche Weise gegen die Stürme, die Schrecken, die Schmerzen und Leiden des Lebens auf dieser Erde gefeit. Christen können unfair behandelt, überfallen, beraubt, vergewaltigt und ermordet werden. Sie können finanzielle Verluste erleiden, übervorteilt und mißbraucht werden, vernachlässigt und durch untreue Ehepartner zur Scheidung gezwungen werden. Aber wie können wir erwarten, dabei dennoch fröhlich zu sein — im Gegensatz zu unserer Umgebung? Weil er versprochen hat, daß er uns im tiefsten Inneren Frieden schenken will ... einen unerklärlichen, unlogischen inneren Frieden.

2. *Wir sind durch göttliche Kräfte ausgesondert, aber wir sollen kein isoliertes Leben führen.*
Lassen Sie uns wieder genau auf den Rat Jesu hören:

»So redete Jesus und hob seine Augen auf zum Himmel und sprach: Vater, die Stunde ist da. Verherrliche deinen Sohn, damit der Sohn dich verherrliche; denn du hast ihm Macht gegeben über alle Menschen, damit er das ewige Leben gebe allen, die du ihm gegeben hast.
Das ist aber das ewige Leben, daß sie dich, der du allein wahrer Gott bist, und den du gesandt hast, Jesus Christus, erkennen.«
Joh 17,1-3

»Ich bin nicht mehr in der Welt; sie aber sind in der Welt, und ich komme zu dir. Heiliger Vater, erhalte sie in deinem Namen, den du mir gegeben hast, daß sie eins seien wie wir.
Solange ich bei ihnen war, erhielt ich sie in deinem Namen, den du mir gegeben hast, und ich habe sie bewahrt, und keiner von ihnen ist verloren außer dem Sohn des Verderbens, damit die Schrift erfüllt werde.

Nun aber komme ich zu dir und rede dies in der Welt, damit meine Freude in ihnen vollkommen sei.

Ich habe ihnen dein Wort gegeben, und die Welt hat sie gehaßt; denn sie sind nicht von der Welt, wie auch ich nicht von der Welt bin.

Ich bitte dich nicht, daß du sie aus der Welt nimmst, sondern daß du sie bewahrst vor dem Bösen.« Joh 17,11-15

Auf die letzte Aussage wollen wir noch einen zweiten Blick werfen. Jesus betet und bittet den Vater bewußt, uns nicht von dem irdischen Ballast zu befreien, von all dem täglichen Müll, der sich auf diesem sündenbeladenen alten Planeten ansammelt. Wie sollte also einer von uns je wieder lachen können? *Er* schirmt uns ab! Die Feuer der ungehemmten Leidenschaften mögen um uns herum lodern, doch er verleiht uns seinen schützenden Schild, um uns durch all das Unreine unberührt hindurchzusteuern. Und denken Sie nur nicht, die Menschen dieser Welt würden das nicht bemerken.

3. Wir mögen als Menschen einmalige Individuen sein, was aber unumgänglich nötig ist, ist unsere innere Einigkeit.
Gott gefallen unsere Unterschiede. Nicht zwei von uns gleichen sich tatsächlich aufs Haar. So kann jeder auch seinen eigenen Einflußbereich haben. Doch unsere Stärke kommt aus der Einigkeit.

»Sie sind nicht von der Welt, wie auch ich nicht von der Welt bin. Heilige sie in deiner Wahrheit; dein Wort ist die Wahrheit ... damit sie alle eins seien. Wie du, Vater, in mir bist und ich in dir, so sollen auch sie in uns sein, damit die Welt glaube, daß du mich gesandt hast ... ich in ihnen und du in mir, damit sie vollkommen eins seien und die Welt erkenne, daß du mich gesandt hast und sie liebst, wie du mich liebst.« Joh 17,16.21.23

Der Gedanke ist der: Daß sie (die Christen, die ja noch auf der Erde verbleiben) eine Einheit bilden sollen — eine starke Macht des Guten — in einer Gesellschaft, die durch Unabhängigkeit und Isolierung des einzelnen geschwächt ist. Wenn Menschen dieser Welt, die keinerlei Sinn für ewige Perspektiven haben, diese einheitliche Front sehen, wird ihnen ihre eigene Leere deutlich zum Bewußtsein kommen. Und sie werden versuchen festzustellen, woran das liegt. Welch eine Strategie Gottes! Um so mehr Grund für die »Familie Jesu Christi«, die Kinder Gottes, fröhlich beieinander zu bleiben unter der Herrschaft seiner Majestät, des Königs Jesus.

Unsere Welt mag ein verrückter, böser, trauriger Ort sein ...
vollständig ungenießbar — geistlich gesprochen. Aber ist es unmöglich, sie zu erreichen und zu gewinnen? Niemals. Die merkwürdige Strategie Christi ist eine wirksame Macht, weil sie einfach nicht übersehen werden kann. Dazu gehört:

> Christen haben Frieden unter Belastungen und Schmerzen.
> Christen sind ausgesondert, aber nicht isoliert.
> Christen sind individuell veranlagt, aber innerlich einig.

Denken Sie einen Augenblick darüber nach! Ist es leicht, einen
Menschen, der tiefen Frieden ausstrahlt, zu übersehen, wenn Sie
selbst von Panik ergriffen sind? Und wenn Sie sich schwach fühlen, ist es dann nicht so, daß einer, der so ganz anders erscheint,
Sie neugierig macht? Und weiter — wieso können manche noch
lachen in einer solchen versumpften Gesellschaft wie der unseren? Ich möchte es noch einmal wiederholen: Gott hat eine sehr
sinnvolle Strategie.

Der Marschbefehl für Christen

All das bringt uns wieder zurück zum Brief, den Paulus an seine
Freunde in Philippi schrieb. Er schreibt an Christen — friedvolle,
fröhliche, starke, ausgesonderte Menschen —, die in einer realen
Welt leben. Er möchte sie wissen lassen, wie sie eine große Aufgabe bewältigen können. Und deshalb sagt er ihnen: Leben für
Christus bedeutet, »im gleichen Schritt und Tritt« mit ihm zu
marschieren.

> »Folgt mir, liebe Brüder, und seht auf die, die so leben, wie ihr
> uns zum Vorbild habt. Denn viele leben so, daß ich euch oft von
> ihnen gesagt habe, nun aber sage ich's auch unter Tränen: Sie
> sind die Feinde des Kreuzes Christi. Ihr Ende ist die Verdamm-
> nis, ihr Gott ist der Bauch, und ihre Ehre ist ihre Schande; sie
> sind irdisch gesinnt. Unser Bürgerrecht aber ist im Himmel; wo-
> her wir auch erwarten den Heiland, den Herrn Jesus Christus,
> der unsern nichtigen Leib verwandeln wird, daß er gleich werde
> seinem verherrlichten Leibe nach der Kraft, mit der er sich alle
> Dinge untertan machen kann.
> Also, meine lieben Brüder, nach denen ich mich sehne, meine
> Freude und meine Krone, steht fest in dem Herrn, ihr Lieben.«
> Phil 3,17-4,1

Hier finde ich einige hilfreiche Anweisungen, wie wir unserem Leben Gewicht geben können ... wie wir mehr tun können, als nur herumsitzen und auf die Wiederkehr Christi warten. Vier besondere Dinge fallen mir auf, wenn ich den weisen Rat des Paulus noch einmal durchlese:

Erstens: *Wir brauchen Vorbilder, denen wir nachfolgen können*

> »Folgt mir, liebe Brüder, und seht auf die, die so leben, wie ihr uns zum Vorbild habt.« Phil 3,17

Die *bedrückende* Auskunft im Hinblick auf unser Leben heißt: Wir haben einen schwierigen, langen und manchmal sehr ermüdenden Weg durch den Morast dieser Welt vor uns. Und beachten Sie bitte, es ist ein *Weg,* kein Kurzstreckenlauf. Die *gute* Nachricht aber lautet: Wir sind nicht allein auf dieser mühseligen Wanderung. Das heißt, daß manche, die mit uns gehen, achtungsgebietende Vorbilder sein können. Also, laßt uns ihnen nacheifern!

Ich finde es sehr schön, daß Paulus, als er die Gläubigen auffordert, ihm nachzufolgen, gleichzeitig anerkennt, daß es andere gibt, die ebenso als Vorbilder dienen können. An dieser Stelle sollte vielleicht daran erinnert werden, daß ein einzelner Mensch niemals unser einziger Ratgeber oder unser einziges Objekt der Bewunderung sein sollte. Wo das geschieht, bekommen wir leicht einen »Tunnel-Blick«, d. h. einen eingeschränkten Horizont und gelangen in gefährliche Nähe zur Menschenvergötterung. Wir sollen Vorbildern nachfolgen, aber uns nicht völlig an eine Person binden, einerlei wie fromm oder begabt sie auch sein mag. Wer in Gottes Armee verschiedene Berater hat und mehrere Helden verehrt, ist am glücklichsten dran und bleibt im Gleichgewicht.

Worum geht es, wenn wir uns nach Vorbildern umschauen? Ich finde ganz hilfreich, was Paulus dem Timotheus gegenüber aufzählt:

> »Du aber (Timotheus) bist mir gefolgt in der Lehre, im Leben, im Streben, im Glauben, in der Langmut, in der Liebe, in der Geduld, in den Verfolgungen, in den Leiden, die mir widerfahren sind in Antiochia, in Ikonion, in Lystra.
> Welche Verfolgungen ertrug ich da! Und aus allen hat mich der Herr erlöst.
> Und alle, die fromm leben wollen in Christus Jesus, müssen Verfolgung leiden.« 2. Tim 3,10-12

Und vergessen wir niemals, daß die, denen wir folgen, selbst ernsthafte Nachfolger Christi sein müssen. Er bleibt der Meister und Herr.

»Folgt meinem Beispiel, wie ich dem Beispiel Christi!«
1. Kor 11,1

Bevor wir das Thema verlassen, möchte ich noch ein paar praktische Ratschläge im Hinblick auf die Wahl von Vorbildern geben:

1. Wählen Sie mit Bedacht, nicht überstürzt.
2. Sehen Sie sich das Privatleben dieser Personen genau an.
3. Verbringen Sie regelmäßig eine gewisse Zeit mit ihnen.

Es gibt Menschen, die in der Öffentlichkeit durchaus einen guten Eindruck machen, hinter ihrer Aufmachung aber einen unsoliden Charakter verbergen. Wenn Sie so etwas übersehen, könnten Sie sich leicht täuschen lassen und desillusioniert auf der Strecke bleiben.

Ich kenne aus persönlicher Erfahrung solche Fälle. Ohne ins Detail zu gehen, möchte ich etwas aus meinem Leben erzählen. Ich war damals noch jung im Glauben und sehr verwundbar. Ein starker Führer, der eigentlich ein großes Charisma besaß, begegnete mir und ließ mich den Boden unter den Füßen verlieren. Er wurde mein einziger Lehrer, und einige Jahre lang war er die einzige Autorität, die ich ernstnahm. Meine Hochachtung vor diesem Mann grenzte gefährlich nahe an Menschenvergötterung, auch wenn ich das damals entschieden abgeleugnet hätte. Wenn er irgendwo lehrte, war ich da und trank jedes Wort in mich hinein. Seine Erklärungen wurden meine Überzeugungen. Selbst sein Verhalten und seine Ausdrucksweise färbten so stark auf mich ab, daß ich mein eigenes Selbstvertrauen und meine Identität verlor. Beides war an ihn gebunden. Wenn ich von heute her zurückschaue, so muß ich sagen, daß ich auch extrem ernst wurde – fanatisch ernst in jeder Hinsicht. Ich bin dankbar, daß durch eine ganze Kette von Ereignissen, die nur der Herr aufeinander abgestimmt haben konnte, die Situation sich schließlich änderte. Verschiedene geheime Dinge kamen an die Oberfläche und ließen mich nach dem Privatleben des Mannes fragen. Und als ich dann einige lehrmäßige Aussagen, die er machte, ablehnte, machte er mir deutlich, daß *ihn* niemand jemals in Frage stellen durfte. Damit hatte ich genug. Meine Achtung vor dem Mann verschwand augenblicklich. Und was noch wichtiger war: Ich erkannte, daß ich zu jemand aufgeschaut hatte, der es nicht wert gewesen war, daß ich ihm nachlief — jedenfalls nicht ausschließlich. Es war eine harte Lektion gewesen, aber eine nützliche.

Interessanterweise begann Gott mir, nachdem diese Bindung zerbrochen war, noch viele andere Dinge zu zeigen, für die ich bisher blind gewesen war. Sein Wort brachte mir neue Einsichten. Nachdem mein geistliches Gleichgewicht wieder hergestellt war, bekam ich wieder ein Gefühl für die richtigen Perspektiven, und der Sinn für Humor, der schon allzulange geschlafen hatte, kehrte zurück. In kurzer Zeit klärte sich mein Weg soweit, daß ich wieder ich selbst wurde, statt als Schatten eines anderen in der Welt herumzulaufen. In den darauffolgenden Jahren schenkte mir Gott barmherzigerweise einige wunderbare Ratgeber, die wahrhaft Christus nachfolgten. Jeder von ihnen hat enorm zu meinem geistlichen Wachstum beigetragen.

Lernen Sie aus meinem Fehler! Wir brauchen Vorbilder (Plural!), um ihnen nachzufolgen. Und wenn wir ihre geistlichen Merkmale in unser Leben übernehmen, werden wir selbst wachsen.

Zweitens: *Wir leben unter Menschen, die Feinde des Kreuzes Christi sind.*

Diese Tatsache ist dazu angetan, uns nicht jeder starken Persönlichkeit, die uns begegnet, nachlaufen zu lassen. »Viele«, sagt Paulus, »sind Feinde.«

> »Denn viele leben so, daß ich euch oft von ihnen gesagt habe, nun aber sage ich's auch unter Tränen: Sie sind die Feinde des Kreuzes Christi.
> Ihr Ende ist die Verdammnis, ihr Gott ist der Bauch, und ihre Ehre ist in ihrer Schande; sie sind irdisch gesinnt.«
> Phil 3,18.19

Paulus spricht bestimmt, aber nicht verurteilend. Er ist der Wahrheit verpflichtet, die manchmal auch weh tut. Aber er ist nicht stolz auf den Gegensatz zwischen ihm selbst und denen, die er Feinde nennt. Er sagt vielmehr, daß er die Aussage nur unter Tränen mache.

Wenn wir die Freude, Christus zu kennen und mit ihm durchs Leben zu gehen, mit anderen teilen wollen, muß uns auch klar sein, daß Menschen ohne Christus verloren sind — absolut und unleugbar verloren.

Paulus gibt uns eine klare und ungeschminkte Beschreibung dessen, was es heißt, verloren zu sein. Ein solcher Mensch ist:

»Zur ewigen Hoffnungslosigkeit bestimmt. Das ist seine Zukunft. Die Realität der Hölle sollte eigentlich ausreichen, um einen jeden Menschen zur Hinwendung zu Christus zu veranlassen.

Getrieben durch sinnliches Verlangen. Wer sich die Welt der Ungläubigen näher ansieht, wird bald entdecken, wie modern der Rat des Paulus in Wirklichkeit ist. Das alte Motto: ›Essen, trinken und heiraten‹, ist immer noch sehr in Mode. Sinnlichkeit ist der Brennstoff, der diese Feuer unterhält.

Ein an materiellem Besitz Klebender. Alles treibt die verlorenen Menschen zum Besitz hin ... Dinge, die Preisschilder haben, Dinge, die man berühren kann, Dinge, die man erwerben und deren Besitz man behaupten kann und muß. In den Worten des Paulus heißt es: ›Die sind irdisch gesinnt.‹«

Wenn man all das bedenkt, braucht man sich nicht zu wundern, daß das Lachen weithin gestorben ist. Man erkennt von neuem die Leere und die Langeweile einer solchen Existenz. Freudlos ist alles geworden.

Doch das Ziel der Analyse des Verlorenseins ist nicht, daß wir diese Menschen richten oder verdammen. Wir wollen auch nicht den Eindruck wecken, als ob Christen bessere Menschen wären als Nichtchristen. Diese Gedanken sollen uns lediglich daran erinnern, daß Gott uns unter ihnen einen Platz angewiesen hat. Und sie sind ja wirklich in der Mehrzahl! Unser Auftrag ist es nicht, mit ihnen zu streiten oder sie abzuwerten oder zu beschämen. Wir sollen sie vielmehr zu erreichen suchen. Sie gewinnen. Ihnen erkennen helfen, daß es ein viel reicheres Leben gibt, als sie sich träumen lassen. Wir sollen einen anderen Lebensstil entwickeln, der so überzeugend, so anziehend ist, daß ihre Neugier geweckt wird, und sie entdecken, was ihnen in Wirklichkeit fehlt. Die nichtchristliche Welt mag verloren sein und ins Leere hineinlaufen, aber sie ist nicht dumm oder ohne Aufmerksamkeit für ihre Umgebung. Wenn Ungläubige auf einen Menschen treffen, der in innerem Frieden lebt und frei ist von Angst und Sorge, dessen Leben erfüllt und echt glücklich ist, dann braucht ihnen keiner mehr zu sagen, daß ihnen selbst etwas fehlt.

Unsere Welt mag verrückt und böse und traurig sein, aber sie ist nicht blind. Und sie ist ganz bestimmt auch nicht unerreichbar. Ihr Interesse zu wecken für andere, wirklich wichtige und wesentliche Dinge, ist keine Unmöglichkeit. Wer wünscht sich nicht Erleichterung, wenn er belastet ist? Wer möchte nicht frei von Suchtbindungen sein? Wer möchte nicht einen guten Plan für sein Leben sehen? Wer möchte nicht einen Grund haben, wieder zu lachen?

Ich erwähnte schon, daß ich Rundfunkgottesdienste halte – in der Sendung »Einsichten ins Leben« engagiert bin. Häufig bekomme ich brieflich oder telefonisch ein Echo der Hörer, die mir sagen möchten, welche Veränderungen sich in ihrem Leben aufgrund des Gehörten ergeben haben. Wir haben ganze Schubladen voller Bündel mit solchen Briefen. Jeder einzelne berichtet von einem Menschen, der von dem Programm irgendwie angesprochen wurde – oft, weil er in seinem Leben ein Manko empfand.

Ich werde niemals den Brief einer jungen Frau vergessen, die mit ihrem Latein absolut am Ende war. Sie hatte sich in einem Motel eingemietet mit der Absicht, sich das Leben zu nehmen. Die ganze Nacht hindurch saß sie auf ihrem Bett und überdachte immer wieder von vorne ihre miserable Existenz. Sie hatte zahlreiche gescheiterte Beziehungen mit Männern und mehrere Abtreibungen hinter sich. Sie fühlte sich leer, zornig und sah keinen Grund mehr zum Weiterleben. Schließlich faßte sie, kurz bevor es dämmerte, in ihre Handtasche und zog eine geladene Pistole heraus. Zitternd schob sie die Waffe in ihren Mund und schloß die Augen. Plötzlich schaltete sich der Radiowecker ein. Offensichtlich hatte der vorhergehende Gast den Wecker genau auf diese Zeit eingestellt – und das Radio auf diese Wellenlänge. Die einleitende Musik der Sendung »Einsichten fürs Leben« erfüllte den Raum. Die fröhlichen Klänge ließen sie stutzig werden. Sie versuchte, sie zu überhören, aber das gelang ihr nicht. Sie hörte meine Stimme und stellte fest, daß die Botschaft sie merkwürdig anzog. Es war eine Botschaft von neuer Hoffnung und echter Freude – von beidem hatte sie in ihrem ganzen Leben noch nichts gehört. Bevor die halbstündige Sendung noch zu Ende war, hatte sie ihr Leben Jesus Christus übergeben. Sie nahm Kontakt mit uns auf, um uns zu sagen, was mit ihr geschehen war. Dabei sagte sie, daß sie noch jetzt den kalten Stahl des Pistolenlaufs zu spüren meinte, nachdem sie die Waffe aus dem Mund genommen habe.

Nicht alle Geschichten sind derartig dramatisch. Manche Hörer rufen an oder schreiben und bitten um Hilfe, um mit den schrecklichen Wunden und Narben vergangener Jahre fertig zu werden. Manche sind Opfer von sexuellem Mißbrauch. Andere schreiben von einer anderen Art von Leere – entsetzliche Langeweile und materielle Gier, wo »genug« niemals »genug« ist – doch sie haben sonst nichts, mit dem sie das Vakuum füllen könnten. Geschäftsleute – Männer und Frauen – auf der Jagd nach Spitzenpositionen, nehmen mit uns Kontakt auf, weil ihnen Glück und Zufriedenheit fehlen, weil sie schreckliche Gefühle der Entfremdung gegenüber ihren Ehepartnern und Kindern haben, und weil sie völlig desillusioniert sind von dem System, in dem sie stecken. Viele sprechen von außerehelichen Affären, die sie nicht abbrechen können, oder von Süchten, die sie nicht mehr unter Kontrolle haben: Alkohol, Drogen, Magersucht, Sex.

In jedem Fall hat man den Eindruck, daß sie ahnen, daß Christus in der Lage ist, das zu geben, was sie vermissen. Dann möchten sie ihr Leben ihm ausliefern und tun es auch. Die meisten erwähnen Gefühle der Hoffnungslosigkeit und ihre Unfähigkeit, sich selbst zu helfen. Sie sehnen sich danach, frei zu werden ... frei zu leben, statt nur zu existieren in der Drehtür sich ständig wiederholender Niederlagen ... frei genug, um wieder lachen zu können. *Das* Merkmal in all den Briefen, die von einem verwandelten Leben berichten, ist: ... Freude — überwältigende Freude.

Drittens: *Wir gehören zu denen, die den Himmel als Ziel haben*

> »Unser Bürgerrecht aber ist im Himmel; woher wir auch erwarten den Heiland, den Herrn Jesus Christus, der unsern nichtigen Leib verwandeln wird, daß er gleich werde seinem verherrlichten Leibe nach der Kraft, mit der er sich alle Dinge untertan machen kann.« Phil 3,20.21

Ist das nicht ein großartiger Gedanke? »Unser Bürgerrecht ist im Himmel.« Doch wir wollen nicht vergessen, daß unsere Schwierigkeiten und Probleme sehr irdischer Natur sind. Sie mögen hin und wieder einige Spannung heraufbeschwören, aber welch eine provozierende Gelegenheit stellen sie doch auch dar. Nur im Himmel angesiedelte Menschen sind objektiv genug, um auf der Erde wirklich etwas anders werden zu lassen. Während wir den Heiland Jesus Christus erwarten, sind wir in der Lage, erdverhaftete Menschen zu einem ganz neuen Leben einzuladen. Können Sie sich so recht vorstellen, daß ein paar von uns Christen die Neugier ungläubiger Menschen wecken können, bloß dadurch, daß sie entspannt und fröhlich miteinander leben? Die Leute aus der Umgebung werden verwundert und erstaunt dabei stehen und sich das ansehen. Und schließlich können sie es nicht mehr ertragen, nicht dabei zu sein. Sie müssen endlich wissen, was ihnen eigentlich fehlt und warum *wir* in der Lage sind, so fröhlich zu sein. Und dann wird es uns Freude machen, ihnen davon zu erzählen. Ich finde das herrlich! Wir leben in einer verrückten, bösen, traurigen Welt; aber ist es unmöglich, auf sie einzuwirken? Wir wollen das ernsthaft bedenken! Nein – es muß anders heißen: Seien wir glücklich über diese Strategie Gottes. Ich habe nie herausgefunden, warum Bürger des Himmels und der Herrlichkeit Gottes so grimmig ausschauen. Es ist nur eine Frage der Zeit, und wir werden aus unserem jetzigen Status verwandelt und in das Bild Jesu Christi hineingestaltet werden. Welch eine Veränderung! Und im Licht dieser Tatsache – warum ist da eine kleine, vorübergehende Periode schwieriger Phasen auf der Erde so überaus wichtig? Es wird Zeit, daß wir anders aussehen und anderes hören lassen. Es wird Zeit, daß wir wieder zu lachen beginnen.

Salomo hatte durchaus recht:

>>Ein fröhliches Herz tut dem Leibe wohl; aber ein betrübtes Gemüt läßt das Gebein verdorren.<< Spr 17,22

Wußten Sie schon, daß Lachen tatsächlich wie eine Arznei auf unseren Organismus wirkt? Es trainiert unsere Lunge und regt den Kreislauf an. Es verjagt die Probleme aus unserem Geist und belebt unsere Gefühle. Lachen baut Spannung ab. Wenn wir lachen, wird eine Art vorübergehender Anästhesie in unserem Körper ausgelöst, die den Schmerz eine Weile blockiert und unsere Aufmerksamkeit ablenkt. Wie ich schon früher sagte, Lachen ist eine der gesündesten Übungen, mit der wir uns selbst beglücken können. Es bringt buchstäblich einen Hauch von Heilung mit.

Wer hat noch nicht von den bemerkenswerten Erfahrungen von Norman Cousins gehört? In seinem hervorragenden Buch >>Anatomy of an Illness as Perceived by the Patient<< (Abhandlung einer Krankheit, wie sie der Patient empfunden hat) berichtet Norman von seinem Kampf mit einer >>unheilbaren<< Krankheit und von dem Schmerz, den er erlitt, als das Kollagen in seinem Körper immer mehr abnahm (das faserartige Gewebe, das die Körperzellen zusammenhält). Nach Cousins eigenen Worten >>löste er sich allmählich auf<<.

Er beschloß, die Dinge in die eigenen Hände zu nehmen und sich selbst zu behandeln (sein Arzt war damit einverstanden)! 1. nahm er nur Vitamine, 2. aß er nur noch ganz gesunde Nahrung, und 3. – stellen Sie sich vor – unterzog er sich einer >>Lach-Therapie<<, indem er sich alte Charlie-Chaplin-Filme ansah. Ausschnitte aus >>Verstehen Sie Spaß<< und >>Dick und Doof<< ... und alles nur mögliche, das ihn zum Lachen reizte ... Er entdeckte, daß er, wenn er zehn Minuten hintereinander lachte, etwa zwei Stunden hinterher schmerzfrei war. Zum Erstaunen seines Arztes erholte sich Cousins schließlich wieder völlig.

Der Mann lebte noch viele Jahre länger, als irgend jemand erwartet hatte — außer ihm selbst. Norman Cousins' Geschichte erinnert mich an einen anderen Ausspruch Salomos:

>»Ein guter Mut ist ein tägliches Fest.«   Spr 15,15

Denken Sie über die Wirkungsmöglichkeit nach, die wir als Bürger des Himmels haben können, wenn wir fröhlich, verantwortlich und doch wunderbar sorglos unter Menschen leben, die nichts Fröhliches mehr in ihrer zerrütteten Welt der Traurigkeit, des Bösen und des Sinnlosen finden. Wenn Dick und Doof, Charlie Chaplin und »Die versteckte Kamera« zu Norman Cousins Gesundung beigetragen haben, dann sollten wir einmal nachdenken über die heilenden Kräfte, die aus der Freude Jesu Christi kommen. Das ist überhaupt kein Vergleich! Doch wir sollten den Schlüssel zu dieser Freude nicht vergessen: Sie und ich . . . wir müssen die Botschaft Gestalt werden lassen, wenn wir unserer Welt helfen wollen, wieder zu lachen. G. K. Chesterton schrieb:

>»Ich bin sehr fürs Lachen. Lachen hat etwas gemein mit den alten Strömen des Glaubens und der Inspiration. Es taut den Stolz auf und lüftet Heimlichkeiten. Es läßt Männer sich selbst vergessen in der Gegenwart von etwas, das größer ist als sie selbst, etwas, dem sie nicht widerstehen können (wie man von einem Scherz zu sagen pflegt).«

Viertens: *Wir müssen feststehen, dürfen aber nicht stillstehen*

>»Also, meine lieben Brüder, nach denen ich mich sehne, meine Freude, meine Krone, steht fest in dem Herrn, ihr Lieben.«
>Phil 4,1

Zuerst hat Paulus uns ermahnt, *auf den Herrn zu vertrauen* (1,6). Dann sagt er, daß wir die *Gesinnung des Herrn annehmen* sollen (2,5). Als nächstes fordert er zur *Freude in dem Herrn* auf (3,1), und nun sagt er, wir sollen *fest stehen im Herrn* (4,1). Durch alle Kapitel des kurzen Briefes hindurch liegt die Betonung nicht auf unseren Lebensumständen oder auf anderen Menschen oder auf uns selbst, sondern auf dem Herrn, unserer Quelle des Lebens und der Liebe, des Vertrauens und der Freude.

Jetzt wird uns also als letztes gesagt: Steht fest! Wir wollen das keinesfalls mit stillstehen verwechseln. In einer Welt wie der unseren ist es leicht, von den gesellschaftlichen Strömungen mitge-

162

nommen zu werden und die Stabilität zu verlieren. Daher die Anweisung: Steht fest! In anderen Worten heißt das: Bewahrt euer Gleichgewicht … laßt euch nicht von den verschiedenen Hochs und Tiefs wegspülen … haltet die Beziehung zum Herrn fest und laßt sie niemals los. Er wird euch die Kraft zum Weitergehen geben. Und er wird euch immer wieder die Gedanken nahebringen, die euch positiv, beständig und siegreich bleiben lassen.

Am Ende dieses Kapitels möchte ich Sie ermutigen, soviel Sie nur können, *in* dieser und *für* diese Welt zu tun, die schon lange auf dem Weg in den Abgrund ist. Sie mögen es nicht wissen und nicht fühlen, aber für jemand anderen sind Sie vielleicht die einzige Quelle des Lichtes und der Freude. Die Menschen mögen verrückt sein, sie mögen böse sein und sie mögen traurig sein, aber — ich wiederhole es noch einmal — sie sind nicht unerreichbar. Die eigentliche Frage ist: Sind Sie bereit, sich nach den anderen auszustrecken?

Es mag ein langer Weg sein. Und manchmal werden wir auf die Hände geschlagen … unsere Gefühle werden verletzt … das ist in Ordnung so. Das gehört dazu. Verletzte Menschen verletzen oft andere. Aber wir haben Gott auf unserer Seite.

Also kommen Sie aus Ihrem Schneckenhaus heraus und strekken Sie Ihre Hand aus! Wenn auch die eigentlich Erreichbaren sich manchmal unerreichbar geben, halten Sie weiterhin ihre Hand hin. Und denken Sie daran, eine gute Mischung von Mitleid und Realismus ist ganz wesentlich.

Ich liebe den etwas satirischen Kommentar, den Barbara Johnson in ihrem Buch »Splashes of Joy in the Cesspools of Life« (Freudenspritzer in den Jauchegruben des Lebens) dazu gibt:

> »Es regnet auf Gerechte und Ungerechte,
> aber hauptsächlich auf die Gerechten,
> weil die Ungerechten ihnen die Schirme stehlen.«

Kein Problem … ich habe es ja schon gesagt: Es ist eine verrückte, böse, traurige Welt. Aber auch wenn Sie naß werden — bleiben Sie dabei, die Hand auszustrecken. Und natürlich: lachen Sie weiter!

Disharmonie abbauen

In einer Parabel mit dem Titel »Die zänkische Braut« zeichnet Karen Mains eine lebhafte Szene, mit der sie einen spannenden Augenblick in einer Trauzeremonie beschreibt. Vorne steht der Bräutigam in tadellosem Smoking – stattlich, lächelnd, voller Erwartung, mit glänzend geputzten Schuhen, jedes Haar an seinem Platz, besorgt auf die Ankunft der Braut wartend. Alle Gäste und Besucher der Traufeier haben ihre Plätze eingenommen und bieten einen fröhlichen und attraktiven Anblick. Endlich kommt der große Augenblick. Die Orgel setzt mit vollem Crescendo ein, und der feierliche Hochzeitsmarsch ertönt.

Alle erheben sich von den Plätzen und schauen zur Eingangstür, um den ersten Blick auf die Braut zu erhaschen. Plötzlich hört man ein erschrecktes Keuchen. Die Hochzeitsgesellschaft ist völlig geschockt. Der Bräutigam starrt ungläubig und verwirrt. Statt einer hübschen Frau in elegantem weißen Kleid, die hinter ihrem Spitzenschleier ein kleines Lächeln zeigt und gemessenen Schrittes auf den Bräutigam zugeht, hinkt die Braut den Gang entlang. Ihr Kleid ist befleckt und zerrissen. Ihr Bein scheint verkrümmt zu sein. Häßliche Schnittwunden und Prellungen bedecken ihre nackten Arme. Die Nase blutet, ein Auge ist blutunterlaufen und geschwollen und das Haar aufgelöst.

»Verdient dieser stattliche Bräutigam nicht etwas Besseres als das?« fragt die Verfasserin. Und dann kommt die erschütternde Aussage: »Leider hat seine Braut, *die Kirche,* mal wieder einen Kampf ausgefochten!«

Indem Paulus sie (und uns) »die Kirche« nennt, schreibt er an die Epheser:

> »... wie auch Christus die Gemeinde geliebt hat und hat sich selbst für sie dahingegeben, um sie zu heiligen. Er hat sie gereinigt durch das Wasserbad im Wort, damit er sie vor sich stelle als eine Gemeinde, die herrlich sei und keinen Flecken oder Runzel oder etwas dergleichen habe, sondern die heilig und untadelig sei.« Eph 5, 25-27

Ein wundervoller Plan — aber kaum ein realistisches Bild. Ich will damit sagen: Können Sie sich vorstellen, wie die Hochzeitsbilder aussehen würden, wenn Christus heute seine Braut für sich beanspruchen würde? Versuchen Sie sich vorzustellen, wie er neben dieser zänkischen Braut steht. Es ist *eine* Sache, die Schläge und Stöße einer Welt, die der Sache Christi gegenüber feindlich eingestellt ist, zu überleben — untereinander uneinig zu sein, sich zu bekämpfen und im Streit zu liegen, das ist *eine andere*. Es ist schlicht undenkbar.

Der Puritaner Thomas Brookes sagte einmal: »Wenn Wölfe die Lämmer beunruhigen und würgen, dann ist das kein Wunder. Wenn aber die Lämmer sich gegenseitig ärgern und plagen, dann ist das unnatürlich und ungeheuerlich.«

So undenkbar und unnatürlich es auch erscheinen mag, die »Braut« hat wirklich seit Jahrhunderten gezankt und gestritten. Eine Weile geht es gut, und dann fährt einer dem anderen wieder an die Kehle. Nach einem kräftigen Biß versöhnen wir uns wieder, versuchen gutzumachen, leben ein paar Tage in wunderbarer Harmonie und wenden uns dann wieder gegeneinander. Wir können in einem Augenblick vom Freund zum Teufel umschalten.

In einem »Peanuts«-Cartoon sagt Lucy zu Snoopy: »Es gibt Zeiten, wo du mich wirklich piesackst, aber ich muß zugeben, daß es dann auch wieder Augenblicke gibt, wo ich dich am liebsten kräftig umarmen möchte.«

Snoopy antwortet darauf: »So bin ich eben ... liebenswürdig und eklig.«

Und so geht es uns auch in unseren Beziehungen untereinander, auch unter den »Kindern Gottes«. Ich beziehe mich damit nicht auf die Verschiedenartigkeit unserer Persönlichkeiten, unserer Gaben, des Geschmacks und der Interessen — das ist etwas durchaus Gesundes und Normales. Der große Meister hat uns so unterschiedlich gemacht. Es geht vielmehr darum, daß wir einander schlecht behandeln, uns bekämpfen, um zornige Angriffe, um Wortverdrehungen, Parteinahme, Dickköpfigkeit und kindische Kabbeleien. Ein objektiver Zuschauer, der uns aus einem gewissen Abstand beobachtete, würde sich wundern, wieso und warum manche von uns sich überhaupt Christen nennen. »Nun«, könnten Sie einwenden, »müssen wir unbedingt in allem übereinstimmen?« Nein, das ganz sicher nicht. Und doch möchte ich fragen: »Warum können wir uns nicht einig werden?« Was ist es, das uns so störrisch und übermäßig kritisch sein läßt? Warum gibt es so viel Kleinkampf und häßliche Streitereien? Warum so wenig Akzeptanz und Toleranz? Ist uns nicht der direkte Befehl gegeben, die Einheit des Geistes im Band des Friedens zu bewahren? Was läßt die Braut Christi diese Worte vergessen und so viele Zwistigkeiten und Wortgefechte austragen?

Ursache und Umfang von Konflikten – eine Analyse

Jakobus hat damals im ersten Jahrhundert bereits die gleiche Frage gestellt. Damit wird deutlich, daß Disharmonie nicht nur eine Krankheit des zwanzigsten Jahrhunderts ist. Auch schon zu der Zeit, wo das Leben noch einfacher verlief und es keine Hektik gab, waren Zank und Streit nichts Ungewöhnliches.

>»Woher kommt der Kampf unter euch, woher der Streit? Kommt's nicht daher, daß in euren Gliedern die Gelüste gegeneinander streiten?
>
>Ihr seid begierig, und erlangt's nicht; ihr mordet und neidet und gewinnt nichts; ihr streitet und kämpft und habt nichts, weil ihr nicht bittet; ihr bittet und empfangt nichts, weil ihr in übler Absicht bittet, nämlich damit ihr's für eure Gelüste vergeuden könnt.
>
>Ihr Abtrünnigen, wißt ihr nicht, daß Freundschaft mit der Welt Feindschaft mit Gott ist? Wer der Welt Freund sein will, der wird Gottes Feind sein.«   Jak 4,1-4

Jakobus war nicht der Typ, der um eine Sache herumredete. Mit eindrücklicher Aufrichtigkeit fragt und beantwortet er kritische Fragen. Die Ausdrücke, die er benutzt, sind recht anschaulich: »Kampf und Streit.« Der erste Begriff kommt vom griechischen Wort für »Krieg«. Es vermittelt eine Szene verbreiteter, blutiger Feindseligkeiten zwischen sich bekämpfenden Parteien. Der zweite Ausdruck bezeichnet mehr kleinere Scharmützel, begrenzte Lokalstreitigkeiten oder auch einen chronischen Zustand von Disharmonie. Während des Zweiten Weltkrieges gab es zwei große Kriegsschauplätze, weite Gebiete auf beiden Seiten des amerikanischen Kontinents: der europäische Kriegsschauplatz und der pazifische. In beiden Bereichen spielten sich natürlich auch zahllose kleinere Gefechte und Einzelkämpfe ab. Das ist die Vorstellung, die dieser Stelle des Jakobusbriefes zugrunde liegt.

Das gleiche kann man bis zum heutigen Tag auf religiöser Ebene feststellen. England und Irland haben ihren territorialen und konfessionellen Streit seit Jahrhunderten unterhalten. Immer noch werden auf beiden Seiten Menschen getötet und verkrüppelt durch wirkliche Bomben und wirkliche Kugeln. Vielleicht weniger blutig, aber nicht weniger real sind die konfessionellen Streitereien in unserem eigenen Land. Kämpfe und Spaltungen innerhalb der christlichen Reihen und Gruppierungen. Seminare streiten miteinander, weil eine theologische Position gegen die andere die Waffe erhebt. Die Auseinandersetzungen erscheinen höflich und kultiviert vor sich zu gehen, weil jede Seite ihre Position in Zeitschriften und Büchern veröffentlicht, aber hinter dem intellektuellen Schleier verbirgt sich ein großer Teil Feindschaft.

Und dann gibt es die Konflikte, die kleineren Scharmützel sowohl zwischen den Ortsgemeinden als auch zwischen deren einzelnen Mitgliedern. Kleine, geringfügig anmutende Auseinandersetzungen, Streitereien, Machtkämpfe, durch Neid und Eifersucht gestörte Beziehungen, gehässige Bemerkungen, schweigender Abstand und sogar Prozesse zwischen den Gliedern des Leibes Christi. Das mag nicht an die Öffentlichkeit dringen, aber sie können recht häßlich werden.

Ein Pastor aus einem anderen Staat erzählte mir kürzlich, daß einige Mitglieder seines Ältestenrates seit über einem Jahr nicht mehr miteinander gesprochen hätten. Ein besorgter Ältester einer Kirche in einem anderen Staat sagte, daß er unlängst wegen totaler Erschöpfung zurückgetreten sei. Er hätte in letzter Zeit nichts anderes mehr getan als »Feuerwehr« gespielt und dafür gesorgt, daß sich die einzelnen Gemeindeglieder wohlfühlten. Seine Gemeinde sei in den letzten sieben Jahren durch zwei große Spaltungsbewegungen erschüttert worden. Dabei war es um Gründe gegangen, die Ihnen vermutlich nur ein Lächeln und ein ungläubiges Kopfschütteln entlocken könnten. Das sind die »Konflikte unter uns«.

Wo kommen sie her?

Jakobus zeigt auf die Quelle, als er diese Frage beantwortet. Seine Antwort mag seltsam klingen: »... kommt's nicht daher, daß in euren Gliedern die Gelüste gegeneinander streiten?«

»Gelüste« klingt eigentlich gar nicht so feindselig, oder? Vielleicht in unserer Sprache nicht, aber das griechische Wort ist das gleiche, von dem unser Begriff »Hedonismus« (Luststreben) herkommt. Das bedeutet den starken Wunsch, etwas haben zu wollen, was man nicht hat, einschließlich der Vorstellung, sich selbst zu befriedigen ... leidenschaftlich und ohne jede Rücksicht sich das zu beschaffen, was man haben möchte. Ein so intensives Streben treibt uns zu beschämenden und egoistischen Handlungen. Jakobus sagt, solche Gelüste führen uns dazu, Kriege zu führen — »strateuo« — woher unser Ausdruck Strategie kommt. Unser Wunsch, das zu bekommen, was wir haben möchten, drängt uns zu einer Strategie, das heißt, dazu, einen Plan in die Wege zu leiten, der zur Erfüllung unserer Wünsche führt. Ist das eine bewußte Zielsetzung? Schauen wir noch einmal, was Jakobus schreibt:

>»Ihr seid begierig und erlangt's nicht; deshalb mordet ihr. Ihr neidet und gewinnt nichts; daher streitet und kämpft ihr. Ihr habt nicht, weil ihr nicht bittet.«   Nach Jak 4,2

Das alles nenne ich bewußtes Handeln! Wenn es einen Kampf erfordert, kämpfe ich eben! Wenn es Streit bedeutet, streite ich. Wenn es nötig ist, andere Leute zu finden, die für mich eintreten, werbe ich um sie! Wenn stärkere Mittel mir helfen würden, mein Ziel zu erreichen und das zu bekommen, was ich mir wünsche, morde ich notfalls auch.

Ich weiß natürlich, daß wir in die Kirche keine Waffen mitbringen — nicht buchstäblich. Das ist aber auch nicht nötig, da der Muskel hinter unseren Zähnen immer bereit ist, seine tödlichen Pfeile abzuschießen. Wir mögen nicht die Veranlassung dazu geben, daß der Körper anderer Menschen zu bluten beginnt, aber wir wissen genau, wie wir sie unter Druck setzen können, und hoffen auf ihre Kapitulation. Und wir geben niemals zu, daß das nur aus Selbstsucht geschieht oder weil wir unsern eigenen Weg durchdrücken wollen — es gibt da immer irgendein Prinzip, das man vertreten kann, oder einen Grund, weswegen man für diese Sache kämpfen sollte, der über das Persönliche hinausgeht. Gewiß, gewiß.

Natürlich sind da einige Situationen, wo ein Konflikt unvermeidlich ist. Es gibt Zeiten, in denen es wichtig ist, seinen Standpunkt zu vertreten und sich zu weigern, biblische Prinzipien aufzugeben. Aber meistens sind die Anlässe der häßlichen Kämpfe zwischen uns peinlich geringfügig. Und leider hat die Welt eine Art »Tag der offenen Tür«, wenn sie sieht, wie wir um der lächerlichsten Dinge willen streiten und kämpfen.

Wie und wo findet unsere Disharmonie ihren Ausdruck?

Indem wir unsere falschen Einstellungen und Handlungen rationalisieren, gehen wir Christen oft erstaunlich weit, um uns

168

durchzusetzen. Die Geschichte der Kirche ist mit Zeichen des Streites und Kampfes übersät. Ich möchte noch einmal wiederholen: Manche der Auseinandersetzungen sind selbstlos und notwendig. Wenn man da nachgeben würde, hieße das Überzeugungen verleugnen, die in der Heiligen Schrift ganz klar angeordnet sind. Doch meist haben bei den »Streitereien und Konflikten« persönliche Machtkämpfe und politische Manöver ihren Ausdruck gefunden. Willensstarke und selbstsüchtige Gemeindeglieder haben versucht, ihren eigenen Weg zu gehen. Starrköpfige Pastoren schüchtern andere ein und tyrannisieren sie. Unbeugsame und knickerige Gemeindeälteste wollen keine Vernunft annehmen. Und — ja, dann gibt es auch noch die, die offenbar Freude daran haben, andere anzustacheln durch Verbreitung von Gerüchten und durch Klatsch. Es ist eine böse Geschichte. Manchmal wundere ich mich, wie der gute Hirte überhaupt mit uns zurechtkommt. Wir können solche dickköpfigen, widerspenstigen Schafe sein. Und wenn man bedenkt, daß er das alles sieht und hört, jedes verletzende Wort, jede häßliche Handlung — und uns trotzdem immer noch liebt! Nur durch seine Gnade können wir weiterleben.

Marshall Shelley schreibt in seinem Buch »Well-Intentioned Dragons« (wohlmeinende Drachen) über Uneinigkeit in der Kirche von einer anderen Perspektive aus. Manchmal wird sie durch Menschen ausgelöst, die nicht unbedingt glauben, daß sie so schwierig sind. Sie sind es aber.

»›Drachen‹ (›Dragons‹) sind natürlich Fantasiegeschöpfe, fiktive Ungeheuer, erfundene Bestien — gräßliche Reptilien mit Löwenklauen, Schlangenschwänzen, Fledermausflügeln und einer schuppigen Haut. Sie existieren nur in der Einbildung. Doch es gibt noch eine andere Art von ›Drachen‹, entschieden realer Natur. In den meisten Fällen — wenn auch nicht immer — haben sie durchaus nicht die Absicht, Unheil zu stiften. Sie sind in der Tat gewöhnlich sogar recht freundlich. Doch ihr Charme wird durch ihre zerstörerischen Kräfte Lügen gestraft. Innerhalb der Gemeinde sind das oft aufrichtige, wohlmeindende Heilige, doch sie hinterlassen in ihrem Kielwasser Magengeschwüre, belastete Beziehungen und unfreundliche Gefühle. Sie können sich nicht vorstellen, daß *sie* schwierige Menschen sind. Es ist auch nicht so, daß sie nachts wachliegen und darüber nachdenken, wie sie Unheil anrichten können. Oft sind sie sogar Pfeiler in der Gemeinde — begabte, starke Persönlichkeiten, die Repekt verdienen —, aber aus irgendeinem Grund untergraben sie die geistliche Aufbauarbeit in der Kirche. Von Natur aus sind sie nicht aufrührerisch oder pathologisch. Sie sind im Gegenteil treue Gemeindeglieder, überzeugt, daß sie Gott dienen, aber im Endeffekt machen sie mehr schlecht als gut.

Sie können einen Pastor in den Wahnsinn treiben – oder aus der Kirche.

Einige dieser ›Drachen‹ kritisieren ganz offen. Es sind diejenigen, die Sie anklagen (häufigster Stich), zu geistlich zu sein oder aber nicht geistlich genug, zu dominierend, zu zurückhaltend, zu eng, zu weitherzig, zu straff in der Führung oder ohne rechte Organisation oder mit Hintergedanken behaftet.

Diese Kritik ist schmerzhaft, weil sie beinahe unbeantwortbar ist. Wie kann man sich in einer solchen Situation verteidigen und dabei einen Geist des Friedens bewahren? Wie können Sie überhaupt die Reinheit Ihrer Motive beweisen? ›Drachen‹ machen es einem schwer, eine andere Meinung als sie zu haben, ohne unangenehm zu werden.

Beziehungen sind für einen Pastor sowohl im beruflichen als auch im persönlichen Bereich erste Priorität. Mit Menschen zurechtzukommen, ist ein wesentliches Element jeder Gemeindearbeit. Und wenn Beziehungen durch solche kritischen ›Drachen‹ belastet oder zerstört werden, fühlen sich viele Pastoren als Versager. Politiker sind mit 51 Prozent Stimmen hinter sich zufrieden. Pastoren jedoch empfinden es schmerzhaft, wenn auch nur *ein* stimmberechtigtes Mitglied ihrer Gemeinde zu ihrem Gegner wird.

Diese ›Drachen‹ bekommt man durchaus häufig zu Gesicht. Ein pensionierter Pastor sagte einmal: ›Jeder, der mehr als anderthalb Stunden als Pastor im Dienst gewesen ist, kennt den Atem eines ›Drachen‹. Oder, wie Harry Ironside es ausdrückt: ›Wo immer Licht ist, gibt es auch Mücken.‹«

Ein Blick durchs Schlüsselloch einer frühchristlichen Gemeinde

Ich wäre ziemlich resigniert im Hinblick auf das Problem der Uneinigkeit unter Gläubigen, wenn mir nicht in Erinnerung wäre, daß es das von den ersten Anfängen der Gemeinde an gegeben hätte. Diese frühen Kirchen waren alles andere als vollkommen. Die Christen in Korinth und Galatien, in Rom und Thessalonich hatten ihre Probleme genauso wie die Menschen in den Städten und Dörfern der ganzen Welt heutzutage. Selbst Philippi – so erfreilich diese Gruppe von Jesus-Nachfolgern auch war — hatte seine eigenen Plänkeleien. Einen dieser Vorfälle behandelt Paulus in seinem Brief ausführlicher.

»Also, meine lieben Brüder, nach denen ich mich sehne, meine Freude und meine Krone, steht fest in dem Herrn, ihr Lieben. Evodia ermahne ich und Syntyche ermahne ich, daß sie eines Sinnes seien in dem Herrn. Ja, ich bitte auch dich, mein treuer Gefährte, steh ihnen bei; sie haben mit mir für das Evangelium gekämpft, zusammen mit Klemens und meinen anderen Mitarbeitern, deren Namen im Buch des Lebens stehen.« Phil 4,1-3

Auf diese typische Art und Weise beginnt Paulus mit einem allgemeingültigen Prinzip, bevor er ein spezifisches Problem anspricht. Und dann vertieft er sich in die Angelegenheit, indem er eine Bitte ausspricht. Hinter alldem steht der unausgesprochene Wunsch, daß die Philipper ihre Uneinigkeit überwinden möchten und die uneingeschränkte Freude wiederkehre. Wenn Uneinigkeit herrscht, ist das erste, was verschwindet, der schönste Klang, den man in einer Kirche hören kann — der eines fröhlichen Lachens. Vielleicht war es schon zu lange her, daß die Philipper sich so recht von Herzen an der Gemeinschaft untereinander gefreut hatten. Paulus hat die Hoffnung, daß die Freude wieder aufkommt, wenn erst das angesprochene Problem geklärt ist.

Ein Grundprinzip

Wenn man die Probleme angehen will, die sich aus der Uneinigkeit unter Gläubigen ergeben, bedeutet das zuallererst eine Rückbesinnung auf das »Feststehen im Herrn« — in seinem Werk —, statt an der Selbstverwirklichung hängen zu bleiben.

»Also, meine lieben Brüder, nach denen ich mich sehne, meine Freude und meine Krone, steht fest in dem Herrn, ihr Lieben.« Phil 4,1

An früherer Stelle hat Paulus geschrieben:

»Wandelt nur würdig des Evangeliums Christi, damit — ob ich komme und euch sehe oder abwesend von euch höre — ihr in einem Geist steht und einmütig mit uns kämpft für den Glauben des Evangeliums.« Phil 1,27

In der Tat ist die Vorstellung vom »fest stehen« einer der Lieblingsgedanken des Paulus. Da heißt es z. B.:

»Wachet, steht im Glauben, seid mutig und seid stark.«

1. Kor 16,13

»So steht nun fest ...«   Gal 5,1

»... denn nun sind wir wieder lebendig, wenn ihr fest steht in dem Herrn ...«   1. Thess 3,8

»So steht nun fest, liebe Brüder ...«   2. Thess 2,15

Warum legt er eine solche Betonung auf das »fest stehen im Herrn«? Wo liegt die Bedeutung dieses Gedankens? Ich möchte sagen, daß es eine der wichtigsten Voraussetzungen ist, um die Einigkeit zu bewahren:

Das Feststehen im Herrn beeinflußt ganz wesentlich die Harmonie in der Familie Gottes.

Was schließt dieses »fest stehen« ein? Den Lehren Christi zu folgen. Sein Wort zu beachten. Seine Prioritäten zu übernehmen. Seine Kinder zu lieben. Seinen Willen zu suchen und auszuführen. Ich habe beobachtet, daß diejenigen, die sich danach richten, keine Schwierigkeiten im Verhältnis zu den anderen Gliedern der Familie Gottes haben. Deshalb überrascht es nicht, daß die nächste Frage, die Paulus in seinem Brief behandelt, mit den beiden zu tun hat, die in der Gemeinde in Philippi nicht in Harmonie lebten. Bevor wir uns im einzelnen mit der Sache befassen, möchte ich Ihnen vorschlagen, sich selbst einmal die Frage zu stellen: »Stehe ich fest im Herrn?« Alle anderen Ausrichtungen wirken zerstörerisch. »*Fest stehen* für das, was ich mir wünsche«, ... »*fest stehen* in Traditionen« ... oder »*fest stehen* in der Bindung an meine Freunde«. Ganz ohne Frage stellen diese drei Standorte Gegenpositionen dar zu dem »fest stehen im Herrn«.

Ein Beziehungsproblem

Nachdem Paulus sich grundsätzlich geäußert hat, legt er seinen Finger auf das spezielle Problem in Philippi. Er nennt sogar Namen.

»Evodia ermahne ich und Syntyche ermahne ich, daß sie eines Sinnes seien in dem Herrn.«   Phil 4,2

Ich möchte einige Beobachtungen weitergeben:

1. Es geht um zwei Frauen in der Gemeinde in Philippi (es sind eindeutig Frauennamen).
2. Sie werden sonst nirgendwo in der Heiligen Schrift erwähnt.
3. Der spezifische Anlaß ihres Streites ist nicht genannt.
4. Paulus ermahnt sie zur Einigkeit (weder tadelt er sie noch straft er sie mit apostolischer Autorität).
5. Er wendet sich an ihr Gewissen ... ihre Herzen (er versucht, sie innerlich zu motivieren).

Ich bin ebenso beeindruckt von dem, was Paulus *nicht* tut. Er macht ihnen keine konkreten Vorschläge, wie sie es im einzelnen bewerkstelligen sollen, wieder einig zu werden. Das sollten die beiden Frauen miteinander ausmachen. Und ebenso finde ich es beeindruckend, daß er seine Stellung nicht ausspielt, indem er eine Warnung oder eine Drohung anfügt, wie:»Ich gebe euch zwei Wochen, um das zu klären«, oder:»Wenn ihr das nicht ausräumt, werde ich ...«

Paulus behandelt die Angelegenheit mit Würde und Barmherzigkeit. Obwohl er sehr besorgt war (»Ich ermahne ... ich bitte ganz dringend«), versucht er doch nicht, die Situation aus der Ferne zu klären. Wenn jemand denkt, Paulus wäre zu passiv gewesen oder hätte mehr sagen sollen, hilft uns vielleicht ein kurzer Blick auf andere Übersetzungen weiter:

»Ich plädiere dafür ... ich plädiere dafür ...« (NIV-Übersetzung)
»Oh bitte, bitte, mit des Herrn Hilfe hört auf mit Streiten – seid wieder Freundinnen.« (TLB-Übersetzung)
»Evodia und Syntyche, ich bitte euch namentlich, eure Differenzen zu begraben, wie Christen es tun sollten!« (Phillips)

Indem er das Verb wiederholt (»ich ermahne, ich ermahne, ich bitte dringend ...«), hinterläßt Paulus den Eindruck, daß auf beiden Seiten Fehler vorlagen. Tatsächlich benutzt die Vulgata, die lateinische Bibelübersetzung, andere Wörter, mit denen die Frauen angesprochen werden. Es scheint wechselseitiges Unrecht vorzuliegen.

Ich habe auch nur selten eine Ausnahme davon gesehen: Wenn Uneinigkeit entsteht zwischen zwei Menschen oder zwei Gruppen, liegt meist auf beiden Seiten ein gewisses Maß an Schuld.

Der Weg zum Zusammenbruch einer guten Beziehung ist im allgemeinen keine Einbahnstraße. Beide Seiten müssen ermutigt werden, die gegenseitigen Fehler und das gegenseitige Versagen zu sehen und sich dann auf gemeinsamem Boden zu treffen mit dem festen Willen, sich anzuhören und die eigene Einstellung zu ändern.

Und was wäre der gemeinsame Boden? Die Aussage des Paulus schließt die Antwort ein: »daß sie eines Sinnes seien in dem Herrn.« Ebenso wie wir in ihm »fest stehen« sollen, so sollen wir auch die Verständigung in ihm finden. Beide Seiten müssen den Herrn im Blick haben, wenn eine dauerhafte Lösung dabei herauskommen soll. Es ist gerade, als ob der »Apostel der Gnade« sagte: »Es ist nötig, daß beide ihren Groll loslassen, ihre Vergebungsbereitschaft erkennen lassen und die gleiche Haltung einnehmen wie ihr Herr, als er völlig selbstlos vom Himmel auf die Erde kam, um unser Erlöser zu werden. Nur dann wird neue Harmonie entstehen können.«

Noch einen Gedanken möchte ich äußern, bevor wir weitergehen. Alles, was wir von diesen beiden Frauen wissen, ist, daß sie miteinander stritten. All die Jahrhunderte hindurch ist das die einzige Antwort auf die Frage: »Wer waren Evodia und Syntyche gewesen?«: »Es waren zwei Frauen aus Philippi, die in Uneinigkeit lebten.« Das drängt mir die Frage auf: »Wenn *Ihr* Leben in einer einzigen Aussage zusammengefaßt werden sollte, wie würde sie lauten?«

Eine Bitte um Unterstützung des Anliegens

Gelegentlich ist ein Streit so tiefgehend und langandauernd, daß eine dritte Seite hinzugezogen werden muß — ein objektiver, unvoreingenommener Schiedsrichter —, der sich der beiden streitenden Parteien annehmen und zur Wiederherstellung der Beziehung helfen soll. Darum geht es Paulus an dieser Stelle:

> »Ja, ich bitte auch dich, mein treuer Gefährte, steh ihnen bei; sie haben mit mir für das Evangelium gekämpft, zusammen mit Klemens und meinen anderen Mitarbeitern, deren Namen im Buch des Lebens stehen.«   Phil 4,3

Alle möglichen Vermutungen sind angestellt worden im Hinblick auf die Frage, wer dieser »treue Gefährte« gewesen sein mag. *Ein* Gelehrter vermutet Barnabas dahinter. Wenn das stimmen sollte, warum nennt Paulus ihn nicht mit Namen? Ein anderer meint, es könnte Epaphroditus gewesen sein. Doch auch da würde es uns wundern, warum er vorher mit Namen genannt ist und hier als »treuer Gefährte« bezeichnet wird. Eine ausgefallene Deutung schlägt einen Mann namens Sunzugos vor, was in der griechischen Sprache soviel wie »Gefährte« bedeutet. Jemand mit viel Fantasie hält einen der Ehemänner der Frauen für diesen »Gefährten«. (Ich bezweifle allerdings, daß einer dieser beiden die Rolle übernommen hätte.) Jemand versteigt sich sogar zu der Vermutung, daß es die Frau des Paulus gewesen sein könnte.

Doch der Name des Vermittlers ist nicht annähernd so wichtig wie die Hilfe, die er den beiden Frauen bringen sollte. Warum war diese Sache für Paulus so wesentlich, daß er es in seinem Brief besonders erwähnte? Weil diese Frauen für die Entwicklung der Gemeinde von Bedeutung gewesen waren. Sie hatten »mit (Paulus) für das Evangelium gekämpft«. Sie gehörten zur gleichen »geistlichen Familie«. Ihr Streit verletzte die Gemeinschaft unter den Christen in Philippi, deshalb war eine Lösung erforderlich... und das bald. Die »Braut« durfte nicht länger zänkisch sein!

Jemand hat einmal gesagt, daß Christen in enger Harmonie zusammenlebten, sei nahezu unmöglich. Diese Vorstellung erinnert mich an eine alte Volkssage aus den Wäldern des nördlichen Kanada. Dort drängten sich zwei Stachelschweine in einer bitterkalten Nacht dicht aneinander. Je näher sie sich kamen, um warm zu bleiben, desto mehr pieksten sie sich gegenseitig mit ihren Stacheln, so daß es tatsächlich unmöglich für sie war, beieinander zu bleiben. Schweigend rutschten sie ein wenig auf Abstand. Doch es dauerte nicht allzulange, da zitterten sie wieder im winterlichen Sturm, so daß sie aufs neue näher zusammenrückten. Doch bald stießen und stachen sie sich gegenseitig wieder... also trennten sie sich erneut. Die gleiche Geschichte ... das gleiche Resultat. Ihr Verhalten ähnelte einem langsamen, monotonen Tanz — vor und zurück — vor und zurück.

Diesen beiden Frauen in Philippi ging es wie den kanadischen Stachelschweinen: Sie brauchten einander, aber sie konnten nicht umhin, sich ständig zu pieksen und zu stechen. Leider blieb der Spaltpilz der Uneinigkeit nicht auf jene Gemeinde des ersten Jahrhunderts beschränkt.

Darf ich noch einmal in aller Offenheit — als Freund zum Freund — zu Ihnen sprechen, bevor ich dieses Kapitel abschließe? Haben meine Worte vielleicht an eine alte, nie heilende Wunde gerührt? Hat die anschauliche Szene von der zänkischen Braut häßliche Erinnerungen an einen ungelösten Konflikt aus der Vergangenheit in Ihnen aufgeweckt? Vielleicht sogar an mehrere? Gibt es jemand, den Sie ständig anklagen wegen der Verletzungen, die Sie zu ertragen hatten? Sind das Schmerzen, die niemals durch eine Versöhnung geheilt wurden? Wenn das der Fall ist – haben Sie eine Vorstellung davon, wieviel gefühlsmäßige Energie Sie verbrauchen, um diese Wunden zu pflegen? Und weil ich einmal am fragen bin: Sind Sie sich der Wirkung dieses Freudekillers bewußt, wenn ein unversöhnlicher Geist in Ihnen wohnt? Wenn die Bitterkeit tief genug ist, dann haben Sie im Grunde aufgehört zu leben. Kein Wunder, daß Sie auch nicht mehr lachen können!

Bitte hören Sie mir zu. Die ganze Sache ist es nicht wert. Sie müssen diese endlose, quälende Streitfrage »zu den Akten legen« – augenblicklich. Der Frieden, die Zufriedenheit und die Freude, die Sie haben können, rinnen Ihnen sonst durch die Finger, wie Wasser in einer Badewanne ohne Verschluß einfach wegläuft. Es ist wirklich Zeit, daß Sie mit den gegenseitigen Vorhaltungen ein Ende machen. Der Uneinigkeit muß ihre Nahrung entzogen werden. Doch das geht nicht automatisch. Sie selbst sind ein wesentlicher Faktor des Heilungsprozesses. Sie müssen dabei mitwirken.

Beginnen Sie damit, daß Sie Gott sagen, wie sehr es noch verletzt, und daß Sie ihn nötig haben, damit er Ihnen hilft, die Beleidigung zu vergessen. Steht Ihnen ein Freund nahe genug, daß er Ihnen auf diesem Weg helfen könnte, wenden Sie sich an ihn und bitten ihn darum. Trennen Sie sich vom Gift des aufgestauten Ärgers und lassen Sie alle ätzende Säure eines langjährigen Grolls aus sich heraus. Ihr Ziel ist klar: Volle Vergebung für den Beleidiger. Wenn das geschehen ist, werden Sie feststellen, daß die häßlichen Szenen nicht mehr länger in Ihrem Kopf Karussell fahren. Der rachsüchtige Wunsch nach Vergeltung und Abrechnung wird schwinden. In das so entstehende Vakuum wird Erleichterung und ein neuer Geist der Freude einziehen, so daß Sie sich wie neu geboren fühlen. Das tiefe Stirnrunzeln und die scharfen Linien, die sich in Ihr Gesicht eingegraben hatten, werden allmählich verschwinden. Und es wird nicht allzu lange dauern, dann werden Sie wieder Klänge hören, die Ihnen über Monate fremd geworden sind: ein gesundes Lachen.

Ein verärgerter, unversöhnlicher Geist und ein sorgloses, glückliches Herz existieren niemals im gleichen Körper. Solange Sie den ersteren auf sich beruhen lassen, werden Sie sich über das zweite nicht freuen können.

Was haben wir aus dem gelernt, was wir uns näher angesehen haben?

Ich entdecke mindestens vier praktische Erkenntnisse, die wir bei der Betrachtung der vorhergehenden Gedanken gewonnen haben:

1. Der Streit wird weitergehen. Ich wünschte, ich könnte Ihnen etwas anderes versprechen, aber solange eine verdorbene Menschheit existiert, können wir unsere Hoffnung auf eine konfliktfreie Umgebung begraben. Deshalb wundern Sie sich nicht, wenn wieder eine Unstimmigkeit aufkommt.

2. Nicht alle Konflikte sind unrecht. Nicht alle Unstimmigkeiten müssen ausgeräumt werden. Ich möchte in Erinnerung bringen: Jesus selbst sagte, daß er in bestimmte Beziehungen ein »Schwert« hineinbringen würde. Gelegentlich muß man widerstehen und kämpfen. Wenn die Glaubwürdigkeit der Heiligen Schrift in Zweifel gezogen wird und die anstehenden Streitfragen nichts mit persönlichen Vorlieben oder eigenwilligen Persönlichkeiten zu tun haben, dann ist das Nachgeben in einer Sache, die falsch ist, auch unrecht.

3. Wenn die Uneinigkeit ausgeräumt werden sollte und ausgeräumt werden könnte, es aber nicht wird, dann ist das Halsstarrigkeit und Selbstsucht. Wir mögen Erwachsene sein an Alter und Körpergröße, können dabei aber im Verhalten schrecklich kindisch sein. Geben Sie nach! Greifen Sie's an! Bei diesem Mangel an Harmonie stehen zu bleiben, zerstört noch viel mehr als nur den engen Bereich Ihrer Beziehung.

4. Sollten Sie der »treue Gefährte« sein, der gebraucht wird, um eine Versöhnung herbeizuführen, dann beachten Sie dreierlei:
   a) Das letzte Ziel ist Wiederherstellung der Beziehung (nicht Züchtigung).
   b) Vor allem ist wichtig: Barmherzigkeit (nicht Zwang).
   c) Die gemeinsame Basis ist Christus (nicht die Logik oder die Kirche oder die Tradition oder Ihr Wille).

Es ist etwas Großmütiges, Hochherziges, das mit dem Namen Jesus verbunden ist, etwas, das unsere Einstellung friedlich werden läßt und den Streit entschärft. Irgendwie läßt das Nennen seines Namens es unangebracht erscheinen, ein streitsüchtiges Denken beizubehalten.

Diese Wahrheit fand ich bestätigt, als ich etwas las, das vor über hundert Jahren passiert ist.

Charles H. Spurgeon, der Baptistenpastor von London, hatte einen Freund, der ebenfalls Pastor war: Dr. Newman Hall. Dieser schrieb ein Buch mit dem Titel »Komm zu Jesus«. Ein anderer Prediger veröffentlichte nun einen Artikel, in dem er Hall lächerlich machte. Hall ertrug das eine ganze Weile mit Geduld. Doch als der Artikel immer mehr Aufsehen erregte, setzte er sich hin und schrieb einen Protestbrief. Seine Antwort war gespickt mit vergeltenden Schmähreden, die alle Angriffe des Artikels gegen ihn übertrafen. Bevor er den Brief zur Post gab, nahm Hall ihn mit zu Spurgeon und fragte ihn nach seiner Meinung.

Spurgeon las den Brief sorgfältig durch und gab ihn dann zurück. Er erklärte, daß die Erwiderung hervorragend gelungen sei, und daß der Schreiber des Artikels sie wohl verdient hätte. »Aber«, fügte er dann noch hinzu, »eins fehlt dabei doch.« Nach einer Pause fuhr Spurgeon fort: »Unter deiner Unterschrift sollte noch stehen:Verfasser des Buches ›Komm zu Jesus‹«.

Die beiden Geistlichen schauten sich eine Weile an. Dann nahm Hall den Brief und zerriß ihn in hundert Stücke.

Mach dich selbst so frei von allem, daß du wieder lachen kannst

Cynthia und ich sind in den Harley-Davidson-Motorrad-Club eingetreten. Ich weiß, ich weiß ... das paßt nicht zu unserem Image. Wen kümmert das eigentlich? Wir haben es uns schon seit Jahren abgewöhnt, uns um unser Image Sorgen zu machen. Warum sollten wir uns deswegen schämen? Wir tun es nicht!! Vielleicht sagt man uns nach, daß sich wohl auf diese Weise unsere »midlife crisis« äußere. Wir hoffen, daß es so ist. Und: Wir sollten der Jugend ein besseres Beispiel geben! Sie haben ihren Spaß daran. Es sind wirklich nur ein paar sonderbare Erwachsene, die es nicht gut finden. Manchmal fragen wir unsere Enkelkinder: »Habt ihr Lust, wollen wir fahren?« Sie wollen. Andere zerbrechen sich den Kopf darüber, wie wir es wohl unserem »Gemeindevorstand« beigebracht haben. Der kümmert sich auch nicht darum. Vergessen Sie nicht, wir sind in Kalifornien! Es kann sich kaum jemand vorstellen, wieviel Spaß wir haben (und außerdem noch Kontakte mit anderen Harley-Fahrern). Am schönsten ist bei der ganzen Sache, daß diese Rocker dort beim Motorradgeschäft keine Ahnung haben, wer wir sind. Wir haben *endlich* in unserer Gegend einen Ort gefunden, wo wir unter Menschen sein und trotzdem völlig anonym bleiben können.

Sie hätten im Ausstellungsraum sein sollen, als ich das erste Mal auf einem dieser großen Räder saß. Cynthia stand zwei Meter weg und starrte mich bloß an. Sie wußte nicht so recht, ob sie laut lachen oder einen Bekehrungsversuch bei mir machen sollte. Schließlich versuchte sie einen Kompromiß und schwang sich, nachdem ich ihr zugewinkt hatte, hinter mir aufs Rad. In dem Augenblick, wo sie sich nach vorn lehnte und mir ins Ohr flüsterte: »Liebling, ich glaube, ich könnte mich daran gewöhnen«, da wußte ich, daß es nicht mehr lange dauern würde, bis wir völlig unbeschwert über den Asphalt brausen würden.

Wir saßen da und kicherten wie zwei Verliebte im Teenageralter, die mit zwei Strohhalmen zusammen eine Flasche Limonade leerschlürfen. Sie hatte es gern, so dicht hinter mir zu sitzen (sie konnte gar nicht widerstehen — natürlich), und ich war glücklich, sie hinter mir zu wissen und die riesige Maschine unter uns. Und dann das unnachahmliche Motorengeräusch der Harley. Mann, war das eine Sache!

Plötzlich saßen wir wieder auf diesem glänzenden, schwarzen Modell mit den dicken ledernen Satteltaschen und befanden uns auf einer der Ausfallstraßen unserer Heimatstadt. Wir waren wieder im Jahr 1953. Alles andere war vergessen — die Maschine dröhnte —, wir waren auf dem Weg zu einem Fußballspiel unserer Schule; Cynthia mit meinem Sweatshirt und den rot-weißen Halbschuhen, ich mit meiner Elvistolle und der Motorradjacke mit Nieten und Fransen.

Als wir wieder zu uns kamen, wurde uns klar, daß wir irgendwie fehl am Platze waren. Ein verantwortungsbewußter Hauptpastor und Rundfunkredner in Anzug und Krawatte mit einer erstklassig angezogenen Frau, die Vizepräsidentin der Sendung »Einsichten ins Leben« ist, saßen im Ausstellungsraum eines Fachgeschäftes auf einer Harley-Davidson-Maschine! Alle anderen um uns herum trugen T-Shirts, alte Jeans, Stiefel, schwarze Lederanzüge und auffallende Tätowierungen. Ein paar Leute schauten in unsere Richtung, als ob sie sagen wollten: Nun werdet mal ernst! Cynthia richtete sich auf und flüsterte mir zu: »Glaubst du, daß wir hierhergehören?«

»Aber natürlich, Liebling, wen kümmert es? Was ich brauche, sind bloß ein paar schwarze Jeans und Motorradstiefel, und alles, was du brauchst, ist eine Tätowierung. Dann passen wir hervorragend hierher.« Die Jeans und die Motorradstiefel für mich — das wäre wohl eines Tages zu machen. Aber Cynthia mit einer Tätowierung? Mir kamen Zweifel. Irgendwie glaubte ich nicht, daß das ein Riesenerfolg würde bei offiziellen Essen der Gemeinde oder beim Bankett der »Nationalen Rundfunkredner« der Abteilung Religion.

Wir hatten in der Familie viel Spaß mit diesem Problem. Vor allem da ich unsere vier Kinder alle nach einer einzigen, feststehenden »Swindoll-Regel« erzogen hatte: »... das hat man nur einmal ... das kommt nicht wieder ...«

Nun donnerten der alte Mann und sein »Baby« durch die Straßen der Stadt. Und unsere jetzt erwachsenen Kinder versuchen, mit der Frage klarzukommen, was wohl mit ihren Eltern los ist, und was sie ihren Kindern sagen sollen, wenn sie die Großeltern als »grauhaarige Teenager« über die Autobahn flitzen sehen. Tatsächlich haben wir neuerdings Sorge, daß *unsere* Kinder mit *ihren* Kindern ein wenig streng sind. »Ihr müßt es ein bißchen leichter nehmen, Jungs«, würden sie da unten am Harley-Treff sagen. Der einzige von dem Trupp, der uns vollkommen versteht, ist unser Jüngster, Chuck, — aber das ist naheliegend. Er fährt ebenfalls eine Harley.

Was ist eigentlich los? Was hat von mir Besitz ergriffen, daß ich nun mit einem Motorrad herumkutschiere, einige der malerischen Straßen, die zum Ozean führen, entlang brause oder mit meinem Sohn für angenehme zwei oder drei Stunden unterwegs bin? Was soll all das heißen?

Daß ich den Unsinn vergessen will, daß jeder einzelne Augenblick im Leben ernst sein soll! Es geht darum, die dicke und starre Schablone der Voraussagbarkeit zu durchbrechen. Es geht darum, sich an einer vollständig anderen Seite des Lebens zu freuen, wo ich mich nicht darum kümmern muß, nach den Erwartungen anderer Leute zu leben oder mir Gedanken darüber zu machen, wer was denkt. Es geht darum, mit einem unserer Kinder in eine Welt einzutauchen, die ganz und gar auf *seiner* Linie liegt (zur Abwechslung), nicht auf meiner — in einer Situation, die reine Freude ist, keine Arbeit. Es geht darum, ich selbst zu sein und niemand sonst.

Es geht darum, die Beschränkung des Tunnel-Blicks zu durchbrechen. Es geht darum, daß ich mein Leben nicht immer nur damit verbringen möchte, *eine* Note auf *einem* Instrument in *einem* Raum zu spielen, sondern Vergnügen habe an einer ganzen Symphonie von Tönen und Anblicken und Düften. Es geht darum, den Radius eines einengenden und fordernden Terminkalenders zu erweitern, bei dem es manchmal wirklich schwierig ist, frische Luft zu schöpfen, und wo es gelegentlich beinahe unmöglich ist, einen kreativen Gedanken zu fassen.

Es geht im tiefsten um Freiheit. Das ist es — schlicht und einfach gesagt. Es geht darum, frei zu sein.

Es geht um das Eintauchen in eine spannungsfreie, sorglose Welt, in der ich nichts Tiefgründiges sagen oder jemand anderen anregen oder irgend etwas anderes tun muß — außer, daß ich den Wind fühle und die Blumen rieche und meine Frau in den Arm nehme und mit ihr lache, bis wir heiser sind. Kurz gesagt ... es geht darum, daß wir uns selbst so viel Freiheit schenken, daß wir wieder lachen können.

Und nun im Ernst zum Thema: Der Weg in die Freiheit

Die Amerikaner haben den Gedanken der Freiheit nicht erfunden. Obwohl wir Kriege dafür geführt und Denkmäler um der Freiheit willen aufgestellt haben, liegt der Ursprung der Freiheit nicht bei uns. Sie begann bei Gott, damals im Garten Eden, als er Adam und Eva schuf. Gott machte sie – und Sie und mich hat er auch geschaffen –, damit wir die Freude und die Verantwortlichkeiten der Freiheit genießen sollten. Auf welche Weise tat er das?

1. Gott schuf uns mit einem Verstand ... damit wir in Freiheit denken sollten.
2. Gott schuf uns mit einem Herzen ... damit wir in Freiheit lieben sollten.
3. Gott schuf uns mit einem Willen ... damit wir in Freiheit gehorchen könnten.

Diese drei Faktoren möchte ich einmal von einem rein menschlichen Standpunkt aus betrachten. Indem Gott uns nach seinem Bild schuf, beschenkte er uns mit Möglichkeiten, die die anderen Lebensformen nicht bekamen. Auf geistigem Gebiet ermöglichte er uns, ihn zu kennen, ihn zu lieben und ihm zu gehorchen. Er schob uns keine Ringe durch die Nase, an denen er uns herumziehen konnte, wie man Ochsen führt. Und er schuf uns auch nicht mit Seilen an den Händen und Füßen, wie sie Marionetten haben, um jede unserer Bewegungen zu kontrollieren und zu steuern. Welches Vergnügen hätte er wohl an der Liebe einer solchen Puppe oder dem Gehorsam eines stummen und blöden Tieres?

Nein – er schenkte uns die Freiheit, Entscheidungen zu treffen. Und durch seine Gnade sind wir dazu in der Lage, seinen Plan zu verstehen, weil wir einen Geist haben, der uns ihn erkennen läßt. Und wir haben auch die Freiheit, ihn zu lieben und ihn anzubeten, weil wir mit Gefühlen begabt sind. Gott freut sich über unsere Zuneigung und Verehrung. Wir können seinen Anweisungen gehorchen, aber wir sind keine Bauern auf einem weltweiten Schachbrett. Es ist die freiwillige Spontaneität unserer Reaktion, die Gott gefällt. Wenn sein Volk auf seinen Aufruf hin freiwillig in Verehrung und Lobpreis, Gehorsam und Anbetung eingeht, dann wird Gott am meisten verherrlicht.

Und doch gibt es eine Kehrseite dieser Dinge. Weil wir frei sind, das alles zu tun, sind wir auch frei, es nicht zu tun. Wir haben die Freiheit, falsche Entscheidungen zu treffen — wie gut wir das wissen! Wir können tatsächlich damit so lange weitermachen, bis wir im selbstgemachten Gefängnis der Konsequenzen dieses Handelns enden. Das Gefängnis unserer eigenen Entscheidungen kann uns in so harten Fesseln halten, daß wir nicht mehr in der Lage sind, ihm zu entfliehen. Wenn es dahin kommt, erleben wir das tiefste Elend, das es auf dieser Erde gibt. Man sagt dann, daß der Mensch einer Sache oder einer Sucht verfallen ist. Wenn Sie jemals so etwas erlebt oder sich um einen Menschen in dieser Situation gemüht haben, dann ist Ihnen vielleicht zum erstenmal bewußt geworden, wie schrecklich eine solche Existenz sein kann. So merkwürdig es klingt, dieses Verfallensein ist die tragische Konsequenz unserer Freiheit . . . Freiheit ohne Kontrolle . . . Freiheit, die »ins Kraut« geschossen ist.

Was Gott verheißen hat

An diesem Punkt ist Gott überaus gnädig. Er hat keine grausame Freude daran, wenn er sieht, wie wir uns winden — gefangen im Kerker unseres eigenen Tuns. Das war im Gegenteil der Hauptgrund, weshalb er seinen Sohn auf diese Erde gesandt hat. Er gab ihm einen gnädigen Auftrag — die Gefangenen zu befreien. Eine der ersten Formulierungen im Hinblick auf den Grund der Sendung Jesu findet sich in einer alten Prophezeiung Jesajas. Obwohl sieben Jahrhunderte vor seiner Geburt geschrieben, war es doch die »Auftrags-Beschreibung« des kommenden Messias:

»Der Geist Gottes ist auf mir,
weil der Herr mich gesalbt hat.
Er hat mich gesandt, den Elenden gute Botschaft zu bringen,
die zerbrochenen Herzen zu verbinden,
zu verkündigen den Gefangenen die Freiheit,
den Gebundenen, daß sie frei und ledig sein sollen;
zu verkündigen ein gnädiges Jahr des Herrn
und einen Tag der Vergeltung unseres Gottes,
zu trösten alle Trauernden.«   Jes 61,1-3

Übersehen Sie die Worte nicht: ». . . zu verkündigen den Gefangenen die Freiheit, den Gebundenen, daß sie frei und ledig sein sollen.«

Damit Sie nicht auf den Gedanken kommen, daß der Prophet von sich selbst redet, hören Sie, was Jesus selbst dann sagte — mehr als siebenhundert Jahre später, als er sein Werk der Verkündigung in Nazareth begann. Lesen Sie die Worte sorgfältig und vergegenwärtigen Sie sich die Szene:

>»Und er kam nach Nazareth, wo er aufgewachsen war, und ging nach seiner Gewohnheit am Sabbat in die Synagoge und stand auf und wollte lesen. Da wurde ihm das Buch des Propheten Jesaja gereicht. Und als er das Buch auftat, fand er die Stelle, wo geschrieben steht:
>
> ›Der Geist des Herrn ist auf mir, weil er mich gesalbt hat, zu verkündigen das Evangelium den Armen; er hat mich gesandt, zu predigen den Gefangenen, daß sie frei sein sollen, und den Blinden, daß sie sehen sollen, und den Zerschlagenen, daß sie frei und ledig sein sollen, zu verkündigen das Gnadenjahr des Herrn.‹ Und als er das Buch zutat, gab er's dem Diener und setzte sich. Und aller Augen in der Synagoge sahen auf ihn. Und er fing an, zu ihnen zu reden: ›Heute ist dieses Wort der Schrift erfüllt vor euren Ohren‹.«
>   Lk 4,16-21

Ist das nicht interessant? Von allen Schriften, die Jesus hätte lesen können, wählte er diesen Abschnitt aus Jesaja. Und er sagte nicht nur, daß »den Gefangenen die Freiheit« zu verkündigen und den »Zerschlagenen, daß sie frei und ledig sein sollen«, zu seinem irdischen Auftrag gehörte, sondern daß er gerade an diesem Tag begann, die Prophezeiung des Jesaja zu erfüllen.

Viele Jahrhunderte, bevor der Messias kam, versprach Gott, die Gefangenen zu befreien. Ganz offensichtlich sollte das nicht heißen, daß er alle Gefängnistüren öffnen und die Riegel aller Kerker zerbrechen würde. Die Gefangenen, an die er dachte, waren die durch die Sünde Gebundenen. Dann sagte er auch, daß er den Blinden zum Sehen verhelfen wolle, physisch und geistlich. Welch großartige Versprechungen!

Wir wollen uns noch eine andere neutestamentliche Stelle ansehen:

>»Da sprach nun Jesus zu den Juden, die an ihn glaubten: Wenn ihr bleiben werdet an meinem Wort, so seid ihr wahrhaftig meine Jünger und werdet die Wahrheit erkennen, und die Wahrheit wird euch frei machen.
>
> Da antworteten sie ihm: Wir sind Abrahams Kinder und sind niemals jemandes Knecht gewesen. Wie sprichst du dann: Ihr sollt frei werden?

Jesus antwortete ihnen und sprach: Wahrlich, wahrlich, ich sage euch: Wer Sünde tut, der ist der Sünde Knecht. Der Knecht bleibt nicht ewig im Haus; der Sohn bleibt ewig. Wenn euch nun der Sohn frei macht, so seid ihr wirklich frei.«   Joh 8,31-36

Was ich sehr wichtig finde, ist diese Verheißung aus dem Munde Jesu selbst, vor allem, daß die Kenntnis der Wahrheit frei macht ... und wenn wir einmal befreit sind, sind wir »wirklich frei«. Das bezieht sich auf eine tiefe persönliche Freiheit, eine Lösung von inneren Bindungen, die uns lange gefesselt hielten. Welch ein wunderbarer Gedanke!

Wie haben wir auf Gottes Angebot reagiert?

Wenn die Wahrheit an dieser Stelle offenbar würde, so käme wohl heraus, daß wir immer nur halbherzig geglaubt haben. Obwohl er uns so geschaffen hat, daß wir frei sein sollten und los von allem, was uns bindet, haben wir beschlossen, in der Abhängigkeit zu bleiben. Mit unserer Entscheidung haben wir allen Arten von Lastern und Süchten Raum gegeben und lassen uns von ihnen beherrschen. Statt sich der Wohltat der Freiheit zu erfreuen, leben viele nur im Sog der Gegenströmung als hilflose, hoffnungslose Gefangene.

Jean Jacques Rousseau, der französische Philosoph des achtzehnten Jahrhunderts, hat nie mehr recht gehabt als mit seinem Ausspruch: »Der Mensch war frei geboren, und überall und immerfort ist er in Ketten.«

Die am meisten verbreitete Sucht

Vielleicht haben Sie das Gefühl, daß das Thema Bindungen und Sucht Sie nichts angeht. Das wird sich möglicherweise ändern. Ich möchte nämlich über die eine Bindung reden, die alle anderen übertrifft — die Sorge. Der Sorge Verfallene gibt es mehr als genug.

Das Problem bei der Sorge liegt darin, daß sie gar nicht so schlimm aussieht. Es ist ähnlich wie bei den ersten kurzen Kokainzügen. Ein Mensch mag in seinem tiefsten Inneren wissen, daß sie schädlich sind, aber dann erscheinen sie ihm auch wieder nicht so schlimm, wie manche es hinstellen. Welch ein kurzsichtiges, dummes Denken!

So machen wir es mit der Sorge. Wenn sie auftaucht, haben wir schnell leichtherzige Entschuldigungen bei der Hand. Zum Beispiel kann es geschehen, daß wir eines abends zu einem Freund kommen und im Lauf eines Gespräches sagen: »Mach dir keine Sorgen!« Und unser Freund antwortet möglicherweise: »Vielleicht sollte ich nicht, aber du kennst mich doch. Ich bin halt so ein Typ.« Dann gehen wir leicht darauf ein und sagen etwa: »Ja, natürlich, ich verstehe dich. Ich bin selbst nicht frei davon. Ich kann es niemand übelnehmen, wenn er sich in dieser Sache beunruhigt fühlt.«

Wie wäre es, wenn wir diese Unterhaltung zum Beispiel auf einen zu großen Alkoholkonsum beziehen würden? Stellen Sie sich folgendes Gespräch vor: »Hey, du, das entwickelt sich und geht immer weiter!« Und unser Freund würde antworten: »Nun, vielleicht sollte ich lieber nicht, aber du kennst mich doch. Ich bin einfach der Typ, der vom Trinken nicht loskommt.« Dann würden wir auch nicht sagen: »Ja, das verstehe ich. Ich trinke selbst zu viel. Ich kann niemand deswegen anklagen, weil er ein paar Gläser über den Durst trinkt.« Plötzlich sehen wir auch die Sorge in einem ganz anderen Licht.

Wir wollen das Problem näher unter die Lupe nehmen

Von allen Freudekillern, die unser Leben belasten können, ist die Sorge der quälendste, aufregendste und am meisten verbreitete. Das englische Wort für Sorge kommt vom deutschen »würgen«, was ja soviel bedeutet wie erwürgen, ersticken. Unser Herr brauchte genau dieses Bild, als er bei einer Gelegenheit über das Thema sprach:

> »Der Sämann sät das Wort. Das aber sind die auf dem Wege: Wenn das Wort gesät wird und sie es gehört haben, kommt sogleich der Satan und nimmt das Wort weg, das in sie gesät war. Desgleichen auch die, bei denen auf felsigen Boden gesät ist: wenn sie das Wort gehört haben, nehmen sie es sogleich mit Freuden auf, aber sie haben keine Wurzel in sich, sondern sind wetterwendisch; wenn sich Bedrängnis oder Verfolgung um des Wortes willen erhebt, so fallen sie sogleich ab. Und andere sind die, bei denen unter die Dornen gesät ist: die hören das Wort, und die Sorgen der Welt und der betrügerische Reichtum und die Begierden nach allem anderen dringen ein und ersticken das Wort, und es bleibt ohne Frucht.« Mk 4,14-19

In anderen Worten: Wenn die Sorge unser Denken abwürgt und die Wahrheit erstickt, sind wir nicht in der Lage, Frucht zu bringen. Quälende Gedanken erfüllen uns und unsere Gefühle geraten in Dauerspannung. Gleichzeitig werden wir entdecken, daß wir auch geistlich Not leiden. Die Sorge nimmt uns die Motivation und schneidet die Lebenslinie der Freude ab.

Trotz all dieser Konsequenzen sind mehr Leute der Sorge verfallen als allen anderen Abhängigkeiten zusammen. Gehören Sie auch dazu? In dem Fall sollten Sie sich all die Dinge noch einmal durch den Kopf gehen lassen, die ich in diesem Buch bereits über die Freude und Sorglosigkeit und eine optimistische Lebenshaltung gesagt habe. Sie müssen unbedingt mit ihrer Angst und Sorge aufräumen, wenn Sie innerlich so frei werden wollen, daß Sie wieder lachen können.

Ich weiß, wovon ich rede, das können Sie mir glauben. Es gab auch in meinem Leben eine Zeit, wo die Sorge mich beherrschte und die Fangarme ständiger Spannung die meiste Freude in meinem Leben erstickten. Ich machte mir zu viel Gedanken darüber, was die Leute dachten und sagten. Darum lief ich immer ein bißchen bedrückt durch meine Tage. Außerdem war ich nicht sicher in bezug auf meine Zukunft. Also machte ich mir auch darüber Gedanken. Das innere Aufgewühltsein nahm noch zu, als ich in die Marine eintrat. Cynthia und ich waren erst seit kurzem verheiratet. Wo würden wir stationiert werden? Was würde werden, wenn ich nach Übersee geschickt würde? Wie würde Cynthia ohne mich zurechtkommen . . . und umgekehrt? Die Sorgenliste wuchs noch mehr in die Länge, als ich den Marschbefehl erhielt . . . nach Okinawa! Warum ließ Gott das zu? Das Wehrbezirkskommando hatte mir ausdrücklich zugesichert, daß das *niemals* geschehen würde (jetzt lächeln Sie, oder?). Tag um Tag wurde der Sorgenberg größer und meine Freude schwand dahin. Mein Gebetsleben war nur noch eine Formalität.

Während Cynthia und ich dann für gut ein Jahr durch den Pazifischen Ozean getrennt waren, war ich gezwungen, mich mit der Abhängigkeit von meinen Ängsten auseinanderzusetzen. Am Ende beschloß ich, mit dem Unsinn aufzuhören. Ich begann nun, Gott und sein Wort mehr ernst zu nehmen als bisher und mich selbst weniger (gewöhnlich machen wir es umgekehrt). Ich entdeckte, daß das Gebet nicht als bloßer Ritus gedacht war, sondern als ein echter Hilferuf, womit wir uns an Gott wenden dürfen . . . und jedesmal, wenn ich das so in Anspruch nahm, bekam ich Verbindung mit ihm. Außerdem stellte ich fest, daß er die Umstände unseres Lebens bis in die Einzelheiten unter Kontrolle hatte — in meinem Leben als auch in dem von Cynthia. Sie war sogar viel besser seiner Fürsorge aufgehoben, als sie unter meinem Dach hätte sein können. Uns beiden ging es gut — tatsächlich: unglaublich gut. Ich führte ein Tagebuch und schrieb ihr Briefe — manchmal vier- oder fünfmal in der Woche. In der Rückschau wird mir klar, daß es mitten in dieser einsamen Zeit der unfreiwilligen Trennung war, daß ich ein Interesse am Schreiben zu entwickeln begann. (Wer hätte jemals ahnen können, wohin dieses Briefeschreiben in der engen Armeeunterkunft auf Okinawa führen würde?) Als ich meine Sorgen und Ängste Gott auslieferte, nahm er sie mir ab und löste jedes einzelne der Probleme. Und in dem Maß, wie ich mich entspannte, erfüllte er mich mit seiner souveränen Gnade. Es war einfach wunderbar.

Der entscheidende Wendepunkt kam, als ich mich ernsthaft mit Philipper 4,4-9 beschäftigte. Ich kann mich noch sehr lebhaft daran erinnern.

Gottes Therapieplan verstehen

Ist Ihnen klar, daß Gott ein todsicheres Mittel gegen Sorge hat? Hat Ihnen schon einmal jemand gesagt, daß Sie ein sorgenfreies Leben führen können, wenn Sie seinen Rat wirklich ernst nehmen? Ja, Sie haben richtig gelesen. Ich mache selten dogmatische Aussagen. Aber in diesem Fall bin ich ganz sicher und zuversichtlich. Wenn Sie der Anweisung Gottes folgen, werden Sie wieder lachen können. Aber lassen wir die Schrift zunächst für sich selbst sprechen:

> »Freuet euch in dem Herrn allewege, und abermals sage ich: Freuet euch! Eure Güte laßt kund sein allen Menschen! Der Herr ist nahe!
> Sorget euch um nichts, sondern in allen Dingen laßt eure Bitten in Gebet und Flehen mit Danksagung vor Gott kundwerden!
> Und der Friede Gottes, der höher ist als alle Vernunft, bewahre eure Herzen und Sinne in Christus Jesus.«   Phil 4,4-7

Als erstes wollen wir uns diese Worte ganz fest ins Bewußtsein einprägen — sie bilden die Grundlage der göttlichen Therapie gegen alle Schwarzseher und Pessimisten:

> »Sorgt euch um nichts, in allen Dingen laßt eure Bitten in Gebet und Flehen vor Gott kundwerden.«

Sagen Sie sich das immer wieder vor, bis Sie es auswendig können. Sagen Sie es laut. Schließen Sie die Bibel dabei. Schließen

Sie die Augen. Malen Sie sich die Worte vor Ihr inneres Auge. Bewegen Sie sie eine Weile in Ihrem Denken hin und her. Was ist eine Sorge? Alles, was Ihren Vorrat an Freude anzapft – etwas, was Sie nicht ändern können, etwas, wofür Sie nicht verantwortlich sind, etwas, das Sie gar nicht kontrollieren können, etwas, (oder jemand) das (oder der) Sie erschreckt und quält, Sie aufregt, Sie nicht schlafen läßt. All diese Dinge müssen jetzt von Ihrer Sorgenliste gestrichen und dafür auf Ihre Gebetsliste gesetzt werden. Liefern Sie jede einzelne Sorge – eine nach der anderen – an Gott aus. Tun Sie es gerade jetzt in diesem Augenblick. Sagen Sie es dem Herrn, daß Sie Ihre Ängste nicht länger bei sich behalten wollen.

Wenn Sie nun auf dieses überaus wichtige Angebot Gottes, das er denen macht, die frei sein wollen, eingehen, werden Sie feststellen, daß Sie plötzlich mehr Zeit haben ... zusätzliche Zeit und Kraft. Warum? Weil Sie diese Zeit sonst auf Ihre sorgenvollen Gedanken verwandt haben. Dieses Laster hielt Sie – wie alle Süchte es tun – gefangen. Es nahm Ihnen Zeit weg, beanspruchte ihre Aufmerksamkeit, zwang Sie, sich mit Problemen zu beschäftigen, ohne daß es Ihre Aufgabe war – die Sie gar nicht lösen sollten.

Was ist zu tun? Wie verbringen Sie jetzt die Zeit, die Sie sonst mit unnötigen Sorgen verloren haben? Kehren wir zurück zu den Worten des Paulus an die Philipper. Mir begegnen da vor allem drei Schlüsselworte:

Freut euch! (V. 4)
Entspannt euch! (Eure Güte laßt allen Menschen kund sein) (V. 5)
Ruht! (Der Friede Gottes bewahre eure Herzen und Sinne)(V. 7)

Das sieht sich alles sehr leicht an, aber für jemand, der sich schon lange gesorgt hat, ist es das nicht.

Beginnen wir mit:»Freut euch! Sorgt euch um nichts ... betet um alles ... und freut euch!«

»Freut euch in dem Herrn allewege, und abermals sage ich: Freut euch!« Phil 4,4

Weil wir diese Aufforderung nun schon mehrmals wiederholt haben und verschiedene ähnliche bereits durch das ganze Buch hindurch, könnte der Gedanke allmählich langweilig werden. Lassen Sie es nicht dahin kommen! »Sich freuen« ist eindeutig ein biblischer Befehl. Ihn zu übersehen, ist Ungehorsam, daran muß ich Sie erinnern. Statt sich den Sorgen zu überlassen, investieren Sie Zeit auf die Entfaltung ihres Humors. Entdecken Sie die helle, die sonnige Seite des Lebens. Schauen Sie sich im Laufe des Tages bewußt nach Dingen um, die Sie fröhlich machen können. Lockern Sie sich und lachen Sie auch einmal ungezwungen, wenn es Ihnen so in den Sinn kommt. Machen Sie sich ganz bewußt die Wichtigkeit einer fröhlichen Verfassung klar. Leben Sie mit leichtem Herzen. Und lesen Sie nicht nur das Negative in der Zeitung. Sehen Sie weniger fern und lesen Sie lieber Bücher, die Sie lächeln lassen statt ein Stirnrunzeln auszulösen. Wenn Sie das im Grunde nicht selbst wollten, hätten Sie dieses Buch gar nicht zu lesen angefangen. Wir haben es bewußt mit einem Cover versehen, das Ihre Aufmerksamkeit sicher angezogen hat. Ich denke, daß mein Verleger auch das Seine dazu getan hat, es modern und ansprechend zu gestalten. Wenn Sie es ein wenig durchgeblättert haben, sind Sie vielleicht schon zu der Überzeugung gekommen: Ich brauche ja gar nicht so furchtbar ernst ins Leben zu schauen – und vielleicht hilft mir das Buch ein wenig dazu. Lassen Sie es mit diesem Buch aber nicht genug sein. Besorgen Sie sich noch mehr Literatur in dieser Richtung. Bieten Sie Ihrem Geist und Ihrem Empfinden mehr erfreuliche, mutmachende Gedanken an.

Versuchen Sie, ein paar Bekannte ausfindig zu machen, die den gleichen Kurs steuern. Noch besser ist, wenn Sie Freunde gewinnen können, die das Leben ebenfalls mit den Augen Jesu ansehen. Das allein bedeutet schon eine große Ermutigung. Freut euch miteinander! Tauscht fröhliche Erlebnisse und Geschichten aus! Bejaht euch gegenseitig!

> »Miteinander lachen schafft eine Atmosphäre der Freundschaft. Wo das möglich ist, sind die Leute nicht mehr in erster Linie ›jung‹ oder ›alt‹, ›Lehrer‹ oder ›Schüler‹, ›Arbeiter‹ oder ›Unternehmer‹. Sie sind dann nur noch eine Gruppe von menschlichen Wesen, die sich ihres Lebens freuen.«

Ein bekannter und von mir sehr geschätzter Humorist pflegte zu sagen, daß man das Lachen nicht unterdrücken dürfe. Wenn man es täte, würde es im Körper nach unten rutschen und die Hüften breit werden lassen. (Vielleicht erklärt das seine Extra-Kilo.)

Salomo sagt: »Ein guter Mut ist ein tägliches Fest« (Spr 15,15). Er hat recht damit. Ich finde, daß ein fröhlicher Sinn direkt ansteckend wirkt. Bevor Sie recht darüber nachdenken, sitzen andere mit an Ihrem Tisch. Entscheiden Sie sich für die Freude! Es gibt nur ganz wenige Tage in meinem Leben, an denen ich nichts entdecke, worüber ich lachen könnte. Was in der Abteilung, wo ich mit meinen Mitarbeitern zusammensitze, am meisten zu hören ist, ist ein herzhaftes Lachen. Wie ansteckend ist überwältigende Freude ... jeder möchte dabei sein. Freuen Sie sich!

Der nächste Punkt bei Paulus heißt: Entspannung! Sorgt euch um nichts ... betet aber um alles ... und entspannt euch!

>>Eure Güte laßt kund sein allen Menschen. Der Herr ist nahe.<<
Phil 4, 5

Wo steht in der Aussage des Paulus etwas von Entspannung? Wir wollen uns den ungewöhnlichen Ausdruck >>Lindigkeit<< – Güte – ansehen. Er bedeutet soviel wie Liebenswürdigkeit oder Ungezwungenheit. Wir könnten es auch als eine lässige Haltung bezeichnen (nicht nachlässig!). Gemeint ist eine wohltuende, angemessene Haltung – und dabei steht die Vorstellung eines entspannten Lebensstils im Hintergrund. Eine sorgenbelastete Welt vermag Ihr Angespanntsein auf ein gefährliches Niveau hochzutreiben. Physisch gesehen, kann das einen ernsten Tribut von Ihrer Gesundheit fordern.

Werfen Sie die Lasten ab! So vieles, was uns nervös macht und worüber wir stolpern, verschwindet niemals aus unserem Leben. Lassen Sie mich konkret werden. Seien Sie z. B. Ihren Kindern gegenüber entspannter. Nehmen Sie nicht alles so tragisch, vor allem, wenn die Kinder noch in der 8. oder 9. Klasse sind. (Mein Freund Kenny Poure bezeichnet diese Altersgruppe als Vor-Menschen.) Wenn Ihr Sohn oder Ihre Tochter sich durch die Phase dieser stürmischen Jahre gerade hindurchkämpfen – haben Sie ein Herz für sie. Ziehen Sie sich zurück. Lockern Sie die >>Leine<<. Später werden Sie feststellen, daß auch Gott in dieser Situation immer gegenwärtig war. Er hatte die Kontrolle nicht verloren. Er kümmerte sich um die Angelegenheit – es war seine Sache. Wenn ich daran nur mehr gedacht und geglaubt hätte, als unsere Kinder noch jünger waren! Jedesmal, wenn ich in Hochspannung war, eine entsprechende Haltung an den Tag legte und manchmal Kurzschlüsse erzeugte, sagte eins unserer Kinder schließlich: >>Jetzt hol mal tief Luft, Vati!<< Au!!! – Wenn ich dann ihren Rat befolgte, kam die wohltuende Ungezwungenheit wieder an die Oberfläche.

Ruth Harms Calkin, eine gute Freundin von mir, beschreibt unser Dilemma mit einer verständnisvollen Darlegung und tiefen Erkenntnis:

»Geistliche Zuflucht — Stille Zeit.

Das hatte ich mir vorgenommen:

Ich wollte meinen persönlichen Zeitplan beiseite schieben — diese Dienste und Aufgaben, die mich routinemäßig in eine Zwangsjacke steckten. Im Frieden und der Stille meines Wohnzimmers wollte ich entspannen, in der herrlichen Gegenwart meines Gottes. Wie fröhlich sah ich diesen Stunden entgegen — meine persönliche geistliche Retraite! Mit Bibel und Notizbuch würde ich lesen und meditieren — ich würde eintreten für diese arme Welt.

Doch wie ganz anders lief es dann ab, Herr: Noch nie hatte das Telefon so ununterbrochen geklingelt. Plötzliche Notfälle wurden gemeldet und ergossen sich über mich wie Sommerwolkenbrüche. Mein Gatte kam krank nach Hause. Verabredungen mußten abgesagt, Pläne umgestoßen und neu arrangiert werden. Der Postbote brachte zwei beunruhigende Briefe. Eine Cousine, deren Name mir entfallen war, kam vorbei auf ihrem Weg durch die Stadt. Meine fröhliche Morgenstimmung versank im Keller.

Und doch, lieber Herr, warst du in alldem bei mir! Ich habe deine lebendige Gegenwart deutlich gespürt — deine sichere und beständige Führung. Nicht ein einziges Mal hast du mich verlassen, wenn ich so gescheitert war mit meinen Plänen. Vielleicht wolltest du mir in deiner großen Weisheit eine praktische Einsicht vermitteln: Wenn du meine ›geistliche Retraite‹, mein Zufluchtsort bist, brauche ich keine ›stille Klause‹, keinen Winkel der Zurückgezogenheit.«

Und schließlich heißt es bei Paulus: Ruht! Sorgt euch um nichts... betet um alles und ruht im Frieden Gottes!

»Sorgt euch um nichts, sondern in allen Dingen laßt eure Bitten im Gebet und Flehen mit Danksagung vor Gott kundwerden! Und der Friede Gottes, der höher ist als alle Vernunft, bewahre eure Herzen und Sinne in Christus Jesus.«   Phil 4,6.7

Ich kenne wenige Stellen der Heiligen Schrift, die für mich hilfreicher sind als die gerade genannten. Lesen Sie sie noch einmal — langsamer. Vielleicht hilft es noch weiter, wenn man sie in der Übersetzung der Living Bible liest. Von ihr übernahm ich die Vorstellung vom Ruhen.

»Sorgt euch um nichts, statt dessen betet um alles; sagt Gott, was euch fehlt, und vergeßt nicht, ihm für seine Antworten zu danken. Wenn ihr das tut, werdet ihr den Frieden Gottes erfahren, der viel herrlicher ist, als daß ein menschlicher Verstand ihn begreifen könnte. Sein Friede wird eure Gedanken und eure Herzen still sein und ruhen lassen, wenn ihr auf Jesus Christus vertraut.«   Phil 4,6-7 (Living Bible)

Paulus schreibt vom Frieden Gottes, der »eure Herzen und Sinne (bewachen soll)«. Wenn er den Frieden hier einen »Wächter« nennt, benutzt er den militärischen Ausdruck für einen Posten, der seinen regelmäßigen Wachgang um etwas besonders Wertvolles oder einen strategisch wichtigen Punkt macht. Wenn wir unsere Angelegenheiten Gott übergeben, dann hat der »Korporal Frieden« die Pflicht, im Stillen seinen Wachgang um unsere Gedanken und unsere Gefühle herum zu absolvieren, indem er uns tief innerlich beruhigt. Wie weit wird das für andere erkennbar werden? Schauen Sie noch einmal hin: der Friede »wird alle Vernunft übersteigen«. Die Menschen werden einfach nicht begreifen können, wie es möglich ist, daß dieser Friede uns erfüllt. Statt ängstlich zu sein – und damit dem großen Freudekiller Raum zu geben –, beten wir. Wir schütteln das bedrückende, quälende, uns in seinen Klauen haltende Monster der Sorge von den Schultern und übergeben die Dinge im Gebet Gott. Ich übertreibe nicht dabei. Ich muß das selbst viele hundert Male im Jahr tun. Und ich kann mich an kein einziges Mal erinnern, an dem ich nicht Erleichterung gefunden hätte. Jedesmal entspannten sich Geist und Seele. Mit den erleichterten Gedanken kehrte auch die Ruhe wieder ein.

Freude. Entspannung. Ruhe. Diese werden statt der Sorge einkehren – und statt der Ungeduld – und statt des inneren Aufruhrs.

Korrektur unserer Perspektive

Drei einfache Übungen helfen uns vielleicht, sorglos zu bleiben.

1. Bewegen Sie positive Gedanken in Ihrem Geist.

»Weiter, liebe Brüder: Was wahrhaftig ist, was ehrbar, was gerecht, was rein, was liebenswert, was einen guten Ruf hat, sei es eine Tugend, sei es ein Lob – darauf seid bedacht!«   Phil 4,8

Was Sie auch gerade bedrücken mag, wie schlimm Ihre Situation für Sie aussehen mag, oder wenn die verzweifelte Frage Sie quält, warum Gott dies oder das überhaupt zuläßt – wenden Sie sich bewußt positiven, guten Gedanken zu. Das wird Ihnen das Durchhalten ermöglichen. Buchstäblich. Kürzlich habe ich mir die Worte aus Philipper 4, 8 selbst vorgehalten. Ich sagte so ungefähr:»Okay, Chuck, jetzt ist's an der Zeit, daß *du* deinen Geist mit besseren Dingen beschäftigst.« Ich machte mir eine Aufstellung meiner Sorgen und ersetzte dann bewußt jede einzelne mit irgend etwas, das viel wahrhaftiger, reiner, liebenswerter war – was es wert war, daß man Gott dafür lobte und pries. Diese Methode versagte noch nie. Der Druck, den ich empfunden hatte, begann zu schwinden, und der verlorene Friede kehrte zurück.

2. Achten Sie auf mutmachende Vorbilder

»Was ihr gelernt und empfangen und gehört und gesehen habt an mir, das tut ...«   Phil 4,9a

Für die Philipper war Paulus *das* Vorbild. Von ihm konnten sie lernen und empfangen und hören und sehen. Welch ein ermutigendes Beispiel hat er ihnen gegeben!

Für uns heute bedeutet es schon eine Hilfe, wenn wir uns ein Beispiel an jemandem nehmen können, den wir kennen und schätzen. Ein solches Leben, ein mutmachendes Vorbild kann uns oft einen neuen Impuls schenken, kann unversehens ein Anstoß sein, wenn unsere Energie nachläßt.

3. Finden Sie zum »Gott des Friedens« – unter allen Umständen

»... so wird der Gott des Friedens mit euch sein.«   Phil 4,9b

Das ist dann der krönende Abschluß der Gesundung von der Verfallenheit an die Besorgnis. Statt im ständigen Würgegriff der Angst zu leben und in den Ketten von Spannung und Furcht gefangen zu bleiben, werden wir – wenn wir uns aus der Sorge lösen – entdecken, daß Gott bereits um unsertwillen am Werk ist. Er, unser »Gott des Friedens«, kommt uns zur Hilfe, verändert Menschen, löst Spannungen auf, beseitigt schwierige Umstände. Je mehr man sich darin übt, seine Belastungen an den Herrn abzugeben, desto erstaunter kann man zuschauen, wie Gott mit den Dingen fertig wird, bei denen wir überhaupt keine Möglichkeit mehr sahen. Und das Ergebnis wird sein – Sie werden wieder lachen können.

Ein Prinzip und ein Papagei

Was ist es im Grunde genommen, was die Sorge zu einem solchen Feind der Freude macht? Warum hat die Verfallenheit an sie bei uns eine so verheerende Wirkung? Ich habe viele Monate darüber nachgedacht, und ich glaube, ich habe die Antwort gefunden.

Man könnte es direkt ein Prinzip nennen. Es mag sich zunächst sehr simpel anhören, aber das ist in Wirklichkeit der Kern des Problems. Genau darum gelingt es nämlich der Angst, uns derart in Ketten zu schlagen. *Die Sorge zwingt uns dazu, uns auf die falschen Dinge zu konzentrieren.* Statt uns um Wesentliches zu kümmern, sorgen wir uns um Unwesentliches. Statt auf die sichtbaren und erkennbaren Segnungen Gottes, die er uns heute beschert, zu achten — die doch so reichlich und so beständig immer wieder da sind —, sorgen wir uns um die ungewissen und uns noch gar nicht (völlig) bekannten Dinge von morgen. Jedesmal, wenn wir uns mit den falschen Dingen beschäftigen, gehen wir an der Hauptsache des Lebens, was es nämlich im Augenblick für uns bedeutet und bringt, vorbei.

Diese Tatsache wird sehr anschaulich belegt durch eine Geschichte, die ich schon öfter erzählt habe: Nach mehr als vierzig Jahren Ehe starb der Gatte einer Frau ganz plötzlich. Einige Monate lang saß sie danach allein in ihrem Haus. Die Rolläden waren heruntergelassen und die Tür abgeschlossen. Schließlich faßte sie aber doch den Entschluß, irgend etwas aus ihrer Situation zu machen. Die Einsamkeit drohte sie allmählich zu töten.

Sie erinnerte sich daran, daß ihr Gatte einen Freund gehabt hatte, der eine sehr schöne zoologische Handlung besaß. Irgendein Tier könnte vielleicht ein guter Gesellschafter für sie werden. So fuhr sie eines nachmittags dort vor und schaute sich das Angebot an. Da gab es Hunde, Katzen, Goldfische — sogar Schlangen! Nichts schien ihr so ganz das Richtige zu sein. So erzählte sie dem Geschäftsinhaber, daß sie ein Tier haben möchte, das ein richtiger Kamerad für sie sein könnte — fast wie ein anderer Mensch, der mit einem im gleichen Haus wohnt.

Dem Mann fiel plötzlich einer seiner preisgekrönten Papageien ein. Er zeigte der Dame den bunten Vogel.

»Spricht er?« fragte sie.

»Natürlich . . . er ist eine richtige Plaudertasche. Jeder, der hier hereinkommt, ist erstaunt über die freundliche Art und das umfangreiche Vokabular, das er besitzt. Darum ist er auch leider so teuer.«

»Gebongt!« Sie kaufte den teuren Papagei und brachte ihn in einem großen Käfig nach Hause. Endlich hatte sie wieder einen Gefährten, mit dem sie reden konnte und der ihr auch Antwort geben würde. Das war perfekt.

Doch dann tauchte ein Problem auf. Eine volle Woche verging, ohne daß der Vogel ein einziges Wort sagte. Bei seiner Besitzerin löste das verständlicherweise Sorge aus. Sie machte sich wieder auf den Weg zur Tierhandlung.

»Wie geht es dem Papagei? Der plappert ganz schön, was?«

»Nicht ein einziges Wort! Ich habe bisher noch keinen Ton aus ihm herausgebracht. Das macht mir echt Sorge!«

»Haben Sie letzte Woche, als Sie den Papagei mitnahmen und einen Käfig besorgten, auch einen Spiegel gekauft?«

»Spiegel? Nein, ein Spiegel ist nicht im Käfig.«

»Da liegt das Problem. Ein Papagei braucht einen Spiegel. Es ist komisch, aber wenn ein Papagei sich selbst ansieht, fühlt er sich sofort wohl. Er wird dann ganz bald zu sprechen beginnen.«

Also kaufte die Dame einen Spiegel und brachte ihn im Käfig an. Die Zeit verging – es passierte immer noch nichts. Jeden Tag sprach die Dame mit dem Vogel, aber kein einziger Pieps kam als Erwiderung. Schließlich sprach sie stundenlang auf ihn ein – der Papagei verharrte in Schweigen. Eine weitere Woche verging, ohne daß der Vogel einen Laut von sich gab. Jetzt war die Dame ernsthaft verärgert.

»Der Papagei spricht einfach nicht«, erklärte sie dem Geschäftsinhaber. »Ich bin allmählich wütend. All das viele Geld, der Spiegel – und immer noch nicht.

»Sagen Sie, hatten Sie auch eine kleine Leiter im Käfig anbringen lassen?«

»Eine Leiter? Nein, ich wußte nicht, daß das nötig wäre. Und dann wird er sprechen?«

»Es wird wie ein Zauber wirken. Der Papagei wird in den Spiegel schauen und ein bißchen auf der Leiter auf und ab turnen. Und dann wird es nicht lange dauern – Sie werden überrascht sein, was Sie dann hören werden. Glauben Sie mir, sicher liegt es an der Leiter.«

Die Dame kaufte die Leiter und brachte sie neben dem Spiegel im Käfig an. Dann wartete sie – sieben, acht Tage. Es war immer noch nichts zu hören. »Warum spricht er bloß nicht?« war alles, was sie noch denken konnte. In Tränen aufgelöst erschien sie wieder im Laden. Die gleichen Klagen wie vorher – der Vogel sprach kein Wort.

»Haben Sie eine Schaukel für den Papagei?« war nun der letzte Versuch des Tierhändlers.

»Eine Schaukel? Nein. Ich habe einen Käfig, einen Spiegel und eine Leiter gekauft — ich dachte, das wäre alles Notwendige. Ich hatte keine Ahnung, daß ich auch eine Schaukel brauchte.«

»Na, ja, vielleicht sollten Sie das noch probieren. Ein Papagei muß sich vollständig zu Hause fühlen. Er schaut gern in den Spiegel, turnt ein bißchen rauf und runter auf der Leiter, und im Handumdrehen sitzt er auf der Schaukel und hat einen Riesenspaß. Ich habe festgestellt, daß Papageien gewöhnlich reden, wenn sie auf einer Schaukel sitzen.«

Die Dame kaufte eine Schaukel. Sie befestigte sie an der höchsten Stelle im Käfig, in der Nähe der Leiter, und schmeichelte dem Papagei so lange, bis er erst auf der Leiter und dann auf der Schaukel saß. Doch alles half nichts. Es blieb beim absoluten Schweigen des Vogels. Auch die nächsten zehn Tage kam kein Laut aus dem Käfig.

Wütend rauschte die Dame diesmal in die zoologische Handlung. Sie kochte regelrecht vor Aufregung. Der Ladeninhaber trat ihr schon an der Theke entgegen.

»Was macht der Papagei? Ich wette . . .«

»Er ist tot!! Mein teurer Vogel ist tot und liegt im Käfig auf dem Boden!«

»Das kann ich einfach nicht glauben! Ich bin direkt geschockt. Hat er überhaupt jemals irgend etwas gesagt?«

»Ja, allerdings — er hat tatsächlich am Schluß noch gesprochen. Als er dort lag und die letzten Atemzüge ausstieß, kam mit ganz schwacher Stimme noch heraus: ›Gab es denn in dem Geschäft überhaupt nichts zu fressen für mich?‹«

Es gibt keine größere Zeitverschwendung und gleichzeitig kein schlimmeres Gift für die Freude als die Sorge. Wenn wir unsere Aufmerksamkeit auf die falschen Dinge lenken, dann bringt uns die Sorge dahin, daß wir unser Leben nach falschen Zielen ausrichten . . . und Gott ist bekümmert darüber. Ich habe schon an anderer Stelle zitiert: Gott gibt den Seinen sogar im Schlaf, was sie brauchen. Wenn wir uns der Freude verschreiben, uns entspannen und zur Ruhe kommen, dann erleichtert er unsere Situation, erneuert unsere Kräfte und läßt uns gesunden.

Ein müder Christ lag nachts wach und mühte sich damit ab, die Welt durch seine Sorge zusammenzuhalten. Dann hörte er plötzlich die freundliche Stimme des Herrn: »Nun kannst du schlafen, Jim. Ich werde aufbleiben und wachen.«

Vergiß die Freude nicht über dem Erwachsenwerden

Ich finde die Frage gut, die der verehrte ehemalige Baseballspieler Satchel Paige einst stellte: »Wie alt muß man sein, bis es einem gleichgültig ist, wie alt man ist?« Eine ehrliche Antwort auf diese Frage ist von einem aufrichtigen Eingeständnis der Einstellung dieses Menschen abhängig. Es hat überhaupt nichts mit dem wirklichen Alter zu tun. Eine Frau, die im Herzen jung geblieben war, schrieb einmal:

> »Vergessen Sie nicht: Alte Menschen sind ein Vermögen wert – sie haben silbernes Haar, goldene Zähne, Steine in den Nieren, Blei in den Füßen und Gas im Magen.
>
> Seit ich Sie das letztemal gesehen habe, bin ich ein bißchen älter geworden und es hat in meinem Leben ein paar Veränderungen gegeben. Offen gesagt, ich bin ein leichtsinniges altes Mädchen geworden. Ich sehe jeden Tag fünf Gentlemen bei mir.
>
> Sobald ich wach geworden bin, hilft mir ›Will Power‹ (die Willenskraft), aus dem Bett zu kommen. Dann treffe ich John (fingierte Person bei gesetzlichen oder finanziellen Handlungen). Dann kommt Charley Horse (Muskelkater) vorbei. Wenn er da ist, beschlagnahmt er eine Menge meiner Zeit und Aufmerksamkeit. Wenn er geht, tritt Arthur Ritis (Arthritis) auf und bleibt den Rest des Tages da. Er hat keine Lust, lange an einer Stelle zu bleiben, und so schleift er mich von einem Gelenk zum anderen. Nach einem so ausgefüllten Tag bin ich wirklich müde und froh, mich mit Ben Gay (den Nachrichten) ins Bett legen zu können. Was ist das doch für ein Leben!
>
> P. S. Der Pastor rief mich am nächsten Tag an. Er meinte, in meinem Alter sollte man an das denken, was »danach« käme. Ich sagte ihm: ›Das tue ich jeden Tag. Einerlei wo ich bin – im Wohnzimmer, oben im Haus, in der Küche oder unten im Keller – immer frage ich mich: Was tue ich als nächstes?‹«

Je länger ich lebe, desto mehr bin ich davon überzeugt, daß unser größtes Problem im Leben nicht das Alter ist, sondern die Reife. Wir alle sind unfreiwillige Opfer unserer Vorfahren. Es gibt im Hinblick aufs Altwerden überhaupt keine Wahlmöglichkeit. Wir können lediglich entscheiden, ob wir erwachsen werden wollen oder nicht. Jesus sagte einmal:»Wer ist unter euch, der seines Lebens Spanne eine Elle zusetzen könnte, wie sehr er sich auch darum sorgt?«(Mt 6,27). In anderen Worten: Vergeudet keine Zeit mit der Sorge, wie alt ihr werdet. Das Altern ist eine Tatsache. Reifwerden dagegen ist eine Sache der eigenen Entscheidung.

Vielleicht denken Sie jetzt:»Okay, Chuck, das klingt alles gut und schön, aber einem alten Hund kannst du keine neuen Tricks mehr beibringen.« Darauf möchte ich zweierlei in Erinnerung rufen:

1. Ich schreibe nicht für»alte Hunde«. Sie sind eine Persönlichkeit, die denken und entscheiden kann. Außerdem, wenn Sie Christ sind, haben Sie die Kraft Christi in sich zur Verfügung. Und das bedeutet ausreichend innere Dynamik, um noch unglaubliche Veränderungen zu bewirken. Wenn Sie kein Christ sind, gibt es keinen günstigeren Augenblick als diesen, sich darum zu kümmern.

2. Ich lehre keine Tricks. Die Dinge, von denen Sie hier lesen, sind erreichbar. Und es sind sinnvolle Techniken. Wenn man sie anwendet, sind sie geeignet, uns mit alten Gewohnheiten brechen und neue annehmen zu lassen. Ich gebe zu, daß der Prozeß der Wandlung nicht leichtfallen wird, aber es sind schon viele vor Ihnen diesen Weg gegangen. Und Sie können es auch. Die wirkliche Frage lautet nicht:»Bin ich in der Lage dazu?«, sondern:»Bin ich bereit dazu?« Unsere Reife steht auf dem Lehrplan Gottes für uns ganz weit oben. Das wird in der Bibel wiederholt gesagt:

»... damit wir nicht mehr unmündig seien und uns von jedem Wind einer Lehre bewegen und umhertreiben lassen durch trügerisches Spiel der Menschen, mit dem sie uns arglistig verführen. Laßt uns aber wahrhaftig sein in der Liebe und wachsen in allen Stücken zu dem hin, der das Haupt ist, Christus.« Eph 4,14.15

»So legt nun ab alle Bosheit und allen Betrug und Heuchelei und Neid und alle üble Nachrede und seid begierig nach der vernünftigen lauteren Milch, wie die neugeborenen Kindlein, damit ihr durch sie zunehmt zu eurem Heil ...« 1. Petr 2,1.2

»Feste Speise aber ist für die Vollkommenen, die durch den Ge-
brauch geübte Sinne haben und Gutes und Böses unterscheiden
können.
Darum wollen wir jetzt lassen, was am Anfang über Christus zu
lehren ist, und uns zum Vollkommenen wenden; wir wollen
nicht abermals den Grund legen mit der Umkehr von den toten
Werken, mit dem Glauben an Gott...«   Hebr 5,14-6,1

Wir werden alle älter. Das läuft automatisch ab. Das heißt aber
nicht notwendigerweise, daß wir auch erwachsen, d. h. reifer werden. Wie wichtig ist das aber doch! Und es geschieht nicht, solange wir nicht die Kontrolle über unsere eigene innere Einstellung gewinnen, die uns in die rechte Richtung lenkt. Ich möchte
Sie dringend bitten, Ihren Geist nicht mit Gedanken zu nähren
wie: »Ich bin schon zu weit in die falsche Richtung gegangen, als
daß das noch zu ändern wäre.« Oder: »Nachdem, was ich hinter
mir habe, gibt es keine Möglichkeit der Wandlung mehr.« Das ist
nicht wahr! Es ist kindisch, sich von der Angst überrollen oder
das Schreckgespenst der Gewohnheit uns am Fortschritt hindern zu lassen. Keiner gewinnt ein Rennen, indem er beständig
zurückschaut, wie weit er schon gekommen ist. Das demoralisiert bloß, macht unbeweglich und lähmt schließlich ganz. Gott
ist für uns. Gottes Ziel ist es, daß wir reif werden, trotz all unserer
früheren Fehler und unseres Versagens und Aufgebens. Ich habe
manche Erwachsene gesehen, die dachten, sie könnten sich nie
mehr ändern — und sie taten es doch. Ich habe nicht die Absicht,
mich untätig zurückzulehnen und zuzuschauen, wie andere im
Gestern gefangen sind und denken: »Wie elend bin ich doch!«
Einige der einschneidendsten Veränderungen in meinem Leben
passierten in meinem Erwachsenendasein. Wenn das bei mir
möglich war, dann habe ich eine Menge Hoffnung auch für Sie.
Einstellungen können neu werden, auch wenn unsere Lebensumstände zu stagnieren scheinen und unsere Vergangenheit uns
schwer belastet.

Gottes Spezialität ist es, unsere Kraft zu erneuern und nicht die
Erinnerung an unsere Schwäche zu wecken. Nehmen Sie es im
Glauben an, daß er sich Ihrer Schwäche durchaus bewußt ist. Er
hat nur in seiner Souveränität beschlossen, an *der* Stelle nicht
aufzuhören. Diese Schwächen bilden das Fundament, auf dem
er seine besten Werke schafft. Seien Sie fröhlich! Es gibt Hoffnung für Sie. Sie sind nicht der erste Mensch, dem er aus der
geistlichen Pubertät zur Reife verhilft.

Eine schwer definierbare Eigenschaft – Reife genannt

Wenn Reife etwas so Wichtiges ist, müssen wir mehr darüber wissen. Je klarere Vorstellungen wir davon haben, desto eher können wir sie als Ziel akzeptieren.

Was ist Reife wirklich?

Reif sein heißt soviel wie entwickelt sein, vollständig sein, erwachsen sein. Reifwerden ist ein Prozeß, bei dem man sich unentwegt auf das psychische und geistliche Erwachsensein hinbewegt. Im Laufe dieser Entwicklung geben wir kindische und jugendliche Gewohnheiten auf und übernehmen einen Lebensstil, in dem wir voll verantwortlich sind – für unsere eigenen Entscheidungen, Motive, Handlungen und alle Folgen, die sich daraus ergeben. Kürzlich sagte jemand, daß Reife eine entwickelte und urteilsfähige Kompetenz sei im Hinblick auf eine angemessene Lebensweise und gesunde Veränderungen. Mit einem Wort: Reife ist Stabilität. Wir haben es nie erreicht – wir sind nur immer auf dem Weg zu diesem Ziel. Ich habe außerdem beobachtet: Wenn es zur Reife kommt, kehrt Gleichgewicht statt extremer Standpunkte ein, und ein festes Vertrauen ersetzt die bedrückenden Gefühle der Unsicherheit. Gute Entscheidungen treten an die Stelle von falschen.

Wie findet das seinen Ausdruck?

Wenn ich darüber nachdenke, wie sich das alles auswirkt, kommen mir verschiedene Dinge ins Bewußtsein. Kennzeichen der Reife tauchen auf ...
... wenn unser Interesse an anderen genauso groß ist wie das an uns selbst.
... wenn wir die Gegenwart des Bösen oder einer Gefahr entdecken, bevor sie offenbar wird.
... wenn Einsicht und Verstehen bei uns mit dem Wissen Schritt halten.
... wenn wir hohe Ideale haben, aber auch die nötige Disziplin, sie in die Tat umzusetzen.
... wenn unsere Gefühle durch Verantwortlichkeit und Gründlichkeit ausbalanciert werden.
... wenn unserem Bewußtsein der Nöte und Schwierigkeiten das Mitleid und Engagiertsein angepaßt sind.

...wenn wir eine Aufgabe nicht nur sehen, sondern auch die Kraft haben, nicht aufzugeben, bis sie erfüllt ist.

...wenn wir die Bereitschaft haben, etwas zu verändern, falls wir davon überzeugt sind, daß eine Korrektur notwendig ist.

...wenn wir die Fähigkeit haben, geistlich zu wachsen, indem wir uns einer unabhängigen Beeinflussung durch das Wort Gottes aussetzen.

Jemand hat das alles einmal so zusammengefaßt:

> »Reife ist die Fähigkeit, eine Aufgabe zu erfüllen, ob man nun dabei überwacht wird oder nicht. Es ist die Fähigkeit, eine einmal angefangene Sache zu Ende zu bringen, und die Fähigkeit, Geld zu haben, ohne es auszugeben. Und schließlich die Fähigkeit, Unrecht zu ertragen, ohne deswegen unbedingt mit jemand abrechnen zu müssen.

Zwei Seiten der gleichen Eigenschaft

Die meisten Menschen stimmen mir vermutlich darin zu, daß damit der Standort beschrieben wird, den wir persönlich gerne einnehmen würden. Wenn wir ans Erwachsenwerden denken, so entspricht das unseren Vorstellungen. Und wenn wir endlich so weit sind – wer würde sich nicht darüber freuen? Doch Tatsache ist: Falls wir die richtige Einstellung haben, können wir uns auch während des Prozesses schon daran freuen. Das ist das Aufregende an den Worten des Paulus an seine Freunde in Philippi: Den ganzen Brief hindurch betont er immer wieder die überschwengliche Freude um Christi willen und ermutigt dazu – trotz schwieriger Umstände. Und genau da beginnt unser nächster Abschnitt.

> »Ich bin aber hocherfreut in dem Herrn, daß ihr wieder eifrig geworden seid, für mich zu sorgen; ihr wart zwar immer darauf bedacht, aber die Zeit hat's nicht zugelassen.« Phil 4,10

Wer sagt das? Irgendein junger Spund, der gerade sein erstes Millionengeschäft abgeschlossen hat? Oder ein Super-Star, der soeben einen hervorragenden Vertrag unterzeichnete? Oder ein junger Mann Anfang zwanzig, der im Begriff ist, sich in ein großartiges Abenteuer zu stürzen? Nichts von alledem. Man kann es kaum glauben, aber es ist ja ein über sechzig Jahre alter Jude, der mit Ketten an einen römischen Soldaten der kaiserlichen Leibwache gefesselt ist, von diesem bewacht wird und damit unter Hausarrest steht. Er weiß nicht, ob er morgen schon umgebracht oder vor ein Gericht gestellt oder möglicherweise auch freigelassen wird. Obwohl er nicht mehr jung ist, schreibt er von der Freude, die ihn erfüllt. Trotz der fehlenden Bequemlichkeit einer eigenen Wohnung und eines privaten Bereichs ist er glücklich. Obwohl er keine Ahnung hat, was die Zukunft ihm bringen wird, hat er für das Leben noch ein Lächeln übrig. Obwohl er zur Zeit kaltgestellt und gezwungen ist, an einem Platz auszuharren — völlig abseits von der Erfüllung seines Verkündigungsauftrages —, kann er sich immer noch freuen, kann er noch lachen. Einerlei, was ihm begegnen mag, Paulus weigert sich, im Pessimismus stecken zu bleiben.

Paulus — ein reifer Christ

Hier haben wir ein klares Bild von dem Mann, der wahrhaft das praktizierte, was er predigte. Ich entdecke in diesem Abschnitt seines Briefes mindestens vier Kennzeichen der Reife des Apostels:

1. Er bejaht die Empfänger des Briefes und bestätigt sie.

»Ich bin aber hocherfreut in dem Herrn, daß ihr wieder eifrig geworden seid, für mich zu sorgen; ihr wart zwar immer darauf bedacht, aber die Zeit hat's nicht zugelassen.«   Phil 4,10

Diese Worte könnten etwas mysteriös klingen, wenn man nicht wüßte, daß dahinter die finanzielle Unterstützung der Philipper für Paulus steht. Wenn Paulus schreibt, daß ihre Fürsorge für ihn neu belebt worden sei, heißt das, daß sie ihm wieder eine Spende zugesandt hatten, die es ihm möglich machte, sein Leben weiter zu fristen. Einen kleinen Zusatz wollen wir nicht übersehen. Wenn der Apostel sagt, daß sie schon vorher an ihn gedacht, aber keine Gelegenheit gehabt hatten, ihre Fürsorge in die Tat umzusetzen, dann heißt das, daß sie ihm gern schon früher eine Spende hätten zukommen lassen. Aber entweder hatten sie nicht gewußt, wo er sich befand, oder keinen Weg gesehen, ihm ihre Unterstützung zu übermitteln. Meist ist es genau umgekehrt. Wir hätten Möglichkeiten, jemand zu unterstützen, sind aber nicht daran interessiert.

Ich bin beeindruckt von der Art, wie Paulus seine Freunde bejaht. Der Brief ist ein regelrechter Dankbrief — wenn man so will: eine Empfangsbestätigung, eine Quittung. Etwas, was nicht verbal ausgedrückt, aber stillschweigend mit eingeschlossen war, macht nachdenklich:»Auch wenn ich nichts von euch gehört habe, habt ihr mich nicht vergessen.« Paulus dachte von anderen immer besser, nicht schlechter, wenn er nichts hörte oder wußte. Er glaubte an ihre guten Absichten. Auch wenn er keine Nachrichten von seinen Freunden erhielt, hatte er keinen Zweifel an ihrer Fürsorge.

Wir erkennen gewöhnlich die *Leistungen* der Menschen an. Und wir bestätigen sie in ihrem Status. Und wenn wir uns bei jemand, der eine Aufgabe erfüllt hat, bedanken, drücken wir damit unsere Wertschätzung aus. Wenn wir aber anerkennen und unsere Dankbarkeit zum Ausdruck bringen für das, was andere sind — als Charakter, in der Motivation, im Herzen —, dann bestätigen wir sie persönlich. *Ein* Kennzeichen der Reife ist diese Fähigkeit, andere zu bestätigen, nicht nur zu schätzen. Wie leicht geschieht es, daß man andere nur als Erfüller von bestimmten Aufgaben sieht (besonders Familienglieder und Mitarbeiter an unserem Arbeitsplatz). Doch eine aufgabenorientierte Denkweise ist unvollständig. So wichtig die Wertschätzung sein mag — daß z. B. eine Arbeit gut ausgeführt wird —, es ist für den Menschen als Ganzes gesehen zu wenig. Menschen sind keine Werkzeuge, die dazu bestimmt sind, ganz bestimmte Aufgaben zu erfüllen, sondern sie sind lebendige Wesen mit einer Seele, mit Gefühlen. Wie wichtig ist es doch, diese unsichtbaren, verborgenen Qualitäten zu erkennen und zu bestätigen, die ein Individuum zu einer Person mit Wert und Würde werden lassen. Die besten Führungspersönlichkeiten (wie Paulus) können gleichzeitig sachlich einschätzen und persönlich bestätigen.

Max DePree ist Vorsitzender und Hauptgeschäftsführer einer Möbelfabrik, die für eine der zehn modernsten gehalten wurde. Sie galt überdies auch aus Arbeitnehmersicht als eine der hundert besten Firmen. In seinem Buch »Führung ist eine Kunst« schreibt DePree über die Wichtigkeit des Verstehens und Anerkennens der unterschiedlichen persönlichen, inneren Begabungen und unsichtbaren Talente. Was er beschreibt, hat sehr viel mit dieser Bestätigung zu tun, von der wir sprachen.

»Mein Vater ist sechsundneunzig Jahre alt. Er ist der Gründer der Hermann-Miller-Gesellschaft. Vieles von dem dort angewandten Wertsystem und der darin investierten Energie der Firma geht auf seine Anregung zurück — ein Vermächtnis, von dem das Unternehmen bis heute seinen Nutzen zieht. In der Möbelindustrie der Jahre um 1920 wurden die meisten Maschinen nicht durch Elektromotoren angetrieben, sondern über eine zentrale Antriebswelle. Die zentrale Antriebswelle aber wurde von einer Dampfmaschine in Bewegung gesetzt. Die Dampfmaschine ihrerseits bekam Dampf von einem Kessel und der Kessel wurde — in unserem Fall — mit Sägespänen und anderen Abfällen aus dem Maschinenraum aufgeheizt. Das ganze war ein wunderbarer Kreislauf.

Der Erfinder der ganzen Anlage war derjenige, der diesen Kreislauf überblickte und von dem der ganze Betrieb abhing. Er war die Schlüsselperson.

Eines Tages starb dieser Maschinenbauer. Mein Vater war damals noch ein junger Betriebsleiter, der eigentlich nicht genau wußte, was man macht, wenn die Schlüsselperson eines Unternehmens stirbt. Doch er dachte, daß es auf jeden Fall richtig sei, erst einmal die Familie aufzusuchen. So begab er sich zu dem Haus, wurde empfangen und gleich mit ins Wohnzimmer genommen. Dort war ein ziemlich unbeholfenes Gespräch im Gang — die Art, die vielen von uns nur allzu vertraut ist. Die Witwe fragte meinen Vater, ob es wohl angebracht sei, in dieser Situation einige Gedichte laut vorzulesen. »Natürlich können Sie das«, stimmte mein Vater ihr zu. Sie ging in einen anderen Raum und kam mit einem gebundenen Buch zurück. Eine Zeitlang las sie nun ausgewählte Gedichte von erlesener Schönheit vor. Als sie damit zu Ende war, erklärte mein Vater, daß er ganz beeindruckt sei. Er wollte wissen, wer die Gedichte geschrieben hätte. Sie antwortete, daß ihr verstorbener Gatte, der Ingenieur und Erfinder, der Verfasser sei.

Es ist nun nahezu sechzig Jahre her, daß dieser Maschinenbauer starb. Mein Vater und viele von uns, die heute noch in der Firma Hermann Miller tätig sind, fragen uns bis heute: ›War er ein Dichter, der betriebliche Anlagen erfand und baute, oder war er ein Ingenieur, der Gedichte schrieb?‹

Bei unserem Bemühen, die menschliche Seite unseres Wirtschaftslebens zu verstehen — was könnten wir von dieser Geschichte lernen? Neben all den wichtigen Überlegungen und Zielen und Hilfskonstruktionen und Grundprinzipien ist es von fundamentaler Bedeutung, daß Führungskräfte darauf achten, mit welchen Persönlichkeiten sie es zu tun haben. Und das fängt mit dem Verständnis für die Unterschiedlichkeit der Begabungen und Fähigkeiten an.«

2. Paulus ist zufrieden

»Ich sage das nicht, weil ich Mangel leide; denn ich habe gelernt, mir genügen zu lassen, wie's mir auch geht.«   Phil 4,11

So wertvoll die Bestätigung anderer auch sein mag, Reife wird nirgendwo mehr offenbar, als wenn ein Mensch sich als zufrieden erweist. Und keiner hat das klarer vorgelebt als Paulus, der von sich sagte:»Ich habe gelernt, mir genügen zu lassen...« unabhängig von den äußeren Umständen. Für ihn machte es keinen Unterschied, ob er frei oder an einen Bewacher gefesselt war... ob der Tag heiß und schwül war oder rauh und kalt... ob die Philipper ihm eine Unterstützung zukommen ließen oder er ohne Nachricht blieb. Wie wunderbar erquickend ist eine solche Haltung! Welch eine große Reife steckt dahinter!

Manche Menschen gleichen Thermometern. Sie *registrieren* lediglich, was sich um sie herum abspielt. Ist die Situation angespannt und bedrückend, melden sie eben Spannung und Reizbarkeit. Ist die Situation stürmisch, melden sie Sorge und Angst. Geht's ruhig und friedlich und bequem her, registrieren sie Frieden und Entspannung.

Andere dagegen reagieren wie Thermostate. Sie *regulieren* die Atmosphäre um sich herum. Sie sind reife»Veränderungsvermittler«, die niemals zulassen, daß die Situation sie bestimmt.

Vielleicht denken Sie jetzt:»Ich wünschte, ich hätte die Gabe der ›Zufriedenheit‹«. Augenblick mal. Das ist keine Gabe! Das ist etwas, das man lernen kann. Paulus gibt selbst zu, daß er die Fähigkeit zum Annehmen und Sichanpassen erst entfaltet hat. Erinnern Sie sich? Er schrieb:»Ich habe *gelernt,* mir genügen zu lassen.«

Das erinnert mich an die Aussagen von Kriegsgefangenen aus dem Vietnam-Krieg, die die Schrecken von Hanoi überlebten. Eine ganze Reihe dieser tapferen Männer sagte das gleiche:»Wir lernten schon nach ein paar Stunden, was hier zum Überleben nötig war. Und wir hatten nur noch das Ziel, uns diesem Gesichtspunkt anzupassen.« Sie jammerten und klagten nicht, weil sie in Gefangenschaft geraten waren. Sie verzehrten sich nicht bei dem Gedanken an ihre miserable Lage und wegen der erbärmlich schlechten Verpflegung. Sie entschieden sich für die Anpassung.

Interessanterweise bedeutet der griechische Ausdruck, der hier mit »zufrieden« übersetzt ist, nicht:»Ich mach' mir keine Gedanken darüber, was passiert — ich bleibe völlig gleichgültig, stelle mich blind und taub.« Nein, dieser ungewöhnliche Begriff geht mehr in die Richtung von selbstgenügsam, unabhängig sein, und im Kontext des Briefes bedeutet er: im Frieden sein in der Allgenügsamkeit Christi. Wie war Paulus in der Lage, sich den Gegebenheiten anzupassen und sie zu erdulden? Was war es, das den Druck für ihn erleichterte und es ihm möglich machte, in

dieser Situation so entspannt zu sein? Er war fest davon überzeugt, daß Christus einen jeden seiner Tage mit seiner Gegenwart erfüllte und ihm seine Kraft zur Verfügung stellte. Wenn wir
das glauben, ist alles zu ertragen. Nichts existiert außerhalb seiner Kontrolle. Bleibt das unsere Haltung, kommt die Freude ungezwungen, natürlich dazu.

3. Paulus ist flexibel

»Ich kann niedrig sein und kann hoch sein; mir ist alles und jedes
vertraut: beides, satt sein und hungern, beides, Überfluß haben
und Mangel leiden.« Phil 4,12

Welch eine beneidenswerte Aussage. Die starken Kontraste, die
er da anspricht, machen seine Fähigkeit zur Anpassung deutlich.

hoch sein	satt sein	Überfluß haben
niedrig sein	hungern	Mangel leiden

Im Auf und Ab des Lebens ist es wichtig, wenn man flexibel ist.
Paulus machte es nichts aus, wenn er sich ohne Obdach auf der
Straße befand, mit knurrendem Magen unter einer Brücke schlafen mußte. Er konnte sich aber auch mit der gleichen Leichtigkeit
im Penthouse bewegen, wo ihm delikate Speisen in Hülle und
Fülle serviert wurden. Wenn solche Dinge ihm fehlten, murrte er
nicht. Und wenn sie ihm zuteil wurden, fühlte er sich nicht beschämt und unwert. Reife Männer und Frauen können mit beidem zurechtkommen, ohne ihr geistliches oder emotionales
Gleichgewicht zu verlieren.
Aus unerfindlichen Gründen haben die meisten Christen
mehr Probleme damit, Überfluß zu akzeptieren als erhebliche
Not zu leiden. Vielleicht erklärt sich daher die Neigung unter
Christen, andere Gläubige wegen ihres Reichtums und ihres
schönen Besitzes zu richten und zu kritisieren – auch wenn diese
ihren Wohlstand ehrlich verdient haben und durchaus nicht
daran hängen. Welche unbarmherzige Unreife ist das doch! Aus
irgendeinem seltsamen Grund möchten wir lieber damit ange-
ben, wie wenig wir besitzen, als daß wir dankbar einen von Gott
geschenkten Wohlstand genießen. Denken Sie bitte nicht, daß
ich hier ein Evangelium des Wohlstandes verkündige. Das
möchte ich keineswegs. Ich denke auch, daß das eine Irrlehre
wäre. Mein Anliegen hier ist nur, daß wir genauso willig sind, uns
»mit den Fröhlichen zu freuen«, wie wir auch sind, »mit den Wei-
nenden zu weinen« (Röm 12,15). Wenn ich Menschen begegne,

die nicht beides mit gleicher Liebe und Anteilnahme tun können, dann ist das für mich ein Zeichen von Unreife. Was mir am meisten am Herzen liegt, ist der Mangel an Interesse, sich in der Hinsicht überhaupt zu einer anderen Einstellung durchzuringen.

4. Paulus ist zuversichtlich

»Ich vermag alles durch den, der mich mächtig macht.«

Phil 4,13

Ich erwähnte bereits an früherer Stelle, daß Paulus in seiner Zufriedenheit auch genügsam war und unabhängig von fremder Hilfe. Hier haben wir jetzt seine Aussage, auf die ich mich bezog, als ich sagte, daß er genug hatte an dem, was Christus ihm zur Verfügung stellte. Die Living Bible drückt es so aus:

»Ich kann alles tun, was Gott mir aufträgt mit der Hilfe Christi, der mir Kraft und Stärke verleiht.«

Keine Stelle der ganzen Heiligen Schrift spricht deutlicher von dem in uns wohnenden Christus. Und unser Erlöser *lebt* nicht nur in jedem seiner Nachfolger, sondern er *gießt* auch seine *Kraft* in uns *hinein*. Und das ist allein schon genug, um uns zuversichtlich zu machen.

Schauen wir uns die Aussage des Paulus noch einmal an. Alles, was wir da versuchen könnten, an die Stelle Christi zu setzen, paßt nicht in diese Worte hinein:

»Ich vermag alles mit Hilfe von *Drogen.*«

Nein! Das ist nicht wahr!

»Ich vermag alles durch *Erziehung.*«

Nein! Das ist nicht wahr!

»Ich vermag alles, wenn ich genug *Geld* habe.«

Nein! Das ist nicht wahr!

»Ich vermag alles durch *Erfolg.*«

Nein! Das ist nicht wahr!

»Ich vermag alles mit Hilfe von *Freunden.*«

Nein! Das ist nicht wahr!

»Ich vermag alles durch *positives Denken.*«

Nein! Das ist nicht wahr!

»Ich vermag alles über *politische Ämter.*«

Nein! Das ist nicht wahr!

Nichts anderes kann diesen Platz ausfüllen ... nur Christus. Weil niemand und nichts sonst in der Lage ist, uns Kraft zu verleihen und uns die Energie zu vermitteln, die wir brauchen. Weil in Christen der Herr selbst wohnt, ist das Potential innerer Stärke (z. B. Vertrauen) unbegrenzt. Das erklärt auch, warum diejenigen, die im Laufe der Jahrhunderte ihr Leben für die Sache Gottes hingaben, es mit soviel Mut taten. Oft waren sie körperlich schwache Menschen, von kleiner Statur — aber sie lehnten es ab, nachzugeben. Nur der innewohnende Christus kann einem Menschen soviel Vertrauen schenken und ihn ermächtigen, so zu handeln. Es ist gerade, als ob er uns ein Gefühl der sieghaften Unüberwindlichkeit verleiht. Diese Art von reifem Vertrauen macht es uns möglich, allem Widerstand ins Gesicht zu lachen.

Die Reife der Philipper

Wir fanden vier Zeichen der Reife bei Paulus:

1. Bejahung anderer
2. Zufriedenheit, unabhängig von den Umständen
3. Anpassungsfähigkeit in jeder Situation
4. Vertrauen aufgrund der Allgenügsamkeit Christi

Ich finde es interessant, daß seine christlichen Freunde in Philippi — nach dem, was er von ihnen berichtet — ebenfalls Reife zeigen. In ihrem Leben entdecke ich mindestens drei Merkmale dafür:

1. Persönliches Mitleid

>»Doch ihr habt wohl daran getan, daß ihr euch meiner Bedrängnis angenommen habt. Denn ihr Philipper wißt, daß am Anfang meiner Predigt des Evangeliums, als ich auszog aus Mazedonien, keine Gemeinde mit mir Gemeinschaft gehabt hat im Geben und Nehmen als ihr allein.«   Phil 4,14.15

Paulus hatte zahllose Schwierigkeiten und Probleme auf seinen Missionsreisen zu bestehen. Er erduldete Härten und Enttäuschungen, Kummer und Elend. Bei alldem ließen die Philipper ihm ihre Unterstützung angedeihen. Keine andere Gemeinde brachte ein solches Maß an persönlichem Mitgefühl auf wie sie — ein Kennzeichen der Reife. Sie kritisierten seine Entscheidung nicht, wenn er weiterreisen wollte. Sie unterstützten ihn vielmehr. Sie maßten sich kein Urteil an, wenn alles gut lief, und klagten auch nicht, wenn die Zeiten hart waren und er keine Frucht seiner Arbeit vorweisen konnte — sie unterstützten ihn weiter. Es schmerzte sie, wenn er Schmerzen hatte, sie beteten für ihn, wenn er ihnen keine Nachricht geben konnte, und sie sandten ihm Freunde, um ihn zu trösten, als er im Gefängnis war. Welch eine Gemeinde! Kein Wunder, daß er eine solche Zuneigung zu ihnen empfand.

2. Finanzielle Großzügigkeit

> »Denn auch nach Thessalonich habt ihr etwas gesandt für meinen Bedarf, einmal und danach noch einmal.
> Nicht, daß ich das Geschenk suche, sondern ich suche die Frucht, damit sie euch reichlich angerechnet wird.«
>
> Phil 4,16.17

Es gibt wohl kaum ein schöneres Sichtbarwerden der Reife als finanzielle Großzügigkeit. Wenn Menschen barmherzig und freiwillig ihr Vermögen für die Sache Christi hingeben, ist das ein Zeichen ihres geistlichen Erwachsenseins. Die Menschen in Philippi waren Vorbilder darin — »selbst nach Thessalonich«. Das war eine viel reichere Stadt als Philippi. Aber als sich Paulus dort befand, blieben die Philipper dabei, ihn zu unterstützen.

Doch wir wollen den zweiten Satz nicht zu schnell übergehen: »Nicht, daß ich das Geschenk suche ...« Paulus ging es nicht darum, ihr Geld zu bekommen, sondern er suchte ihr eigenes Interesse. Damit will ich nicht sagen, daß er ihre finanzielle Unterstützung nicht nötig gehabt hätte. Im Gegenteil. Wahrscheinlich hätte er ohne sie gar nicht überleben können.

Wir brauchen eine ganz neue Mentalität, wenn wir im Hinblick auf Geld ein klares geistliches Denken gewinnen wollen. Die Gier, die auf diesem Gebiet herrscht, hat aus der finanziellen Frage eine befleckte und mißverstandene Sache gemacht. Geld an sich ist nichts Böses. Es ist ein Zeichen von Unreife, wenn man es so ansieht. Weil es mißbraucht und der Anlaß für alle möglichen schlimmen Dinge werden kann (1. Tim 6,10), ist die Art und Weise, wie jemand mit Geld umgeht, oft ein Barometer für das geistliche und emotionale Wachstum eines Menschen. Nur wenige Dinge können im Bereich der Gemeindearbeit getan werden ohne die großzügige Unterstützung der von Gott erwählten Mitarbeiter. Wir wollen uns nichts vormachen: Geld und Dienst laufen oft parallel. Es ist auch nichts Ungeistliches dabei, wenn wir zugeben, daß wir in unserem Leben Geld brauchen. Ich zitiere die große Sophie Tucker:

»Von der Geburt bis zum achtzehnten Lebensjahr
braucht ein Mädchen gute Eltern.
Vom achtzehnten bis zum fünfunddreißigsten Lebensjahr
braucht sie ein gutes Aussehen.
Vom fünfundreißigsten bis zum fünfundfünfzigsten Lebensjahr
braucht sie persönliche Werte.
Vom fünfundfünfzigsten Jahr an braucht sie Geld.«

Paulus brauchte Geld, da gab es keine Frage. Da seine Freunde
geistliche Reife besaßen, reagierten sie großzügig darauf.

3. Opferbereite Hingabe

»Ich habe aber alles erhalten und habe Überfluß. Ich habe in
Fülle, nachdem ich durch Epaphroditus empfangen habe, was
von euch gekommen ist: ein lieblicher Geruch, ein angenehmes
Opfer, Gott gefällig.« Phil 4,18

Als Paulus seine Situation überblickte, wurde ihm klar, daß er gar
nicht besser hätte versorgt werden können. Er sagte: »Ich habe in
Fülle ...« Er hatte mehr als genug. Dank der opferbereiten Hingabe der Philipper waren seine Bedürfnisse voll befriedigt worden. Und sollte es nicht *so* eigentlich sein? Wenn die Gabe, durch
den Geist Gottes gesteuert, gegeben worden ist, kommt sie als
ein »lieblicher Geruch« vor Gott, zu seiner großen Freude.
Es ist gerade, als ob das Herz des Paulus von Dankbarkeit über-
flösse, als er nun diese großartige Verheißung an seine Freunde
weitergibt:

»Mein Gott aber wird all eurem Mangel abhelfen nach seinem
Reichtum in Herrlichkeit in Christus Jesus.« Phil 4,19

Wenn Gott in unserem Herzen wohnt und Mitleid weckt und uns
veranlaßt, anderen zu helfen ... wenn er in unserer Großzügigkeit mitten darin ist und unser Tun ehrt – z. B. wenn wir die unterstützen, die in der Gemeindearbeit tätig sind, wenn er in unserer Hingabe gegenwärtig ist und unsere Opfer gebraucht, um das
Leben anderer zu segnen –, dann vergißt er unsere eigenen Nöte
auch nicht. Das ist ein so schöner Zusammenhang, so einfach, so
gradlinig. Es macht, daß wir alle lachen können, laut lachen.
Doch bei alldem gibt es auch noch eine Kehrseite, auf der manches, was einfach und schön erschien, plötzlich schlüpfrig und
häßlich wird. Der ganze Bereich der Finanzen und der Geld-
anlage und des sauberen, demütigen und dankbaren Umgehens

mit Geld bedeutet ein schweres Gewicht, das an dünnen Drähten von Redlichkeit und Verantwortung hängt. Da in einigen kirchlichen Ämtern — das sind allerdings seltene negative Beispiele — mißbräuchliche Anwendung von Geldern vorgekommen ist, haben diese wenigen alle kirchlichen Arbeiten, die auf die Unterstützung ihrer Mitglieder und Freunde angewiesen sind, in Mißkredit gebracht. Das ist schade und auch unfair. Man kann auch nicht alle Ärzte verdächtigen, bloß weil einige irgendwann einen Behandlungsfehler begangen haben. Gott ehrt die opferbereite Hingabe seiner Kinder und verspricht seinen Segen für diejenigen, die gerne geben, damit das Werk des Herrn weiter getan werden kann.

Es ist gerade, als ob Paulus seine Gedanken in dem Schlußvers noch einmal zusammenfaßt:

Mein Gott ...

euer Mangel ...

sein Reichtum.

Wenn diese drei Faktoren zusammenkommen unter der Herrschaft des Heiligen Geistes, dann entsteht etwas Gutes daraus.

Bevor wir dieses Kapitel beenden, möchte ich noch hervorheben, daß man die Achtung derer verdienen muß, die einer Gemeindearbeit laufend Unterstützung zukommen lassen. Da Paulus ein Leben in Wahrhaftigkeit und Glauben und stillem Gottvertrauen führte, zögerten die Philipper auch keinen Augenblick damit, ihn finanziell zu unterstützen. Und obwohl er gelegentlich Zeiten erlebte, wo es ihm gut ging und er sogar Überfluß hatte, hängte er doch sein Herz nicht an den äußeren Erfolg. Er setzte nichts voraus und maßte sich nichts an und lebte weiterhin demütig vor seinem Gott. Er lehnte es ab, das alles seinem eigenen Tun zuzuschreiben, sondern sah in allem die Hand Gottes.

Als der große Skandal um den christlichen Fernsehsender PTL die Aufmerksamkeit der Medien auf sich zog, gab es viele Christen, einschließlich meiner selbst, die die Sache in ungläubiger Verwirrung beobachteten. Als eine schändliche Handlung nach der anderen an die Öffentlichkeit kam, wandelte sich unser Unglaube in Schrecken und Scham. Wir alle konnten nicht begreifen, wie so etwas bei Christen passieren konnte. Einige Antworten darauf gab das Interview mit Richard Dortch, der zum Führungsstab des Senders gehörte. Besonders interesssant war für mich, wie die Manager dieser Organisation Erfolg definiert hatten:

»Der Erfolg hängt davon ab, wieviel Stationen wir in unserem Netzwerk haben, oder wie groß unser Haus ist. Man verliert so leicht die Übersicht, wenn man darauf nicht achtet und an der Stelle Kompromisse macht. Bei der PTL-Organisation nahm man sich keine Zeit fürs Gebet und für die Familie, weil der Fernsehsender immer den Vorrang hatte. Wir waren so gefangen in der Arbeit für Gott, daß wir Gott darüber vergaßen.«

Mit erstaunlicher Aufrichtigkeit erwähnte Dortch auch die unglaubliche Wirkung der Fernsehkamera auf der Bühne. Alles spielte sich unter den hellen Scheinwerfen ab, und das immer vor einer applaudierenden Zuhörerschaft:

»Eine Fernsehkamera kann einen Prediger schneller verwandeln als sonst etwas. Wer in den seitlichen Reihen sitzt, kann die Umwandlung genau beobachten, der in den Menschen vor sich geht. Sieht er eine Kamera vor sich, wird ein normaler Mensch plötzlich zum König. Es ist so leicht möglich, sich von der Popularität wegschwemmen zu lassen. Jeder bezeigt Ihnen Sympathie. Vor der Tür warten Wagen auf Sie, Sie sitzen in der ersten Reihe und kommen in die Schlagzeilen. Das ist die verheerende Wirkung der Kamera. Sie läßt uns hinter dem zurückbleiben, was Gott aus unserem Leben machen wollte.«

Die Worte von Mr. Dortch lassen noch einmal die bittere Mahnung anklingen, daß Reife, Integrität und Verantwortlichkeit vorhanden sein müssen, wenn wir den Segen Gottes erfahren wollen. Die finanzielle Unterstützung der Gemeindeglieder und Freunde bedeutet ein heiliges Vertrauen, das man nicht leichtfertig verscherzen sollte.

Reife - eine persönliche Angelegenheit

Wie können diese Wahrheiten nun von den gedruckten Seiten in unser Leben übersetzt werden? Was ist nötig, wenn wir die Merkmale der Selbstsucht allmählich abbauen und zu reifen Christen werden wollen? Ich möchte Ihnen drei Dinge zu bedenken geben:

1. Schauen Sie einmal in sich hinein ... und entspannen Sie sich. Was finden Sie in Ihrem Inneren, das Ihr geistliches Wachstum hemmt? Wenn Sie sich umschauen und sondieren und etwas entdecken, an dem Sie allzu fest hängen – lassen Sie es bewußt los. Ja. Sie können es. Lesen Sie doch nur, was Paulus dazu schrieb: »Ich vermag alles durch den, der mich mächtig macht, Christus.« Lassen Sie Ihn helfen, Ihre verkrampften Finger zu lösen. Die innere Freude kehrt ein, wenn Sie »keine anderen Götter« mehr haben.

2. Schauen Sie sich um... und reagieren Sie. Warten Sie nicht auf irgend jemand anderen. Handeln Sie von sich aus – spontan. Die Philipper sahen die Notlage des Paulus und packten zu... immer wieder. Auch wenn die anderen Gemeinden ihrem Beispiel nicht folgten, so genügte es für die Philipper, die Bedürfnisse des Paulus zu kennen – sie reagierten darauf. Gibt es irgendwo Nöte, die Sie beheben könnten? Wenigstens mithelfen? Riskieren Sie eine Reaktion.

3. Schauen Sie auf... und freuen Sie sich. Sie werden Empfänger der Reichtümer Gottes sein. Freuen Sie sich daran! Machen Sie sich neu bewußt, was er für uns getan hat. Und dann freuen Sie sich daran, Beziehungen zu anderen zu pflegen. Zu den glücklichsten Menschen gehören diejenigen, die freiwillig und zur Ehre Gottes anderen dienen. Am traurigsten sind oft solche Leute, die allen Kontakt mit notleidenden Menschen abgebrochen haben.

Ein Ausspruch von Jeanne Hendricks erinnert an diese Zusammenhänge:

»Das Leben ist kein Zuschauersport. Keiner ist – um welchen Preis auch immer – berechtigt, auf seinem Platz sitzen zu bleiben und das Geschehen aus der Entfernung zu beobachten. Wenn ein Mensch geboren ist, bedeutet das auch, daß er Mitspieler und Mitkämpfer in der Arena des Lebens ist – wo die Opposition stark ist und nur der gewinnt, der auch das kleinste vorhandene Maß an Energie einsetzt.«

Daß wir lachen können, hängt tatsächlich damit zusammen, ob wir dabei bleiben, uns um andere Leute zu kümmern. Bleiben Sie dabei. Sie werden es niemals bedauern. Es wird Ihnen vielmehr zu geistlichem Wachstum verhelfen, je älter Sie werden. Und je mehr Sie sich um andere kümmern, desto weniger werden Sie sich Gedanken darüber machen, wie alt Sie sind.

Deshalb am Schluß noch einmal die Frage: »Wie alt muß man sein, bis man nicht mehr weiß, wie alt man ist?«

Ein fröhlicher, von Gottes Gnade erfüllter Abschied

Dies ist das erfreulichste Buch, das ich geschrieben habe. Die einzelnen Kapitel fügten sich mühelos aneinander (ein Traum jeden Autors), und das Thema von der überwältigenden Freude und vom Lachen hat mich selbst ungeheuer angeregt. Ich bin davon überzeugt, daß der Herr wußte, daß ich selbst eine Dosis dieser Arznei nötig hatte. Mit all den Belastungen und den trübseligen Nachrichten, durch die ich mich in der letzten Zeit hindurcharbeiten mußte, war ich dankbar für eine so herzerfrischende Lektüre. Sie hat auch mir geholfen. Ich hoffe, daß sie Ihnen auch gut tut.

All das fordert mich nun zu einem Bekenntnis heraus: Ich bin es müde, Christen zu sehen, die ihr ganzes Leben mit solchen langen Gesichtern herumlaufen und nichts anderes als Klagen hören lassen. Ich weiß, daß das Leben nicht nur einem blühenden Rosengarten gleicht (meines bestimmt auch nicht), aber ganz gewiß ist es mehr als ein einziges Klagelied. Ich schaue auf manche Menschen, die behaupten, innerlich glücklich zu sein, und überlege dabei, ob sie gerade in frisch gepreßtem Zitronensaft getauft worden sind. Wann hat man uns einen solchen Unsinn verkauft? Jedesmal, wenn ich »Dr. Knurrhahn« und seine »Frau Bitterli« auf mich zukommen sehe, möchte ich am liebsten weglaufen und mich verstecken oder — noch besser — entführt werden!

Das erinnert mich jetzt an einen Cartoon, bei dem jede Mutter mit kleinen Kindern mitfühlen wird. Ein kleiner sommersprossiger Junge — fünf oder sechs Jahre alt — steht im Schlafanzug vor der Tür zum Schlafzimmer der Eltern. Die Tür ist zu und obendrein auch noch abgeschlossen. Der Junge sieht wie ein Kind aus einer Familie aus, wo sechs oder sieben gesunde Kinder herumspringen. Sein Schlafanzug ist unten offen, die Windel hat sich herausgeschoben und ist durchnäßt. Dem Teddybär ist ein Stück seiner Nase abgerissen worden und eins seiner Knopfaugen baumelt nur noch an einem Faden. Das andere ist nicht mehr vorhanden. Der Kleine starrt auf ein Schild, das am Türknopf hängt. Seine Mutter hatte darauf gekritzelt:

> Wegen dringender Geschäfte geschlossen!
> Mutter zur Zeit nicht ansprechbar.

Es gibt Tage, da bin ich in Versuchung, etwas Ähnliches an die Tür meines Studierzimmers zu schreiben. Auf meinem Schild stünde dann etwa zu lesen:

> Jetzt habe ich genug gehört! Pastor zur Zeit nicht erreichbar! Er ist auf einer Harley weggefahren und wird in zwei Tagen zurück sein — vielleicht.

Es gibt Tage, da hat ein Mann wie ich (und vielleicht können Sie sich mit mir identifizieren) keine Ideen mehr, wie man anderen noch helfen könnte, mit ihrem verpfuschten Leben zurecht zu kommen. Manchmal ist es direkt so: je mehr ich versuche, desto größer wird der Wirrwarr. Das sei schon immer so gewesen? Dann haben Sie Verständnis für mich. Aber vielleicht nicht ganz soviel wie ein gewisser R. D. Jones. Ein Magazin erwähnte ihn in einem seiner Artikel vor einigen Monaten. Der Artikel hat etwas mit Druckfehlern zu tun, wie sie in den einzelnen Bereichen einer Kleinstadt-Zeitung vorkommen, und den daran anschließenden katastrophalen Versuchen, den Fehler zu korrigieren. Die Dinge entwickeln sich von »schlimm« über »schlimmer« bis zu »schrecklich«.

Montag:	Angebot — R. D. Jones hat eine Nähmaschine zu verkaufen. Tel.: 948-0707 nach 7.00 Uhr abends. Bitte fragen sie nach Mrs. Kelly, die mit ihm zusammenlebt — billig.
Dienstag:	Achtung — Wir bedauern unseren Irrtum in der Anzeige von R. D. Jones in der gestrigen Ausgabe. Es mußte heißen: Nähmaschine zu verkaufen. Günstiger Preis. Wählen Sie die Nr. 948-0707 und fragen Sie nach Mrs. Kelly, die nach sieben Uhr abends dort mit ihm zusammenlebt.

Mittwoch:	Achtung – R. D. Jones hat uns darüber informiert, daß er verschiedene ärgerliche Anrufe bekommen hat wegen des Irrtums, den unsere gestrige Anzeige enthielt, die unter einer bestimmten Rubrik erschien. Seine Anzeige muß korrekt heißen: Verkaufs-Angebot – R. D. Jones hat eine Nähmaschine zu verkaufen. Günstiger Preis. Rufen Sie nachmittags an unter der Nr. 948-0707 und fragen Sie nach Mrs. Kelly, die mit ihm lebt.
Donnerstag:	Achtung – Ich, R. D. Jones, habe *keine* Nähmaschine zum Verkauf anzubieten. Ich habe sie zerschmettert. Rufen Sie auch die Nummer 948-0707 nicht mehr an, da die Verbindung inzwischen unterbrochen wurde. Ich habe kein Arbeitsverhältnis mehr mit Mrs. Kelly. Bis gestern war sie meine Haushälterin, jetzt hat sie gekündigt.

Ich empfehle R. D. Jones, sich am Freitag eines dieser Bücher zu kaufen und es in einem Zug zu lesen. Und Mrs. Kelly sollte ein ganzes Wochenende damit verbringen, sich ohne Unterbrechung damit zu beschäftigen.

In solchen Zeiten brauchen wir Erleichterung im Kampf mit den rauhen Winden der Enttäuschung und Entmutigung. Für mich gibt es dann nichts Besseres als eine Unterbrechung meines normalen Arbeitsplanes – und das an einem anderen Ort, wo herzhaftes Lachen und eine einschneidende Veränderung des Tempos meinen Geist von den Anforderungen und Zwangssituationen ablenkt. Von allen Büchern der Bibel bringt mir keins so viel Erfrischung und neue Perspektiven wie der Philipperbrief. Immer wieder mahnt er uns daran, daß wir uns für die Freude bewußt entscheiden können – unabhängig von unseren Lebensumständen, unserer finanziellen Situation, unserem Beruf, unseren früheren Fehlern oder unserer augenblicklichen Bedrängnis. Wir wollen Gott danken, daß das Leben nicht vollkommen sein muß – auch nicht annähernd –, damit wir uns mit seinen hellen Seiten beschäftigen können.

Wo sind wir gewesen?

Da wir inzwischen bei den letzten Worten des Paulus an seine Freunde in Philippi angekommen sind, wäre es jetzt an der Zeit, einen kleinen Rückblick anzustellen über den Weg, den wir mit ihm gegangen sind. Durch den gesamten Aufbau dieses fröhlichen Briefes ist uns das Thema der Freude und des Sich-Freuens immer wieder als der überwältigende Gegenstand der Ausführungen des Paulus begegnet.

In Kapitel 1 begegneten wir der *»Freude am Leben«*. Können Sie sich noch daran erinnern? An der Stelle vermittelte uns der Apostel der Gnade das Wort: »Für mich ist Christus mein Leben« (Kap 1,21). Solange Christus das Zentrum meines Lebens ist, kann niemand mir die Freude stehlen, die er bringt.

In Kapitel 2 des Philipperbriefes entdeckten wir, daß *»Freude im Dienen«* steckt. Und von wem lernen wir das Dienen? Wiederum ist Christus das Vorbild. Mit der Einstellung zur bewußten Unterordnung und Akzeptanz verließ er den Glanz des Himmels, um den Menschen auf der Erde zu dienen.

In Kapitel 3 war die Hauptaussage die *»Freude, die aus der Unterordnung kommt«*. Christus ist, nach diesem Kapitel, unser Ziel. Paulus zählt alle seine eigenen Leistungen und menschlichen Anstrengungen auf und gibt dann zu, daß sie, verglichen mit Christus, wertlos sind. Ein absolutes Nichts. Verglichen mit der Gerechtigkeit Christi sind menschliche Werke nicht mehr als irgendwelcher Abfall.

In Kapitel 4 lernten wir, daß *»Freude«* auch *»Ruhe«* bedeutet. Warum? Weil Jesus Christus der Grund unserer Zufriedenheit ist. Wir dürfen in ihm ruhen. Dann gießt er seine Kraft in uns aus. Und wenn er uns seine Kraft schenkt, wird unser Vertrauen neu geweckt und gestärkt.

Dieser kleine Brief, der optimistischte, den Paulus schrieb, bringt immer wieder die chronischen »Nein-Sager« zum Schweigen. Er macht uns Mut. Umgeben von so vielen, die niedergeschlagen und davon überzeugt sind, daß wir auf ein Verhängnis zugehen (Sie kennen die statistischen Angaben, die das belegen), brauchen wir die ständige Erinnerung daran, daß Christus immer noch der Sieger ist. Unsere Lebensumstände mögen sehr bela-

stend sein, aber Gott steht nicht daneben und ringt die Hände, weil er nicht weiß, wie das Ganze enden soll. Diese Art negativer Beweisführung verdient als Antwort nur den Ausdruck, der übersetzt ist mit:
»Treber, die die Säue fraßen.«
Ich freue mich über die Worte, die G. Campell Morgan zu diesem Thema gefunden hat:

> »Ich habe absolut kein Mitleid mit Menschen, die mir erzählen, daß unsere Tage heute die dunkelsten sind, die die Erde jemals gesehen hat. Die Zeit, in der wir leben, kann einen schon erschrecken, aber man kann sie nicht vergleichen mit den Bedingungen der Welt, in die Jesus hineinkam. Die Historiker sprechen da von der »Pax Romana« und machen viel Aufsehens von der Tatsache, daß überall Friede herrschte. Wir dürfen dabei nicht vergessen, daß dieser römische Friede das Ergebnis der Tatsache war, daß die ganze Welt brutal niedergeknüppelt und zur Unterwerfung gezwungen worden war – zur Unterwerfung unter die eine zentrale Macht ...
> Trotz dieser Bedingungen ist der beherrschende Ton dieser Briefe, die ja die Erfahrungen der Ur-Gemeinden widerspiegeln, ein Ton des Triumphes. Die schlimmen und schrecklichen Fakten und Umstände sind damit nicht aus dem Blick – im Gegenteil, sie begleiten all das geschilderte Geschehen. Die Menschen gehen ihren Weg und begegnen diesen Tatsachen – und leiden an diesen Tatsachen –, wir sehen aber niemals, daß Depressionen oder Niedergeschlagenheit die Oberhand gewinnen. Sie geben sich dem Pessimismus nicht hin. Immer haben sie einen siegreichen Ton in ihren Aussagen. Das ist die Herrlichkeit des Christentums. Wenn ich je in die Versuchung komme, zu denken, daß die Religion heute nahezu gestorben ist, dann geschieht das nur, wenn ich auf jammernde Christen höre, die z. B. sagen: ›Alles ist verkorkst und böse‹ oder ›Alles läuft den Bach runter.‹ Oh, seid bloß still! Denkt neu darüber nach, schaut wieder genau hin, urteilt nicht nach den Umständen, die ihr im Augenblick erlebt, sondern urteilt nach den ewigen Dingen unseres Evangeliums und unseres Gottes. Und das ist genau das, was die Leute damals taten.«

Ich freue mich über diese leidenschaftliche Aussage gegenüber Brummbären und Schwarzsehern: »Seid doch bloß still!«

Wie kommen wir weiter?

Wir wollen noch einen Blick auf die abschließenden Aussagen des Paulus werfen. Lesen Sie die Worte langsam, machen Sie bewußte Pausen bei den wichtigen Punkten, die er anführt:

>»Mein Gott aber wird all eurem Mangel abhelfen nach seinem Reichtum in Herrlichkeit in Christus Jesus. Gott aber, unserem Vater, sei Ehre von Ewigkeit zu Ewigkeit! Amen. Grüßt alle Heiligen in Christus Jesus. Es grüßen euch die Brüder, die bei mir sind. Es grüßen euch alle Heiligen, besonders aber die aus dem Hause des Kaisers. Die Gnade unseres Herrn Jesus Christus sei mit eurem Geist!«
> Phil 4,19-23

Paulus läßt bei seinen Abschiedsworten keine Fanfarenstöße mit den Kadenzen einer großen Symphonie erklingen, sondern er sagt den Philippern in einer unauffälligen, bescheidenen Art Lebewohl. Dabei entdecke ich aber noch einmal vier Aussagen, die mir wie Staccato-Töne in den Ohren klingen.
Zunächst schreibt er von dem wunderbaren Plan Gottes. Vor dessen Thron, in seiner himmlischen Welt, gibt es herrliche Reichtümer. Aufgrund dieser Reichtümer segnet er uns und sorgt für uns. Und aus diesem unerschöpflichen Vorrat hilft er jedem Mangel bei uns ab. Und wenn er das tut, gereicht es ihm zur Ehre von Ewigkeit zu Ewigkeit. Schauen wir, wie Paulus es sagt:

>»Und er ist es, der all eurem Mangel abhelfen wird aus seinen Reichtümern in Herrlichkeit, um deswillen, was Christus für uns getan hat. Gott aber, unserem Vater, sei Ehre von Ewigkeit zu Ewigkeit! Amen.«
> Phil 4,19-20 (Living Bible)

Gott schenkt aus seinen »Reichtümern in Herrlichkeit«, und dafür gebührt ihm die Ehre. *Er* verdient die Anerkennung. Brauchen wir Beispiele?

Wenn Ihr Chef Sie aufsucht und Ihnen gratuliert − weil Sie befördert worden sind −, gebührt Gott die Ehre. Natürlich haben Sie selbst auch ein gutes Gefühl dabei, und Sie haben sich auch hart dafür angestrengt, aber die Anerkennung und die Ehre gehören Gott.

Vielleicht hat eine Krankheit Sie Wochen oder gar Monate geplagt. Während Sie beteten und qualifizierte ärztliche Beratung suchten, änderte sich wenig. Zu Ihrem eigenen Erstaunen griff Gott dann plötzlich ein und löste das Problem. Wer kann jemals erklären, auf welche Weise er die wunderbare Heilung zustande brachte? Wir können den Ablauf nicht verstehen, aber wir können ihm die Ehre geben; und weil wir das *können, müssen* wir es auch.

Eins Ihrer Kinder bedeutet für Sie ein besonderes Problem. Von der Geburt an handelte es sich im Grunde schon um ein schwieriges Kind. Und eines Tages kommt der Zeitpunkt, wo Sie die Hände überm Kopf zusammenschlagen und sagen: »Ich hab's nicht geschafft!« Und dann betritt leise der Herr die Szene und »hilft all eurem Mangel ab nach seinem Reichtum in Herrlichkeit«. Und dann ändert Ihr schon fast erwachsenes Kind, das für Sie immer nur eine Riesenherausforderung bedeutete, plötzlich sein Verhalten, zeigt Verantwortlichkeit und rücksichtsvolles Auftreten. Und im Endeffekt dient es zu Gottes Ehre ... wenn Sie wieder lachen können.

Wie glücklich können die Menschen sein, denen Gott seine Herrlichkeit zeigt.

Zweitens läßt Paulus ausdrücklich die »Heiligen« grüßen.

»Grüßt alle Heiligen in Christus Jesus. Es grüßen euch die Brüder, die bei mir sind. Es grüßen euch alle Heiligen, besonders aber die aus dem Hause des Kaisers.«   Phil 4,21.22

Wie Sie sich vorstellen können, haben diese Worte die Fantasie durch Jahrhunderte angeregt. Interessant ist die Stelle, wo sich Paulus auf das »Haus des Kaisers« bezieht. Hatte er dabei vielleicht die Frau und die Kinder des Kaisers im Blick? Oder meinte er es im weiteren Sinn und dachte an die angeheirateten und entfernten Verwandten? Meinte Paulus überhaupt wörtlich das »Haus des Kaisers«?

Die bekanntesten Theologen vermuten, daß es sich um eine größere Gruppe von Menschen aus Italien und den umliegenden Provinzen handelt, Sklaven und freie Bürger in gleicher Weise ... Mitglieder der Elite-Einheiten der kaiserlichen Garde, die dem Cäsar zur Verfügung standen und von ihm spezielle Anweisungen empfingen. Wir sollten dabei auch an das Netzwerk der Angestellten und Verwaltungsbeamte, der Sekretäre und Höflinge im und um den kaiserlichen Palast denken.

Wenn Sie das für eine faszinierende Vorstellung halten – wie

ich im übrigen auch —, dann werden die folgenden Zitate Ihr Interesse noch weiter anregen:
J. B. Lightfoot schreibt:

>Man nimmt an, daß diese Stelle Personen von hohem Rang und entsprechender Position beschreibt, mächtige Günstlinge des Hofes, hohe Offiziere des Staates oder auch Blutsverwandte des Kaisers selbst . . . Das »domus« (Haus) oder »familia Caesaris« (Familie des Kaisers) . . . schließt den gesamten kaiserlichen Haushalt ein, die niedrigsten Sklaven ebenso wie den mächtigsten Höfling . . . In Rom selbst dürfte das »domus Augusta« (das kaiserliche Haus) einen nicht unbeträchtlichen Anteil der Bevölkerung ausgemacht haben. Aber es schloß ebenfalls alle Personen aus dem kaiserlichen Dienst — Sklaven und Freie — im übrigen Italien und den Provinzen mit ein.«

William Ramsey schreibt in einem spannenden Buch zu diesem Thema:

>Die neue Bewegung machte beachtliche Fortschritte im großen kaiserlichen Haushalt . . . Dieser befand sich im Zentrum des Geschehens und in engster Verbindung zu allen Teilen des Imperiums . . . Es kann keinen Zweifel geben, daß . . . das Christentum bereits Eingang in das »kaiserliche Haus« gefunden hatte, bevor Paulus nach Rom kam. Aller Wahrscheinlichkeit nach hat er auch recht mit der Vermutung, daß alle Sklaven des Aristobulus (des Sohnes Herodes des Großen) und des Narzissus (des bevorzugten Freigelassenen des Claudius) bereits in den kaierlichen Haushalt aufgenommen worden waren, und daß Mitglieder dieser beiden Familien von Paulus als Christen gegrüßt wurden« (Röm 16,10-16).

Ein anderes Zitat von Alfred Plummer vom Trinity College in Oxford lautet:

>Es gab viele Juden unter den niedrigen Beamten in der Umgebung des Kaisers. Und vielleicht hat das Evangelium unter ihnen die ersten Anhänger gefunden.«

Die Legende besagt, daß Neros Frau, während ihr Mann sich außerhalb der Stadt befand, der christlichen Botschaft zugehört und ihr Leben Christus ausgeliefert hatte. Als Nero zurückgekehrt sei und entdeckt habe, daß sie Christin geworden sei, habe sein Zorn keine Grenzen gekannt. Wenn der Geschichte ein gewisser Wahrheitsgehalt zugrunde liegt, führte dieser Umstand vielleicht dann zu dem schnellen Entschluß, Paulus enthaupten zu lassen.

Mir geht es in diesem Zusammenhang nur um das eine: Die bemerkenswerte Ausbreitung des Evangeliums ist Grund genug, uns alle mit großer Freude zu erfüllen. Christus war in die Hochburg des Unglaubens eingedrungen und hatte dort Fuß gefaßt. Ist das nicht ein wunderbarer Gedanke? In den gleichen Räumen, wo sein Name nicht erwähnt werden durfte, wurde nun offen über Christus als den Herrn gesprochen. Und das alles geschah direkt unter den Augen des Kaisers – doch er konnte nichts daran ändern!

Der Organist und Dirigent der Gemeinde, in der ich Pastor bin, ist Howie Stevenson. Er und seine Frau Marilyn konnten zusammen mit einigen Freunden aus unserer Kirche und aus den übrigen Vereinigten Staaten während der Russisch-Orthodoxen Osterfeiertage 1991 zu musikalischen Darbietungen in Moskau sein. Es war ein riesiges Zusammentreffen von Christen und Nichtchristen. Der Gottesdienst fand im Kongreßpalast statt, wo der Oberste Sowjet sich viele Jahre hindurch getroffen hatte. Vermutlich haben Sie den riesigen Raum schon auf dem Bildschirm gesehen – mit dem überlebensgroßen Bild von Lenin an der Stirnwand. Bei dieser Gelegenheit war das Bild ausnahmsweise zugehängt worden. Und statt daß kommunistische Propaganda verkündigt wurde, predigte Bill Bright von Campus für Christus das Evangelium. Howie, von seiner Frau und zweien unserer begabtesten Musiker der Gemeinde auf zwei Klavieren begleitet, dirigierte einen großen Chor, der das Lob Jesu Christi in dieser Hochburg des Atheismus verkündigte.

Die Hallen waren erfüllt von der majestätischen Musik des »Messias« von Händel. Jesus Christus stand im Mittelpunkt, dessen Botschaft von der Vergebung und Gnade für Millionen Zuschauer in ganz Rußland über das Fernsehen verkündigt wurde ... genau in dem Land, wo noch einige Jahre vorher jeder sofort verhaftet wurde, der den Namen Jesu Christi nur aussprach.

An einem Sonntagnachmittag ging die Gruppe zum Roten Platz und verteilte mehr als hunderttausend Flugblätter mit der Botschaft Christi – dazu Testamente und Bibeln in der Sprache des Landes. (Unsere Leute waren tatsächlich gewarnt worden, nicht gar zu forsch vorzugehen bei dieser Aktion, da man befürchtete, die Menschen könnten einen Aufruhr anzetteln, weil sie nach mehr Information über Christus regelrecht hungerten.)

Ist so etwas nicht großartig? Unsere Gruppe verkündigte mit Musik und mit dem gesprochenen Wort Jesus Christus als Erlöser, als den Herrn und den Auferstandenen, dessen Macht über alle Macht der Erde hinausgeht. Wir konnten sagen, daß Christus jetzt »sogar im Haus Lenins« gepredigt worden war. Ich muß gestehen, als Howie von dem wunderbaren Ergebnis dieser Reise berichtete und alle Besucher unseres Gottesdienstes daheim kräftig applaudierten, dachte ich: In deinem Angesicht, Lenin – unser Gott regiert!

Drittens: Paulus versichert uns noch einmal der Gnade des Erlösers.

Das hätten wir wohl auch nicht anders von ihm erwartet, oder? Die Gnade war das wichtigste Thema seines Lebens geworden. Das Gesetz war durch Mose in die Welt gekommen, die Gnade durch Jesus Christus. Es war Gnade, die den Paulus auf seinem Weg nach Damaskus erreichte. Es war Gnade, die ihn errettete, als er erkannte, daß alle Taten seiner Vergangenheit aus dem »Fleisch« heraus getan waren. Es wurde für ihn ganz klar, daß »Gnade« seine Botschaft sein würde, als Gott ihn dazu berief, den Heiden das Evangelium zu verkünden und ihnen die Hoffnung auf Sündenvergebung und eine Heimat im Himmel anzubieten. Und es war Gnade, die ihm Gewißheit schenkte im Hinblick auf sein eigenes ewiges Schicksal. Und jeder Mensch, dessen Leben so radikal, so vollständig durch Gottes unvergleichliche Gnade verändert wurde, würde es wohl am liebsten für den Rest seines Lebens laut »von den Dächern« rufen.

John Newton schrieb, ähnlich engagiert, Jahrhunderte später:

> »Durch viel Gefahren, Mühen, Schlingen,
> hat deine Gnade mich gebracht ...
> und Gnade wird mich auch nach Hause bringen.«

Dieses alte Lied singe ich nie, ohne Gott von neuem zu danken, daß trotz all dieser Hindernisse er sich gegen mich durchsetzen konnte. Er nahm mich an, vergab mir, zählte mich zu seiner Familie dazu und wird mich eines Tages in seine Herrlichkeit aufnehmen. Wenn das nicht ausreicht, uns wieder fröhlich zu machen, dann weiß ich nicht, was sonst es bewerkstelligen könnte.

Welch einen herrlichen Brief schrieb Paulus von Rom an seine Freunde im fernen Philippi. Ich kann mir direkt vorstellen, wie der grauhaarige Apostel mit dem Arm an der Kette zu Epaphroditus hinüberlangte und ihm den Griffel aus der Hand nahm ... und dann diese abschließenden Worte mit seiner eigenen Hand daruntersetzte:

»Gott aber, unserem Vater, sei Ehre von Ewigkeit zu Ewigkeit. Grüßt alle Heiligen in Christus Jesus... Es grüßen euch alle Heiligen, besonders aber die aus dem Haus des Kaisers... Gnade... sei mit eurem Geist. Amen.«

Und damit rollte Paulus die Schrift zusammen, umarmte lächelnd seinen Freund und schickte ihn mit dem Brief auf den Weg, nachdem er noch um eine bewahrte Reise für ihn gebetet hatte. Ich sehe Paulus vor mir, wie er einen fröhlichen, von Gnade überstrahlten Abschiedsgruß winkte – einem Mann, den er auf dieser Erde nicht mehr wiedersehen würde.

Ein reiches Vermächtnis

Bei Beendigung meiner Studien über den Philipperbrief hatte ich ein unerwartetes nostalgisches Erlebnis. Als ich die Literatur, die ich beim Schreiben benutzt hatte, zusammen mit Füllhalter und Papier beiseite räumte, zog ein altes Buch von F. B. Meyer meine Aufmerksamkeit auf sich. Ich liebte diesen Autor sehr, und zufällig handelte es sich um seine Auslegung des Philipperbriefes, doch hatte ich dieses Buch bei meinen Studien nicht verwandt.

Da ich dachte, daß ich eventuell darin noch etwas fände, das meine Arbeit ergänzen könnte, wollte ich es noch durchblättern, bevor ich an diesem Abend nach Hause ging. Die Deckenlampe hatte ich ausgeschaltet, und beim gedämpften Licht der Schreibtischlampe lehnte ich mich nun in meinem alten lederbezogenen Schreibtischstuhl zurück und öffnete Meyers Buch.

Zu meiner Überraschung und Freude sprachen mich aber nicht die Worte F. B. Meyers an diesem Abend an, sondern Notizen meiner Mutter. Als ich ein wenig blätterte, stellte ich fest, daß das Buch ihr gehört hatte. Nachdem sie 1971 gestorben war, hatte es aus ihrer Bücherei den Weg in die meinige gefunden. Sie hatte keine Ahnung davon gehabt, daß ihre Worte, die sie viele Jahre vorher hier hineingeschrieben hatte, ein Teil ihres Vermächtnisses für mich, ihren Jüngsten, werden würden. Ich saß sehr still und ließ die unerwartete Entdeckung auf mich wirken.

In ihrer unverwechselbaren Handschrift hatte meine Mutter das ganze Buch hindurch den Text mit Randbemerkungen versehen. Als ich zum Ende kam, sah ich, daß sie auf die Innenseite des rückwärtigen Buchdeckels geschrieben hatte: »Zu Ende gelesen am 8. Mai 1958.«

Ich schaute auf in meinem spärlich beleuchteten Studierzimmer und überlegte: 1958. Mein Geist entführte mich auf eine winzige Insel im südlichen Pazifischen Ozean, wo ich viele einsame Monate als Marinesoldat verbracht hatte. Ich erinnerte mich, daß es im Mai 1958 gewesen war, als ich auf meinem eigenen Lebensweg eine Kreuzung erreicht hatte. Ich hatte damals in mein Tagebuch eingetragen:»Der Herr hat mich davon überzeugt, daß er mich in seinen Dienst haben will. Ich werde mich nun darauf einstellen und mein Leben entsprechend planen, um mich auf einen vollzeitlichen Dienst als Verkündiger des Evangeliums vorzubereiten.« Erstaunlicherweise war es der gleiche Monat im gleichen Jahr, in dem meine Mutter mit dem Lesen von F. B. Meyers Buch zu Ende gekommen war. Als ich die Seiten überflog, fand ich eine Notiz nach der anderen, die sich auf Gebete für mich bezogen — wo ich so weit weg war von ihr. Sie machte sich Gedanken über mein geistliches Wohlergehen ... sie wünschte sich, daß Gott in meinem Leben alles zum Besten wenden möchte. Und gelegentlich hatte sie auch einen klugen Witz oder eine humorvolle Bemerkung eingefügt.

Als ich nun wieder zum Anfang des Buches zurückkehrte, fand ich noch einen anderen interessanten Eintrag, ebenfalls mit Datum versehen. Ich las:»Charles sandte mir eine Karte der Philippinen, nachdem er eine Gemeindearbeit in Massachusetts übernommen hatte, 1966.« Als ich einen Blick auf die Karte warf, stieg eine andere Erinnerung in mir auf. Mir fiel ein, daß ich diese Karte in den Jahren, in denen ich dort Pastor war, eingepackt und ihr zugeschickt hatte. Noch einmal schaute ich auf, und nun standen diese Jahre zwischen 1958 und 1966 sehr deutlich vor meinem inneren Auge. Welch bedeutsame Jahre waren das gewesen! Und all diese Zeit hindurch — das erkannte ich jetzt — hatte meine Mutter für mich gebetet und mich in Liebe begleitet und vor Gott das Beste für mich gesucht.

Auf der gegenüberliegenden Wand hängt hier in meinem Studierzimmer ein Ölgemälde mit einer kleinen Lampe darüber. Das Licht wirft einen goldenen Glanz über die farbige Leinwand. Dies Bild war ein Geschenk meiner Mutter aus den Jahren, nachdem ich mein geistliches Amt angetreten hatte. Sie hatte es selbst gemalt. Es stellt einen Hirten auf einem grünen Hügel dar, der von einer Handvoll Schafe umgeben ist.

Unzählige Male hatte ich vorher schon auf diese Szene geschaut, aber diesmal war es etwas Besonderes. In der rechten unteren Ecke sah ich ihren Namen und das Datum ... das war ja in ihren letzten Lebenstagen gewesen, kurz bevor sie heimgegangen war zu ihrem Herrn. Gefangen in den Fäden der Vergangenheit, schaltete ich nun auch meine Schreibtischlampe aus, starrte nur noch auf das beleuchtete Bild. Da saß ich nun, zwanzig Jahre nachdem sie den Pinsel beiseite gelegt hatte, und dankte Gott von neuem für die Gebete meiner Mutter, meinen Weg mit Ihm und vor allem für seine ständige Gegenwart. Treu, gnädig und sicher hatte er mich geführt, mir geholfen und mich gesegnet. Ich beugte mein Haupt und dankte ihm für diese beständige Gnade ... und weinte aus Dankbarkeit.

Plötzlich schrillte das Telefon und zerriß die Stille. Mein jüngster Sohn, Chuck, war am Apparat und wollte mir etwas Lustiges erzählen. Ich schaltete schleunigst um und freute mich an einem der herrlichen, leichtbeschwingten Augenblicke in unserem Vater-Sohn-Verhältnis. Als wir schließlich beide in lautes Gelächter ausbrachen, bat er mich, auf dem kürzesten Weg heimzukommen.

Nach seinem Anruf räumte ich das Buch von F. B. Meyer wieder ins Regal. Als ich dann mein Studierzimmer verließ, blieb ich einen Augenblick vor dem Gemälde stehen und dachte über die bedeutende Rolle nach, die meine Eltern in den prägenden Jahren meines Lebens gespielt hatten ... und wie die Fackel dann an Cynthia und mich weitergereicht worden war, damit wir unseren Söhnen und Töchtern den gleichen Dienst tun sollten ... und sie dann später wieder ihren Kindern.

Als ich das Licht über dem Gemälde ausschaltete, lächelte ich und sagte: »Auf Wiedersehen, Mutter.« In der Dunkelheit des Raumes war es mir, als ob ich ihre Stimme antworten hörte:»Auf Wiedersehen, Charles. Ich liebe dich, mein Sohn, ich bete immer noch für dich. Geh deinen Weg weiter mit Gott ... und vergiß nicht, heute abend mit deiner Familie fröhlich zu sein.«

Welch ein reiches Vermächtnis: fromme Gebete, nie aufhörende Liebe, ein herzliches Lachen. So sollte es sein.

Schluß

Gottes Sinn für Humor hat mich jahrelang interessiert. Was mich erstaunt, ist, daß eine Reihe von Menschen glauben, daß er gar keinen hat. Soweit es mein Leben betrifft, kann ich es mir nicht vorstellen, warum sie es nicht sehen können. Er hat Sie und mich gemacht, nicht wahr? Und was ist mit all den lustig ausschauenden Kreaturen, die uns immer wieder zum Zoologischen Garten hinziehen? Wenn sie nicht ein Beweis für den Humor unseres Schöpfers sind, weiß ich nicht, was sonst noch herangezogen werden könnte. Haben Sie sich einmal einen Plumpbeutler oder ein Zweizehen-Faultier genauer angesehen, einen riesigen Ameisenbeutler oder ein Warzenschwein? Sie wirken sehr fröhlich. Und jedesmal, wenn ich ein Kamel sehe, muß ich kichern. Es erinnert mich an die Worte eines Spaßvogels, der sagte, es rufe in ihm die Vorstellung von einem Pferd hervor, das von einem Komitee zusammengesetzt worden sei. Ich möchte ehrlich wissen, ob Gott nicht selbst gelacht hat, als er einige dieser Kreaturen vor Äonen auf diesem Planeten entstehen ließ.

Der Humor Gottes nimmt leider im Bereich ernsthafter theologischer Arbeit keinen bedeutenden Platz ein. Ich weiß das, denn ich habe jahrelang danach gesucht und bin enttäuscht worden. Während der vier Jahre intensiven Studiums an einer hervorragenden, anerkannten Theologischen Schule ist es mir nicht *einmal* begegnet, daß einer der Professoren das Thema »Gottes Sinn für Humor« berührt hätte. Und bei all meinem Lesen seitdem — es sind dreißig Jahre des Suchens darüber vergangen — habe ich nur selten mehr als ein oberflächliches Abtun dieses Themas gefunden.

Das ist sehr schade. Weil bei uns dadurch der Eindruck entstanden ist, daß unser Herr ein todernster, autoritärer Herrscher ist, der in seinem Wesen auch nicht den geringsten Spielraum für ein paar Augenblicke der Freude und des Spaßes hat. Bestenfalls läßt diese stirnrunzelnde, unbewegliche Karikatur an die himmlische Ausgabe eines ehrwürdigen irdischen Theologen denken — nur noch etwas älter und weiser. Bitte sehr!

Es ist sicher keine Blasphemie zu denken, daß im Himmel bei bestimmten Gelegenheiten auch ein Lachen zu hören ist. Warum auch nicht? Es gibt jeden Grund anzunehmen, daß das auch in der unendlichen, heiligen Gegenwart Gottes geschieht, wo alles gut ist und nichts Böses existieren kann. Gott sieht schließlich alles, was in dieser menschlichen Komödie der Irrtümer passiert ... er versteht das alles.

Er könnte zum Beispiel gelacht haben, als Elia die falschen Propheten am Berg Karmel verspottete, als er fragte, ob ihre Götter vielleicht eine Reise unternommen hätten oder eingeschlafen seien oder gerade unpäßlich seien (1. Kön 18,27). Und wie war es mit dem jungen Mann mit Namen Eutychus, der Paulus predigen hörte und aus dem Fenster des dritten Stockes fiel (Apg 20,9)? Keine Sorge, er wurde ja wieder aufgeweckt ... aber wollen Sie mir sagen, daß Gott bei einer solchen Szene keinen Humor gehabt hätte?

Denken Sie doch nur daran, wie oft Prediger sich fast die Zunge abgebrochen und allerhand dummes Zeug herausgebracht haben. Als ich einmal erklären wollte, daß viele in den Tagen Jesu erwartet hatten, daß er das römische Joch abschütteln würde, kam schließlich statt des »Joches Roms« das »Roch Jomes« heraus. Doch das war noch lange nicht so schlimm wie der andere Fall, wo ich das ungewöhnliche Vorgehen Josuas und seiner Krieger bei der Eroberung Jerichos schildern wollte. Statt zu sagen, daß sie um die Mauer herummarschieren sollten, wollte ich sagen, daß sie einen Kreis um die Mauer beschreiben sollten, sagte aber versehentlich, daß sie die Mauer beschneiden sollten. Das Gelächter können Sie sich vorstellen! Und Sie wollen mir sagen, daß Gott nicht gelacht hat?

Und was ist mit den peinlichen Druckfehlern und falschen Formulierungen in den Ankündigungen kirchlicher Nachrichten — wie z. B.:

Heute nachmittag findet ein Treffen im Nord- und im Südflügel der Kirche statt. Kinder werden an beiden Enden getauft.

Der Chor wird sich am Gemeindesingen beteiligen, das für jedermann offen ist. Man wird an diesem Sonntag um 6.00 Uhr abends mit dem Sündigen (statt Singen) beginnen.

Lied Nr. 738: »Die Gier des Apostels.«

Solo: »Es gibt eine Bombe in Gilead.«

Gottesdienstordnung: Stilles Gebet und Medikation (statt Meditation).

Dies wurde gedruckt nach einem kirchlichen Gemeinschaftsessen: Meine Damen, wenn sie fehlende Schüsseln haben, werden sie sie in der Küche der Gemeinde finden.

Pastor Brown wird am nächsten Sonntagmorgen seinen Sohn heiraten.

Solche Geschichten gibt es massenweise. Und Sie werden mich niemals davon überzeugen, daß Gott nicht an solchen Dingen seinen Spaß hat und mit manchen von uns trotz aller wohlgemeinten Ernsthaftigkeit lacht.

Ich glaube, daß er uns vollkommen versteht in unserer unvollkommenen Menschlichkeit. Er versteht kleine Kinder, die vor

Langeweile während des Gottesdienstes in der Nase bohren. Das macht ihm nicht viel aus. Und er muß bestimmt auch lächeln über manche Briefchen, die Kinder ihrem Pastor schicken, wie z. B. eins, das ich kürzlich zu lesen bekam:

> Lieber Pastor,
> ich weiß, daß Gott alle Menschen liebt, aber meiner Schwester ist er bestimmt noch nie begegnet.
>
> Herzlichst Ihr Arnold

Einer meiner Freunde erzählte mir von einem anderen Machwerk dieser Art:

> Lieber Pastor,
> mein Vater konnte mir nicht mehr Geld für die Kirche geben. Er ist ein guter »Chrischt«, aber er hat einen geizigen Boß.
>
> Ronald

Bestimmt lacht Gott auch über solche Gebete wie die von Erna Bombeck, die jahrelang betete: »Herr, wenn du mich nicht schlank werden lassen kannst, dann laß doch meine Freunde dick aussehen.«

Ist es nicht Gott, der uns auffordert: »Macht einen fröhlichen Lärm vor dem Herrn«? Warum denken wir immer, daß das nur Singen bedeutet? Mir scheint, daß das fröhlichste Geräusch auf dieser Erde ein gesundes Lachen ist. Wir sagen zwar, daß wir daran glauben, daß wir lachen und eine glückliche Verfassung haben dürfen. Ich bin da nicht so sicher. Ich habe Menschen gesehen, die Verse wie »Freut euch in dem Herrn allewege« zitierten, und dabei sahen ihre Gesichter aus, als ob sie gerade einen reichen Onkel beerdigt hätten, der alles Vermögen seinem schwangeren Meerschweinchen vermacht hat. Irgend etwas fehlt da.

Wir alle sehen soviel besser aus und fühlen uns auch danach, wenn wir lachen. Ich kenne keinen ansteckenderen Klang. Und trotzdem werden viele nicht müde, uns zu erzählen: »Das Leben ist nicht zum Lachen.« Für sie mag das ja gelten, aber ich muß schon sagen — für mich oft nicht. Ich weiß, daß Gott macht, daß alle Dinge zum Besten ausschlagen, und ich denke daran, daß wir, sein Volk, auf unserem Weg zur ewigen Heimat im Himmel sind, wo es weder Angst noch Tränen gibt. Das nimmt den Stachel aus den Härten dieses doch vorübergehenden Abschnittes der Zeit, die wir irdisches Leben nennen.

Der heimkehrende verlorene Sohn war völlig erstaunt über die vorbehaltlose Annahme, die rückhaltlose Vergebung und bedingungslose Liebe seines Vaters. Nachdem er so weit weg gewesen war, so verzweifelt, so furchtbar allein, wußte er sonst keinen Ausweg mehr, als nach Hause zurückzukehren. Und dann, als er mit seinem Latein am Ende war, fand er sich plötzlich sicher in Vaters Armen, von Küssen fast erstickt und überschüttet und umgeben von verschwenderischer Gnade und Großzügigkeit. Das gemästete Kalb ... ein weiches, warmes Kleid, bequeme neue Sandalen und den kostbarsten Ring am Finger ... keine Bedingungen sind daran geknüpft ... keine Probezeit. Da nimmt es niemand Wunder, daß das Haus bald von fröhlicher Musik und Tanz erfüllt war. Als Jesus die Geschichte erzählte, fügte er als letztes sehr gewissenhaft hinzu:»Und sie begannen fröhlich zu sein.« Warum sollten wir das nicht auch?

Das ganze Buch hindurch habe ich Ihnen Mut gemacht, die Lasten abzuwerfen, die Sie drücken. Ich konnte das gar nicht tun, ohne zu wissen, daß einer — wie der Vater des verlorenen Sohnes — intensiv nach Ihnen sucht. Jeden Tag sucht er den Horizont nach Ihnen ab und wartet geduldig auf Ihr Erscheinen. Er hat keine Kosten gescheut. Ein blutiges Kreuz, an dem sein Sohn starb, stellt die schmerzliche Erinnerung daran dar. Doch es war nicht zu umgehen, wenn das Problem der Sünde gelöst werden sollte.

Jeden neuen Tag spricht er dieser Welt zu:»Alles ist vergeben ... kommt nach Hause!« Seine Arme sind offen —, und auch auf seinem Gesicht liegt ein offenes, herzliches Lächeln. Die Musiker stimmen ihre Instrumente. Das Festessen kann serviert werden. Alles, was noch fehlt, sind Sie.

Kommen Sie nach Hause. Sie werden sich freuen, wenn Sie wieder da sind. Bevor Sie nur richtig wissen, wie Ihnen geschieht, werden Sie lachen ... lachen.

»... dann wird unser Mund voll Lachens und unsere Zunge voll Rühmens sein.«   Ps 126,2

hänssler

Dieter Theobald
»Mensch, Adam!« — »Nicht doch Eva!«

Tb., 80 S., Nr. 56.870, ISBN 3-7751-1635-4

Voller Witz, Humor und Augenzwinkern wird hier Menschliches und Allzu-
menschliches schlaglichtartig erhellt. Der Autor hat die »nicht gehaltenen Reden
biblischer Gestalten« ausgegraben. In ihnen finden wir Alltagsprobleme wieder,
die uns auch heute im Zusammenleben zu schaffen machen.

Bitte fragen Sie in Ihrer Buchhandlung nach diesem Buch!
Oder schreiben Sie an den Hänssler-Verlag, Postfach 12 20,
D-73762 Neuhausen-Stuttgart.

Mensch, Adam

Adam · Adam · Adam · Adam · Adam

Auf seine Hacke gestützt steht Adam am Rande des Feldes. Schweißperlen tropfen von seiner Stirn auf die heiße Erde. »Das hat man nun davon. Ich wäre besser alleine geblieben. Wenn ich das auch nur im Geringsten geahnt hätte. Doch Gott-Vater meint, es wäre nicht gut, wenn ich allein bliebe. Er wollte mir eine Gehilfin machen, die um mich sei.

Das habe ich nun davon. Eine schöne Hilfe, ›die um mich sei‹. – Ich sehe nichts von ihr. Allein kann ich nun den Acker bebauen und Unkraut jäten. Sie hat anderes zu tun. Hätte sie nur damals auch anderes zu tun gehabt!

Ich wollte sie – nun hab ich sie! Und – wenn ich ehrlich sein soll – ich mag sie immer noch. Trotz allem, was passiert ist. So ganz allein liegt die Schuld ja nun auch wieder nicht bei ihr. Aber ich Tölpel bin drauf reingefallen. Mensch, Adam, war ich naiv!

Wer hat mir auch gesagt, daß Frauen anders sind als Männer? Mir fehlte doch jegliche Erfahrung. Ich war ein völlig unbe-schriebenes Blatt in der Beziehung. Ich kannte mich und wußte, was ich wollte und sollte. Doch sie ist einfach anders. Nicht ein-zuordnen in ein männliches Verständnis. Und wie gesagt: Ich mußte Pionierarbeit leisten in dieser Angelegenheit. Alle nach mir haben's leichter. Die können von meinen Erfahrungen ler-nen. Ich bin zwar nicht so sicher, ob sie's tun, es wird auch da noch mancher reinfallen in seiner Naivität.

Ich sehe sie noch vor mir stehen. Ihr Strahlen durchzuckte mei-nen ganzen Körper. Sie war faszinierend. Und mit lieblicher Stimme sagte sie: Versuch doch mal!

Das war eine Versuchung! Ich wußte doch genau, woher sie die Frucht hatte. Oft war ich vor dem Baum gestanden und hatte sie mir angeschaut. Aber von versuchen? Kein Gedanke! Ihr jedoch konnte ich nicht widerstehen. Selbst der Gedanke: ›wir dürfen nicht!‹, war wie weggeblasen. Erst als es geschehen war ... Doch nun war es zu spät! Es war einfach die Faszination der Frau, die mir alle Sinne raubte. – Das hat man nun davon!«

Und Gott-Vater sprach: Ja, Adam, die Faszination der Frau – das ist deine Versuchung!

Textgrundlage: 1. Mose 2 + 3

Gott etwas nachhelfen

Rebekka · Rebekka · Rebekka · Rebekka · Rebekka

»Jaköbchen, sei doch nicht immer gleich so empfindlich! Ich habe es nicht böse gemeint. Sonst sage ich ja immer ›Jakob‹ zu dir. Schließlich bist du jetzt ein Mann. Aber in meinem Herzen bist du halt immer noch mein Jaköbchen. Von Anfang an hab' ich dich lieber gemocht als deinen Bruder. Du warst feiner, sensibler, gemütsvoller. Du kommst halt ganz auf mich heraus! Gefällt dir das nicht? Jedenfalls bist du deshalb nie schlechter gefahren. Und die beiden anderen halten auch zusammen. Wir müssen auch zusammenhalten. Nein, mach dir nichts draus. So ist das Leben! Dein Vater ist übrigens wirklich ein lieber Mensch. Ich hätte keinen besseren Mann bekommen können. Aber er ist halt ein Einzelkind. Sara hat ihn verwöhnt. Nichts gegen deine Großmutter! Ich habe sie nicht mehr miterlebt. Doch im Rückblick glorifiziert man manches. Verstehst du mich?

Ja, dein Vater, der hat an Esau einfach einen Narren gefressen. Er sei der Erstgeborene, er sei der Segensträger! Das weiß ich besser, aber dein Vater hat mir nie geglaubt. Gott hat es mir vor eurer Geburt gesagt, es war keine Einbildung!

›Gott offenbart sich nicht den Frauen!‹ hat dein Vater mir schnippisch erwidert. Sonst war er nicht so zu mir. Aber ich weiß, daß Gott geredet hat. Und so wird's geschehen. Basta! – – –

Jakob, so glaube mir doch. Das ist kein Betrug. Wir verhelfen Gott zu seinem Recht. Wirklich, manchmal muß man etwas nachhelfen. – Wir Frauen haben da ein besonderes Gespür und Geschick. Gott weiß wohl warum!

Jakob, treib's nicht auf die Spitze. Du wirst doch deiner Mutter nicht widersprechen wollen? Ungehorsam den Eltern gegenüber ist auch eine Sünde. Mach, was ich dir sage. Es wird schon nichts schiefgehen. Wir haben die Offenbarung Gottes auf unserer Seite. Was willst du mehr?«

Was ist nur los mit mir? Mein Herz klopft mir bis zum Hals. Wie am Tag der ersten Begegnung mit Isaak! Und doch war es anders. Hätte ich doch nicht sollen . . . ? Gott könnte es schließlich noch verhindern. Oder schiebe ich jetzt die Schuld ab? Wenn das nur gut geht!

Textgrundlage: 1. Mose 25,19 ff + 1. Mose 27

hänssler

Tony Evans

Zurück zur ersten Liebe ...

Gott an erster Stelle! Mit Kraft in den Alltag

Pb., 340 S.,
Nr. 392.780, ISBN 3-7751-2780-1

Hauptsache christliche Pflichterfüllung und möglichst viel Aktionen!? Doch wo bleiben Hingabe, Freude und Liebe zu Jesus? Der Autor zeigt, daß die Liebe zu IHM höchste Priorität hat und wie man zur »ersten Liebe« zurückkehren kann.

Bitte fragen Sie in ihrer Buchhandlung nach diesem Buch!
Oder schreiben Sie an den Hänssler-Verlag,
Postfach 12 20, D-73762 Neuhausen.